〔世界に出会う各国=地域史〕

中国の歴史
東アジアの周縁から考える

濱下武志・平勢隆郎〔編〕

はじめに

　本書は，中心－周辺関係という地政論の捉え方を用いながら，周辺または周縁そのものを重要な要素として位置づけ，そこから多様な「中国」を考えようとしている。これはまた，地域的にも文化的にも多様な中国を，中心と周辺の双方向から捉えようとする試みでもある。周辺あるいは周縁とよばれる概念は，中心と対置される地理的なあるいは文化的な歴史空間であるが，これまで多くの場合そうであったように，中国は「中心」のみから考えられ，本来の歴史的・文化的な多様性を理解するというより，求心化し凝縮した中国像に陥る傾向があった。

　とりわけ19世紀以降の歴史理解にあっては，どのような地域空間や文化空間を想定しても，それは絶えず「国家」形成や国家概念を通して語られるという特徴をもつ，いわゆる近代国家形成という文脈を中心に置いた議論であった。しかし，中心への求心力において中国が論じられると，多様な地域の特徴や周縁がもつ歴史エネルギーは無視され，多様な中国を捉えようとするよりも，きわめて単一的な中国像を描くにとどまっていたといえる。

　このことは歴史的に見ても，また現在の動きから見ても，的確なアプローチとはいえない。すなわち現在周辺が活発に動いており，中心はそれらの動きを必ずしも受け止めえていないともいえる。さらには現在は周辺と中心との緊張関係が増大しているともいえる。

　それに対して，「周辺」あるいは「周縁」は，他の周縁とネットワーク化し，多様性を取り込むために開放的である。本書が検

i

討しようとする中国は，このように周縁から見る中国であり，多様な中国であり，ダイナミックな中国である。とりわけ，進行するグローバリゼーションの中で，周辺はけっして中心の下に置かれたり管理されている周辺ではない。周辺は，まず周辺相互にネットワークを通してつながっており，同時に隣接する他の中心－周辺関係とも結びつき，変化とダイナミズムをグローバルに発信している。周辺はむしろ歴史の変化を生み出す源であり，現代世界の変化を促すエネルギーの源でもある。この周辺のダイナミズムを捉えることが中国史を理解するために必要であると考えられる。

このような問題関心に基づいて，本書『中国の歴史——東アジアの周縁から考える』は編集されている。構成は大きく２部に分かれ，第Ⅰ部「中国史の広がりとその周縁」では古代から近現代にいたる中国を，それぞれ，漢字世界の広がりや中華世界の形成と変容として検討し，その中華世界の周縁に位置し不即不離の関係を保ってきた日本，朝鮮，ベトナムからみたそれぞれに異なる中国像が提示され，さらに華南という地域像や海洋などという中国の周縁的課題が導き出されている。

また第Ⅱ部「テーマで捉える中国の社会と文化」では，多様なテーマから中国の社会と文化を検討している。具体的にはそれぞれ「歴史意識と世界像」「東アジアの亀趺碑」「儒教とその真理性——音楽と暦と数理」「都市と農村」「女性史の視点」「華僑・華人——もうひとつの『中国』史」「環境と治水の歴史——中国を制するもの，水を制すべし」「『統』への欲望を断ち切るために——中国史の書き方と読み方」などの多様なテーマに基づいて，中国の社会や文化を論じている。これは，歴史的なテーマである

と同時に現在の中国および中華圏さらにはグローバルなアジア問題ともつながっているテーマであるといえるし，また，中国の中の地域的な多様性や文化的な異なる特徴を示すものでもあり，さらに，東アジアの周縁にまたがった特徴をもつテーマでもある。いわば，テーマ別の切り口から時代と地域の個性とその広がりやつながりを見ようとしている。

さらにまた，適宜挿入されたコラム Column や補論では，歴史的思考や史料，歴史の理解と誤解，異文異字など，中国の歴史に対する理解と洞察力を喚起する配慮がなされた論考が用意されている。

これらの3部分にわたる異なる内容と多角的な方法をもつ本書ではあるが，それは対象としての中国の多様性を表していると同時に，テーマ相互間には周縁から考えるという関心が通底している。したがって，どこから読み始めても，またどこに読みつなげても，中国史とりわけその周辺史そのものがもつ多様性によって，内容が相互に関連づけられ，現在につながる中国史の多様性を体得することに必ずつながると確信している。

そもそも中心とは何か（何をもって中心とするか），周縁とは何か（何をもって周縁とするか）という根本的問いかけもありえよう。本書はその問いかけ自体に否定的に臨むものではない。今後さまざまに発展的議論がなされることを望む。

2015 年 2 月

編　者

中国の歴史：目　次

●●● 第Ⅰ部　中国史の広がりとその周縁 ●●●

第1章　漢字世界の拡大と「中華」意識　2

はじめに 3　　漢字の出現 4　　殷の直接支配地域での儀礼に用いられた文字 4　　漢字世界の拡大 6　　史書における徳と夷狄 8　　漢字世界と天下統一 10　　漢字世界と冊封体制 12　　『史記』の自己矛盾と複数の正統 15　　封印作業を読み解く 17　　層構造をなす，みずからを特別に位置づける意識 22　　都市国家の末裔 23　　おわりに 26

第2章　私たちの歴史としての「中国」　29

『古事記』『日本書紀』が成り立たせる「中国」

「もののあはれ」はどう説かれたか 30　　「日本」の成立 31　　『日本書紀』と「日本」 32　　東夷の極「日本」 34　　転換された「日本」 37　　「中国」の位置 39　　「中国」があらわれない『古事記』 40　　ことばの世界をあらわし出す『古事記』 42　　ことばの世界としての『古事記』の位置 45　　「中国」を成り立たせることとともにありえた世界 47

　　補論　「記紀批判」批判 50

第3章　中華世界の変貌　54

「小中国」から「大中国」へ

10世紀から19世紀までの中華世界の歴史：概略　55
周辺からの統合：遼　55　　分裂抗争と建設：五代十国　56　　中原の統一政権：宋（北宋）　57　　宋の軍事財政と商業の発達　58　　東西交易の要衝国：西夏　59　　王安石の新法　60　　金の二元統治体制　60　　江南の開発：南宋　62　　「大中国」の成立：クビライの元朝　64　　モンゴルの中国支配　67　　南から興った王朝：明　68　　明朝は元朝の後継者をめざした　69　　自由貿易をもとめて：北虜南倭　70　　銀が中国に集まる　73　　清の中国支配　73　　「大中国」の復活：康熙帝と雍正帝　75　　「大中国」の完成：乾隆帝治下の繁栄　77　　繁栄のあとに：白蓮教徒の乱　78

　　補論　征服王朝　79

第4章　朝鮮史から見た明清中国　83

李成桂の登場　84　　朝鮮王朝の成立　84　　初期の対明関係　85　　女真族との関係　85　　朝鮮型華夷秩序　86　　ヌルハチの勃興　87　　親明政権の成立　87　　丁卯の胡乱　88　　丙子の胡乱　89　　小中華論　90　　北伐論　91　　黒龍江出兵　91　　三藩の乱と朝鮮　92　　燕行使　92　　朝貢貿易　93　　中国産生糸と日本銀　93　　国境貿易　94　　白頭山定界碑の設置　97　　実学　97　　天主教　99　　19世紀後半の朝鮮と清　100　　開国後の朝鮮と清　101　　壬午軍乱　101　　清の宗主権の強化　102

第5章　ベトナム史から見た中国近現代史　105

フランスの極東進出　106　　清仏戦争：冊封体制からの離脱　106　　フランス領インドシナ連邦の成立　108　　中国への交通路　108　　植民地期における華僑の流入　110　　植民地期の対中国貿易　112　　20世紀初頭における革命運動の交流　113　　東洋のモスクワ＝広州：二つの革命組織誕生　115　　国民党政府と仏領インドシナ　117　　日中戦争勃発から1945年八月革命まで　118　　第一次インドシナ戦争：同志的連帯の時期　119　　ソ連修正主義批判での共鳴とベトナム戦争支援　121　　文化大革命と中ソ対立：中越関係のきしみ　123　　統一ベトナムと中国：対立の表面化　124　　改革開放政策の実施　126　　中越国交正常化：接近と警戒　127

第6章　*中国史に見る周辺化の契機と展開*　131

方法・制度・政策

はじめに　132

1　周辺と海域世界　……………………………………134
周辺研究と中国近現代史　134　　周辺研究としての海域研究　136　　朝貢と交易ネットワーク　138　　海域社会の官民5層の結びつき　140

2　清朝による朝貢政策の転換　…………………………144
「華夷秩序から近代民族国家へ」という言説　144　　アヘン戦争史観の再検討　145　　華夷秩序下のナショナリズム　146

3　朝貢から海関へ――海関による海域管理　……………148
朝貢貿易から海関関税協定へ　148　　清国・朝鮮間の条約　148　　海関税務司制度と朝鮮海関　149　　朝鮮海関

をめぐる宗藩関係と条約関係　150　　東アジア開港と清国商人　152　　朝鮮海関における海関税の徴収と支出方法　153　　朝貢貿易から海関経営への転換　154

4　東アジア市場と地域経営策 …………………………………155
　　日清戦争の地域環境と清国の朝鮮経営　155　　東アジアと世界市場　159　　東アジア・東北アジアと国際電信網　159　　金融日本の宣言と華僑送金資金　163

5　周縁から見る現代中国 ………………………………………165
　　一国二制度下の香港　165　　開かれた中国といかにかかわるか　166　　おわりに：中国の周辺地域ダイナミズム　168

•●● 第Ⅱ部　テーマで捉える中国の社会と文化 ●●•

第7章　歴史意識と世界像　　　　　176
「南越」の歴史は中国史かそれともベトナム史か

南越国の興亡　177　　中国王朝と南越史　178　　南越国とベトナム　179　　ベトナムの独立　180　　南の中華としてのベトナム王権　180　　ベトナム歴代王朝と南越モデル　181　　ベトナム王朝と世界像　182　　ベトナム歴代王朝と南越史：18世紀以後　183　　ベトナムにおける世界像の変容　184　　大越から大南へ　185　　南越史と広東　186　　広東の歴史意識　187　　広東地方志に見る趙佗像　187　　広東地方志と南越史：18世紀以前　188　　広東地方志と南越史：19世紀以後　189　　ベトナムと広東　189　　歴史世界としての「中国」　190
　　補論　「ベトナム（越南）」国号の成立　190

第8章　東アジアの亀趺碑　194

亀趺碑の出現　195　　亀趺の首　196　　亀趺碑を建てる条件と朝鮮の正統観　198　　わが国江戸時代の亀趺碑　199　　東アジア冊封体制と複数の中華　202

第9章　儒教とその真理性　207

音楽と暦と数理

呪術の園　208　　暦と生産と支配　209　　観象授時暦　210　　四分暦の登場　211　　音楽の発生と音律の成立　212　　数理と合理の開花　214　　9と6　215　　武帝の受命改制　217　　八十一分暦　218　　儒教の真理性を担保するもの　220

第10章　都市と農村　224

城壁の都市　225　　都市の変化　225　　農村の「自治」　227　　農村における商品経済の浸透　229　　近代の都市の発達　232　　都市と農村の近代化の差異　235　　地主・郷紳の都市への移住　237　　都市と農村の運動の差異　239　　現代中国の都市と農村　241

第11章　女性史の視点　244

女訓書　245　　史伝　245　　詩文集　246　　婚姻史　246　　掠奪婚から聘娶婚へ　247　　貞節観と情史　248　　女性教育書　249　　妻と妾　251　　妓女史　251　　妓女の呼称　252　　女性文学史　253

補論　六礼と婚姻成立の問題　256

第12章　華僑・華人　260

もうひとつの「中国」史

「老井」と「出路」：二つの中国史　261　　華僑・華人とは　262　　歴史的展開　266　　組織とネットワーク　269　　経済と経営　273　　アイデンティティと文化　276

第13章　環境と治水の歴史　283

中国を制するもの，水を制すべし

はじめに　284　　河川と人間　285　　政治と治水　287　　現代中国政治における治水　290　　清代の康熙帝時代の黄河治水　291　　清代の永定河の治水　294　　清朝による治水組織の確立　295　　乾隆期の永定河治水の経過　296　　乾隆時代の永定河治水策に対する評価　298　　おわりに　300

　　補論　近年の「環境問題」と環境史研究について　302

第14章　「統」への欲望を断ち切るために　306

中国史の書き方と読み方

正史の書き方：紀伝体か編年体か　307　　「国統を顕（あき）らかにする」歴史：劉知幾『史通』　308　　複数性の排除と複数性の読解：武田泰淳『司馬遷——史記の世界』　310　　歴史は通史でなければならぬ：内藤湖南『支那史学史』　311　　「時勢の沿革」を読解することとは　313　　「文化

主義的中華思想」の帰結 314　　正統論について 317
正統論批判：王夫之『読通鑑論』 320　　「無統の世における歴史の創出」 321
補論　王夫之の正統批判をめぐって 323

略年表 …………………………………………………329

図版出所一覧 …………………………………………335

事項索引 ………………………………………………336

人名索引 ………………………………………………347

Column 一覧
① 文学のことば …………………………………………44
② 講書のなかの「日本」 ………………………………48
③ 火器の使用・兵書の編纂 ……………………………72
④ 党争 ……………………………………………………88
⑤ 膝と御 ………………………………………………252
⑥ 黄河 …………………………………………………288
⑦ 環境史をあつかうときの史料 ……………………292
⑧ 歴史叙述と正しさ …………………………………318

執筆者紹介(執筆順,＊は編者)

＊平勢隆郎（ひらせ　たかお）　東京大学東洋文化研究所教授

　神野志隆光（こうのし　たかみつ）　明治大学大学院特任教授，東京大学名誉教授

　片岡一忠（かたおか　かずただ）　筑波大学名誉教授，文学博士

　寺内威太郎（てらうち　いたろう）　明治大学文学部教授

　今井昭夫（いまい　あきお）　東京外国語大学大学院総合国際学研究院教授

＊濱下武志（はました　たけし）　静岡県立大学グローバル地域センター副センター長・特任教授，東京大学名誉教授

　吉開将人（よしかい　まさと）　北海道大学大学院文学研究科准教授

　堀池信夫（ほりいけ　のぶお）　筑波大学名誉教授，文学博士

　夏井春喜（なつい　はるき）　北海道教育大学教授，博士（社会学）

　小林徹行（こばやし　てつゆき）　河合塾講師

　廖　赤陽（りょう　せきよう）　武蔵野美術大学教授，博士（文学）

　黨　武彦（とう　たけひこ）　熊本大学教育学部教授，博士（文学）

　中島隆博（なかじま　たかひろ）　東京大学東洋文化研究所教授，博士（学術）

INFOMATION

●**本書の特徴**　中心‐周辺関係という捉え方によって，周辺から「中国」を考えます。近代国家形成という文脈を中心においた議論で中国が論じられると，歴史も中心に固まったものとして検討され，きわめて単一的な中国像が描かれてきました。しかし，周辺は相互にネットワークを通じてつながり，隣接する他の周辺とも結びつき，変化とダイナミズムを中心に向かって発信しています。この周辺のダイナミズムを捉えることが中国史を理解するために必要である，という問題関心から編集されています。

●**本書の構成**　本書は2部構成です。第Ⅰ部では，古代から近現代に至る中国を，広がりとしての漢字世界や中華世界の形成と変容，その中華世界の周縁に位置し不即不離の関係を保ってきた日本，朝鮮，ベトナムからみた中国像や華南や海洋という周辺をつうじて検討しています。第Ⅱ部は，歴史意識，亀趺碑，儒教，都市，女性，華僑，環境といった，中国の中の地域的な多様性や文化的に異なる特徴を示し東アジアにまたがった特徴をもつ多様なテーマに基づいて，中国の社会や文化を論じています。

●**イントロダクション**　各章の冒頭頁には，本文に導くリード文と図版を置き，章で扱うテーマの位置づけ，問題意識を示し，見取り図，イントロダクションとしました。

●**コラム**（*Column*）　中国史にまつわるトピックスを取り上げ，囲み記事として提供しました。

●**キーワード**　本文に関連する事実的な基礎知識の解説を，脚注のかたちで，該当箇所下段に入れました。

●**補論**　中国史をめぐる論点をつうじて，中国の歴史に対する理解と注意力を喚起しようとしています。

●**引用・参照文献**　執筆者が本書を執筆するにあたって参照した文献，引用した文献を，章末に掲載しました。

●**文献案内**　読者向けに，さらに学習・研究する際に必要な文献を，簡単な解説つきで掲載しました。

●**略年表**　巻末に略年表を掲載，全体の見取り図としました。

●**索引**　検索の便を図るために，基本用語・事項と人名につき巻末に詳細な索引をつけました。

第 I 部

中国史の広がりとその周縁

第1章 漢字世界の拡大と「中華」意識

①  ②

① 右から縦書きで「甲子，乙丑，丙寅，丁卯，戊辰……甲戌，乙亥，丙子，丁丑……甲申，乙……」とある。
② 右から縦書き三段。中段は「癸巳，卜して𡧞（貞人名）貞う。旬にトガなきか」とある。

①はいわゆるエト，六十干支の一覧。②は癸のつく日にこれからの十日の吉凶をうらなう。甲骨文は，殷王朝で用いられた都市の儀式用文字で，天下国家や道徳など後代の官僚の心得とは無縁である。儀式内容から，われわれはさまざまな論点を引き出すことができる（刻字甲骨　東京大学東洋文化研究所蔵）。

→いわゆる王朝史観では，一系の正統が交代して近代にいたる。ところが，この史観によっては見えてこない歴史がある。ひとつは，村が不変的に存在する時代から，都市主体の時代，大国が主体の時代を経て複数の領域国家が併存する時代へという変化である。もうひとつは，その大国のひとつである殷で漢字が使われ，これを周が継承し，春秋時代に各地に伝播したという事実である。とくに後者は漢字史料の残り方を決定したため，それを後に解釈した者たちが，周王朝を領域国家にひきつけて理解する結果をまねき，上述した時代の変化をも不明のものとしてしまった。考古遺物を活用しようとしながら，実際は活用したことになっていないという現状はこうしてもたらされた。事実に接近するには，日本では比較的なじみの深い地方の独自性を誇る意識に，より焦点をあてて検討する必要がある。→

はじめに

　一般に中国古代は王朝交代の歴史として語られることが多い。しかし，そう単純化して語るべきでないことが，古くから，そしてさまざまな局面で明らかにされてきた。

　たとえば，先人の見解を踏襲しつつ，新石器時代から戦国時代までを，中央と地方という視点から概観してみると，①農村を基礎とする社会，②農村や小都市を比較的大きな都市（都市国家）がまとめあげる社会，③そうした都市国家をさらに大国がまとめあげる社会，④大国が中央となり，その下の諸都市国家を県として官僚（役人）により支配する社会，に分けて発展を論じることができる。春秋戦国時代の変動は③から④の社会ができあがってくる過程である。鉄器と牛耕の普及が大きな役割を果たし，それまでとは比較にならないほど農地が拡大され，都市と人口が増加した。

　同様の発展の過程は，朝鮮や日本でも議論することができる。ただ，中国に特徴的なのは，この④の段階にとどまらず，さらに大きな領域を一元的に支配する政治機構ができあがってくることである。これを⑤の段階と規定すると，⑤は中国において特徴的に議論しうる段階であり，たとえば日本では④で問題になる領域の二つ分，あるいは三つ分を統一したことが語れる程度である。

　以上述べたような発展の過程は，通常語られることがない。それは，史書として名高い『史記』が⑤の段階で作られ，また④の段階で作られた史書も，⑤の段階以後に付された注釈を通して読むくせがついているからである。だから，中国における④までの変化を読みとることがなかなかできないまま，周辺国の④までの変化とのかかわりが，整合的にうまく説明できないでいるのである。

本章では，その元凶である史書の問題の一端について，自前の律令を手にした日本や，漢と併存した南越(なんえつ)という正統王朝の検討を通して，考えてみよう。

漢字の出現

①から④までの過程において，文字がどのように出現し機能したかを概観してみよう。

文字は，単字のみが問題になる符号の段階と，そうした単字が複数つらなって文章を作るにいたった段階を分けて論じることができる。いわゆる文字は，後者について論じる。

①の段階では，単字の符号だけが認められる。かなりの事例が確認されている。②の段階も同様である。ところが③の段階になると，複数の字がつらなって文章をなすものが出現してくる。漢字とは系統を異にするものがいくつか報告されている。

そのなかで，漢字が出現してくる。確認できる最古の事例は，殷(いん)代のもので，殷代を前期・中期・後期と分けた場合の後期の遺跡から甲骨文が発見されており，青銅器に銘文を鋳込んだ（まるで彫り込んだかのように鋳造した）金文もこの殷で作られる。

殷の直接支配地域での儀礼に用いられた文字

では，この漢字は，殷が支配を及ぼした領域に普及したのであろうか。答は否である。漢字は，殷の祭祀の場だけで用いられ，他にもたらされることはなかった。このことに関して，旧来の説を根本から書き直したのが松丸道雄の田猟(でんりょう)説である（松丸，1963）。

甲骨文には，王が日常的に田猟をくり返していた記録が残されている。それまでの研究では，この田猟地について，後代の天下に等しい広大な領域をまず想定し，そのなかに田猟地を設定するいくつかの意見が出されていた。ところが松丸の出した結論は，

この王の日常的田猟地は、殷の王都を中心とする半径20キロ程度の範囲に納まるだろうというものだった。

甲骨文に見える田猟地の移動日数には、2地点のあいだで1日しかかからないことがわかる事例がいくつかある。これらを一覧にすると、たとえばAとB、BとCとがそれぞれ1日かかる場合、AとCとは最大かかっても2日ということを表に盛り込んでいくことができる。こうして最大かかる日数を盛り込んだ一覧は、問題になる田猟地がどれをとってもおおむね最大3日、一部について最大4日しかかからぬ範囲に集在することを教える。

この集在する点がいかなる範囲になるかについては、松丸は数学者平野徹太郎の助力を得て幾何学的証明を提示している。やや長くなるので、その詳細は割愛するが、最大3日という場合は、半径1.73日の円内にすべてふくまれる。その外にあるかもしれない一部の最大4日を考慮しても、非常に限られた範囲になることは明らかである。

飛行機で移動する現代と違って、ギャロップによって馬を走らせ、馬車で移動したと考えられるが、問題にされる田猟地のなかには、1日で往復したことが記されるものもあり、なかには、その往復が連日の田猟の一部として記される場合すらある。松丸は、このことから、その限られた範囲は半径20～30キロの円内ではないかと推論した。

この日常的に殷王が田猟をくり返す範囲は、②や③の段階における都市国家が直接支配を及ぼしていた範囲に等しい。殷という都市国家が直接支配する範囲内だったということである。

殷王は、日常的田猟によって、従属する族集団の出先機関たる村に霊的な威圧をかけ続けた。この儀礼とは別に、殷という都市が②の段階から継承してきた伝統的共同祭祀がある。殷王の田猟

にともなう儀礼は，③の段階の大国としての殷が，従属する諸都市国家に威令を及ぼす目的でなされたもので，伝統的共同祭祀とは分けられていたということである。伝統的共同祭祀も，また，従属する諸都市国家に対する霊的威圧儀礼も，殷という都市国家が直接支配する範囲内で挙行されているのがミソである。甲骨文という文字は，この限られた範囲内で，儀礼用に用いられていた。使用の場は殷王朝に限られている。

誤解のないように補足しておけば，殷の支配は，点を線でむすぶようにのばされ，軍事拠点が形成されていた。そうした拠点を利用しての遠征の記事も甲骨文には記されている。しかし，その甲骨文が発見されたところは，殷墟，つまり殷という都市国家の祭祀の場である。

同じく補足しておけば，殷式の青銅器は，広東省や貴州省などからも出土する。これらは大半文字のないものである。こうした遺物は，殷文化として論じることはできるが，殷の直接的支配領域を意味するものにはならない。殷文化は，殷という都市国家だけでなく，その影響を受けた都市国家までをふくめて議論すべきものである。そして，物は交易活動によって拡散する。のちにわが国の弥生時代に漢の鏡がもたらされるが，それをもって，わが国が漢の領土だなどという言い方ができないのと同じである。

殷王朝では，青銅器も作り上げており，この青銅器に族記号を表現することから始まって，やがては文章を鋳込むようになる。

漢字世界の拡大

こうした漢字とのかかわりは，殷を滅ぼした周も同様だった。

周は殷を滅ぼし，殷の文字を継承した。ただし，周では甲骨文は継承されなかった。青銅器に漢字を鋳込む方法だけが踏襲された。周では，諸侯からの事情聴取をすすめつつ，周を頂点とする

内容と周の祭祀によって青銅器に込められた呪力をうたいあげた。それを諸侯に分与して支配の道具としたのである。このことで，諸侯の側にしだいに漢字を受け入れる条件ができあがる。

　つまり，殷では脇役の位置におかれていた金文を漢字使用の主役に位置づけたことで，漢字世界が形成される基礎を作り上げるのである。もし，殷が漢字を青銅器に鋳込む技術を開発せず，かつ周がその技術に興味をもたなかったならば，甲骨文が見捨てられると同時に，漢字はこの世から消滅したはずである。ある都市国家を滅ぼした都市国家（あるいは部族）によって継承を拒否され，この世から消え失せたのが，いま発見され始めた諸文字，つまり漢字に先行し，あるいは並行して存在した諸文字だということができる。

　前770年，周を支える諸侯が二手に分かれ，それぞれが独自の王をいただく事態におちいり，周は一時東西に分裂する。この混乱のさなか，玁狁（けんいん）（戦国時代には犬戎（けんじゅう）と称する）という外族も侵入し，周の工房で伝えられていた青銅器に銘文を鋳込む技術は，あちこちに流出した。諸侯の側には，受け入れの条件が整っていたから，漢字はすみやかに諸侯のあいだに定着する。漢字世界は，かくして周の威令がおよぶ黄河流域一帯に拡がった。

　長江中流域の楚，同下流域の呉や越などは，周とは別の地域に威令を及ぼす大国であった。彼らが，その支配地域に近接する漢字世界の諸侯を併呑すると，その彼らも漢字を鋳込む技術をみずからのものとし，漢字世界は，複数の大国の支配する範囲に拡大された。この拡大された漢字世界が，いわゆる天下となる。「天下」とは，領域化した漢字世界を意味する言葉として，戦国時代に出現する言葉である。その天下につながる漢字世界が，春秋（しゅんじゅう）時代に形成されたわけである。

春秋時代の大国自身が，必ずしもそのまま戦国時代の領域国家の中央となるわけではないが，地域的に見ると，戦国時代の領域国家は，それまでの③の時代の大国が威令を及ぼしていた地域を領域化してできあがる。その領域国家の君主が，前4世紀半ば以後，あいついで王を称するようになる。彼らは，かつての国を滅ぼして県とし，官僚を派遣していた。この県と中央とをむすぶ文書行政が始まって，領域国家が形成される。

　天下のなかの王たちは，大国の時代以来のまとまりをほこる地域を代表する者として，みずからこそが至上の権威であることを自任し，みずからがいかに正統を称するにふさわしいかを歴史的に明らかにしようとした。その結果，それぞれが独自の史書を作り上げるにいたる。

> 史書における徳と夷狄

　そうした史書で回顧されたのが，漢字を使ったいにしえの殷や周であった。殷や周の支配領域は実際には限られていたわけだが，その事実を継承しつつ，限られていることこそが意味のあることだったという論理を展開する。つまり，限られている地域は王が徳をもって治めるのであり，その周辺地域はその徳を慕ってなびいてくると説明されたのである。

　その徳という言葉だが，殷代や周初に使われた意味は，天から下された一種の呪力であった。周の文王にそれが下され，これを継承した武王が殷を滅ぼしたとされていた。周はその呪力を根拠に諸侯に威令を及ぼしたのであって，いわゆる徳治を行っていたのではない。また，諸侯に威令を及ぼした地域が後の領域国家の領域になるのであって，その外の地域について，なびいてくるという論理を用意していたのではない。

　そうであった過去を戦国時代の王たちの都合で勝手に変更して

できあがったのが、いわゆる殷や周の王朝像であった。殷・周両王朝についての説明は、理想化された贋物であり、いずれの王朝も、いわゆる天下という広い領域を治めていたとされた。天下とは漢字世界であったから、後世の人々は、知らず知らず、古くから漢字が広い領域で使われていたかのような錯覚に陥ってしまったわけである。

　それだけではない。いにしえの帝王も、周の文王や武王も、徳をもって天下を治めたように理解されるにいたった。金文の記述によって実際に明らかにされる内容とは、根本的に相違するものになってしまう。

　③の段階の大国の支配した範囲は、④の段階でも特別な地域と観念されたわけだが、この特別な地域は、作られた史書ごとに、つまりそうした史書を産み出した地域ごとに言い方が工夫された。「夏」や「中国」などと称されている。「中華」は六朝以後に出現する後代の言葉で、戦国時代にはまだ存在しなかったようだ。おもしろいことに、中華に対する野蛮人、つまり「夷狄」や「蛮夷」なども、史書ごと、地域ごとに言い方が異なっている。あるいは国の四方をすべて「夷狄」と称し、別の国ではすべて「狄」と称する。北を「狄」、西を「西戎」、南を「蛮夷」、東を「東夷」とする場合もある。いずれも戦国時代から春秋時代にさかのぼって、そうした野蛮人が居住していた地域を設定する。みずからを特別地域として文化の華咲く地と規定し、それ以外の敵対する国家領域を、さかのぼれば夷狄の跋扈した地域として論じるのである。天下の外に夷狄がいるのではなく、天下のなかに夷狄の末裔がいるという論理である。

　以上は、史書など諸書を読むさいに、ぜひとも注意すべきことである。注意せずに、特別地域はひとつ、夷狄に関する諸々の言

い方も，同じ四方を表現したものだと勝手に読み込んで作り上げられたのが，後漢以後の中華や夷狄に関する諸書の注釈なのである。上記の国ごとの相違は整理されて，「結局このことだ」とまとめられる。この論理をもって諸書を読んでも，内実は一向に理解できない。

漢字世界と天下統一

前221年，始皇帝は天下統一を宣言した。ここに，秦という国家領域，つまり特別地域が，拡大されて天下に等しくなったわけである。だから，戦国時代に時代をさかのぼって夷狄だと規定していた地域，つまり敵対する国家領域は消滅した。

この後，分裂国家の時代はあるものの，中国皇帝の下にこの大きな国家領域が特別地域として論じられることになる。

この状況に理論上とまどうことになったのが，儒家としてくくられる人々であった。というのも，儒家の経典では，漢字世界を天下とし，そのなかだけを論じ，戦国時代に存在した複数の国家領域をそれぞれの立場から特別地域だと規定し，みずからに敵対する諸国家の領域を，さかのぼれば夷狄の跋扈する地域だとさげすんで説明してきたためである。すでに述べたように，その天下のなかに設定されたかつての夷狄の地域，つまり敵対する国家領域が消滅したため，彼らの戦国以来の経典をもってしては，現実の世界を説明することができなくなったのであった。

問題は天下の外にも拡がっていた。漢が相手にしたのは，匈奴や南越などの国々であった。その匈奴は，漢字世界の外にあったから，天下の外として説明すればよかった。ところが問題は南越である。南越は始皇帝によって郡県化された地域にあり，明らかに漢字世界のなかの国家であった。しかし，これを，漢は天下の外の国家として説明した。そうすることで，天下統一をなしとげ

たと宣言したのである。

　後者については，若干の補足説明が必要だろう。

　始皇帝は，統一した天下を拡大した。とくに注目すべきなのが，広東省やベトナム北部方面に軍を進め，郡県化したことである。漢字世界としての天下は拡大されたのであった。

　始皇帝が死去すると，かつての領域国家の末裔たちがいっきに蜂起した。それぞれがみずからの正統を主張する。そのなかから頭角をあらわし，再統一に成功したのが，戦国時代の楚国の末裔である楚の懐王であった。これを支えたのが項羽と劉邦である。懐王は統一を果たすと，「帝」を名のり（義帝），配下の諸将を「王」に任じた。

　項羽が義帝を殺した結果，項羽と劉邦の抗争が始まった。この抗争は，劉邦の勝利にきし，劉邦が天下統一を宣言する。ただ，このとき統一を宣言されたのは，始皇帝が前221年に統一した領域だけであった。始皇帝が後に拡大した領域をふくんでいなかったのである。その始皇帝が拡大した天下領域において，「帝」を名のったのが南越武帝，つまり趙佗であった。

　趙佗は，みずからの制度を整えるにあたり，戦国時代の楚の制度を多く参照した。「帝」は楚の義帝が名のった称号であり，戦国時代の楚の伝統としては，彼の名「義帝」も生前から使われるものであった。義帝と名のる前の懐王という名前も同様である。秦の制度を踏襲した漢の制度では，君主は「帝」ではなく「皇帝」と名のり，たとえば「高祖」や「武帝」などの名前は，死後におくられるものであった。これを諡号（おくり名）という。楚の「義帝」や南越の「武帝」は，これに対する生号（生前から使用する名）である。これら楚の制度を継承したのが南越である。この国でも，漢と同様漢字による文書行政が行われ，自前の律令

を整備していた。

　つまり,天下という漢字世界は,漢によって統一を宣言されたのに,実際は統一されていなかったという話なのである。

　この南越の領域も,武帝の時に滅ぼされる。『史記』にはわかりにくいように記されているが,この南越の滅亡をもって,武帝は始皇帝が天下統一の後に挙行した特別の儀式を行う。泰山封禅(たいざんほうぜん)である。漢王朝としては始祖の高祖が天下統一を宣言してしまっているから,あらためて天下統一を宣言することはできなかったが,その宣言に相当する儀式は挙行した,ということである。

漢字世界と冊封体制　この後,漢字世界はすべて特別地域となり,外交関係は,漢字世界に包摂されていない地域とのあいだに作り上げられることになる。漢字の文書と制度が,周辺にもたらされる。周辺国が漢字を理解しているかどうかは別として,漢字と制度がもたらされる。後漢の光武帝のときに,委奴国(倭の奴(な)国,あるいは委奴(いと)国)に金印が賜与された。

　このころ,より詳しくいえば王莽(おうもう)のころからであるが,儒教思想を唱える学者のあいだで,新しい動きが顕在化した。それまで苦しんでいた問題を,新しいテキストを作り出すことで解消しようとする動きである。この新しいテキストを緯書という。それまでの経典を経書という,縦糸を「経」,横糸を「緯」というが,「経」に対する「緯」のテキストという意味である。これを活用して,統一された領域をあらためて特別地域と規定して,徳治の行われる場所とみなし,周辺国の領域を,夷狄の地として,徳治になびいてくるものと説明し始めたのである。

　ここに,東アジア冊封(さくほう)体制成立の基礎ができあがる。西嶋定生は,この東アジア冊封体制の成立をもって,儒教の国教化を論じる(西嶋,1983)。儒教を中国だけの思想と見ず,東アジアの思想

とみなす立場である。その立場から，東アジア冊封体制のはじまりを論じるわけである。

　当時の周辺国は，たとえば委奴国は，上述した歴史的段階からいうと，②の段階にあったにすぎない。中国では，符号があちこちにあったにすぎない段階である。社会はまだ文字を必要としていないということができる。

　邪馬台国や大和朝廷の古墳時代は，③の時代ということができる。中国では，文字のない段階から，ひとつの都市に漢字が出現して根づき，まずは周という大国の下の諸侯に漢字がひろまり，これらを滅ぼした他の地域の大国にまで漢字が及んだ。邪馬台国の時代に，漢字を知る者がどの程度いたかは知るよしもない。しかし，この国の祭祀の場に，漢字が根づき始めても何ら不思議はない。大和朝廷の古墳時代も同様である。

　古墳時代も後期になると，大国たる大和朝廷だけではなく，各地の国においても，漢字が使われるようになった。同じ③の段階の中国の状況から類推すると，この段階で，各地の国がものにした漢字の用法は，おそらく祭祀の道具としての意味が第一であっただろう。

　中国では，③の段階で漢字をものにした楚や呉が，青銅器銘文にみずからを「王」や「天子」と記している。中国では④の段階にならないと「天下」という言葉が熟してこない。春秋時代に拡大してできあがった漢字世界を表現する言葉がまだなかったということである。大国である楚や呉や越にとって，その大国が2000年の長きにわたって威令を及ぼした地域こそが問題であり，特別であって，その外は区別される存在でしかなかった。

　時と所を違えるが，日本の大和朝廷も，同様の大国として，「大王」や「天下」を論じている。この場合，すでに中国では

「天下」という言葉ができあがって久しい。かつ戦国時代の天下は中国や中華のこととなった。この解釈を受け入れた日本では、自然にみずからの支配領域を「天下」と表現する。領域をどう呼ぶかだけが関心事であり、そこでいかなる政治を行うべきかは、まだ理解の外にある。

ところが、大宝律令という自前の律令をもつにいたると、状況は一変する。律令が施行される前提として、文書行政が行き渡っている状況がある。この段階で、みずからの領域を特別地域として「中華」「中国」と規定するようになるのである。新羅は藩国であり、唐は隣国と規定された。この段階になると、すでに徳治が理解されている。中華は徳により治められる地域である。だから、藩国や隣国は、この徳になびいてくるべき存在となる。

証拠はないのであるが、わが国にこのような規定ができあがる以上、同じく自前の律令をもつにいたっていた新羅にも、同様の規定があったに違いない。

自前の律令をもつまでもなく、律令をもたなければならぬという意識が芽生えた段階では、徳治は理解されていた可能性が濃い。聖徳太子の時代である。ほどなくして大化の改新が起こる。

かくして、律令が周辺国に根づいた、あるいは、律令の必要が周辺国において認識された段階で、徳治の理念が理解され、以後、この徳治を前提とする中華が、複数存在することになる。漢字世界のなかに、複数の中華が存在するということである。

この状況は、かつて、戦国時代に天下という漢字世界のなかに、徳治を前提とする複数の特別地域（「夏」「中国」などと表現された）が存在するにいたった状況と類似する。ただ、いちじるしく異なるのは、問題とされる領域である。かつての天下が、ひとつの特別地域（「中華」という言い方ができあがり、「中華」「中国」な

どと表現された)にすぎなくなり,その外に複数の特別地域(「中華」「中国」などと表現された)が拡がって漢字世界を構成している。

『史記』の自己矛盾と複数の正統

上に述べたように,漢の武帝のときに漢字世界が一元化され,郡県支配の下に置かれた。それまでは,実質的に漢字世界は分裂していたのだが,そのことを語る『史記』を読んでも,一向に分裂の事実が見えてこない。これは,『史記』を作り出した漢の武帝の朝廷において,のりこえることができなかった自己矛盾が『史記』のなかに潜んでいるからである。

すでに述べたように,始皇帝は天下を統一すると,領土を拡大した。南越は,そのとき拡大された天下領域をみずからの領域として成立した国家である。この南越として成立する領域を無視するかたちで,劉邦は項羽をうち破るや天下統一を宣言する。このとき,漢王朝としては天下統一をなしとげた,という歴史が記されたわけである。ところが,現実には,その南の,始皇帝が拡大した領域に,南越が成立し,正統を主張するにいたる。ここに,漢字世界のなかに複数の正統が併存することになったのである。

戦国時代においても天下のなかに複数の正統が存在した。そしてそれぞれがみずからの領域を特別地域だと説明するための史書を作り出した。それぞれが相異なる領域を念頭において特別地域を語る。そのそれぞれの特別地域の外は,特別でない地域であり,時代をさかのぼれば夷狄の跋扈したところだとされた。

『史記』も基本的にこの立場を踏襲すべき現実があった。ところが,すでに天下は高祖によって統一されたことになっている。だから,実際には,南越が存在したのに,それをあたかも漢字世界の外にあるように記述しなければならなかった。統一された天

下のなかに，他の正統が存在してはならなかったのである。

　この矛盾を解消するすべはなかった。しかし，『史記』の体裁では，あちこちに史料上の矛盾を温存するという方策がとられている。これは文書をつかさどった「史」の伝統であった。③の段階で，漢字世界が拡大し，それぞれの都市の祭祀に「史」が重要なかかわりをもつにいたったわけだが，それ以来の伝統を漢が継承していて，王朝の歴史官たちが事実の書き換えに慎重な姿勢をくずさなかったのである。だから，結果として，そのあちこちの矛盾にまぎれて，『史記』自体が作り出した矛盾もよく見えなくなっている。

　高祖の天下統一から出発して南越を見ると，天下の外の国家として検討される。これに対し，武帝の天下から出発してさかのぼって検討すると，南越は，天下のなかの王国として理解できる。この二つの天下が介在するため，南越には，天下の外の顔と，天下のなかの顔の二つの顔が見えるのである。

　おまけに，南越の領域には現在のベトナム北部がふくまれる。この地域には，後にベトナム王朝が成立する。漢族への同化を拒否した人々の国家である。この事実が，歴代の学者や現在の研究者の脳裏をかすめる。だから，いきおい，天下の外としての顔がクローズアップされることになる。

　こうした『史記』に内在し，後世のベトナム王朝の独立の事実が歴史認識に与える影響を考慮しつつ，わかりやすいかたちで歴史的事実を整理する鍵は，筆者は徳治主義を通してみた東アジア世界認識にあると考える。正統の分裂をも視野にいれた東アジア世界のなかに南越を描き出すことである。

　その目でみれば，南越は，始皇帝が拡大した天下のなかに領域を作り出していて，自前の律令をもち，文書行政を行う王朝でも

あった。その証が、印に記される「労邑執封(珪)」や「朱廬執封」であった。これらの印の官名は、漢とは異なる制度によっている。

しかも、この国は、楚の義帝由来の「帝」を名のり、戦国楚国以来の暦である楚正を採用し、文帝や武帝という名称も楚の制度を継承して、諡号(おくり名)ではなく生号(生前からの名)として用いていた。こうして戦国以来の正統を支える制度を整えていたのである。だから、正統にかかわる内容は、戦国時代に関する場合と同じく、漢に対抗する正統が存在するという前提で検討する必要がある。

たとえば、『史記』には、南越の武帝から漢の文帝にあてた文書が紹介されている。これを『史記』ではどう紹介し、『漢書』、すなわち『史記』にある諸矛盾をきれいに整理してしまった史書ではどう紹介しているのかは、まさに上記の前提をもって検討しなければならない。

封印作業を読み解く

『史記』は、漢の武帝の正統を説明すべく編纂された書物で、これに敵対した正統の記事に対し、ことごとく封印作業を施している。『漢書』にも、『漢書』としての封印作業がある。そうした封印作業の一端として、ある文書を検討してみよう。これは『史記』南越列伝に記されている外交文書である。説明上の便宜を考えつつ、筆者が封印を解いて復原した文章を提示し、それが『史記』ではどう書き換えられているかを、示すことにしよう。

復原の要点は、こうなる。すでに述べた内容をも加えて述べよう。筆者は、『史記』の膨大な年代矛盾を解消する過程で、いろいろな事実に出会うことになったが、そのひとつが、『史記』の編纂時点では、③の春秋時代に出現した各都市国家の文字の記録

官，すなわち「史」の伝統が意外に保持されている，ということである。『史記』では，編纂材料に手を加えることを極力避けながら，わずかな言い換えをほどこし，正統にかかわる内容を増補するという態度をとった。これの態度は，④の段階で出現したいくつかの史書，たとえば『春秋』や『左伝』においてとられたやり方を踏襲したものである。

わずかな言い換えとは具体的にいかなるものかというと，『春秋』では，青銅器銘文に「楚王」と自称している楚の君主に対し，一貫して「楚子」と記すなどのやり方が見られる。こうした爵位などの言い換え，正統観にかかわる言い換えが，『史記』にも踏襲されているので，これを検出して書き換え前の言い方を想定復原してみたわけである。

『史記』にある言い方で，その編纂のさいに書き換えを施した部分だと思われる箇所を【 】内に示しておく。〈 〉内は筆者の補足説明である。

　　大長老夫【蛮夷の大長老夫】であるわたくし【わたくし臣佗〈臣従の証として臣に名をつけて名のる〉】は，さきに高后〈呂后〉が，わが越【南越】を隔異したことから，竊かに長沙王がわたくしについて【臣について】讒言したものと疑う次第です。又，遥かに聞きおよぶところでは，高后は尽くわたくしの【臣の】宗族を殺し【誅し】，先人の家を掘って焼いたそうでございます。故を以て，長沙の辺境を犯した次第であります。且つ南方は卑湿にして蛮夷中は間，つまり無主の地が点在しております。東のかた閩越は千人の衆をもって王と号しております。西のかた甌駱は裸国でありながら王と称しております。これらに対するわたくしも〈上に位置する身として〉帝号を称し娯しんでいる次第であります。敢えて「天王」に申し上げるまでもない，と思っていたのでございます。そして，藩臣〈閩越・甌駱〉の長として貢職を

〈わたくしに〉奉じさせている次第であります〈為長〈使〉藩臣奉貢職〉【そこで頓首して謝し、長く藩臣と為り貢職を奉じんと願う次第であります〈願長為藩臣奉貢職〉】。ここに於いて、私は中国〈つまり越のこと。越を特別地域として「中国」と表現した。ひっくりかえすと「国中」〉に令を下して言ったのでございます【そこで趙佗は国中に令を下して言った】。吾が聞くところでは、両雄は俱に立つことなく、また両賢は世に並ばぬと申します。「皇帝」は賢天子でございます〈その賢天子により権威づけられるのが「帝」たるわたくしということでございます〉。今より以後、〈あなたは〉帝制の黄屋左纛を去ってはいかがかと考える次第です【〈わたくしは〉帝制の黄屋左纛を去りたいと思います】。

　厳密にいえば、最後の部分は字句を変えたのではない。しかし、文脈上、主語が省かれているため、復原文書は主語が「あなた」つまり漢の文帝になり、『史記』所載の文書では「わたくし」つまり南越の武帝になる。また、「吾」も書き換えてはいない。これは戦国時代の楚が伝統的に君主の自称として使っていたもののようである。このことを知って読めば、それはへりくだった内容を示すものにはならない。ところが、このことを知らず、秦の始皇帝が始めた自称「朕」が、正統者の自称だと勝手に判断して読むと、「吾」はへりくだった表現だと読めてしまう。

　南越の国号は「越」もしくは「大越」あるいは「張越」であろう。湖南省長沙出土の遺物に「張楚」という国号が記されている。これを地域名称とし、福建方面にいる越諸国と区別して述べようとすると「南越」ができあがる。これは漢の側からする用語である。

　賢人が補佐した期間があり、そのあいだに新君主に徳があることが見定められ、めでたく踰年して（年を越して）元年を称する

というのが、戦国中期にできあがった帝王の制度である。賢人は「文」と表現されることが多かった。ただし、「文」は「武」とともに、戦国中期以来の複数の国家において、さまざまな解釈がなされ、初代を「文」、2代目を「武」とする事例も多かった。漢が正統を継承した秦でも、戦国時代の最初の王は恵文王であり、2代目は悼武王である。だから、漢において、初代が高祖、制度をより整えた中興の祖が文帝、至上の制度を整えた皇帝が武帝、という形が作られること自体は、不思議ではなかった。ところが、戦国時代の別の考え方からすると、「文」は賢人で、これによって正統性を付与されたのが「武」という事例もあった。たとえば、斉の威宣王は、賢人による補佐期間を経て「威宣王」となった。「威」とは「武威」の「威」である。

以上を知って、問題の文書を読むと、漢の「皇帝」を「天王」とよび、かつ「賢天子」だといっている。これは漢の皇帝が賢人にすぎないことを述べ、これに対し正統者は自分であることを述べるものである。くしくも、この時の漢皇帝は、後に文帝とおくり名された（あるいは、生前から予定されていたかもしれないが）。生号を用いていた南越の「帝」は武帝である。自分はすでに「賢」に対する「雄」であることはわかっている、ということを前提のいいまわしである。

『漢書』では、内容は大幅に増補された。字句も倍にふくれあがる。『史記』になく、『漢書』にはじめて記される内容が多い、というのがミソである。越方面への軍事侵攻は、南越征伐だけではない。東越武帝という紛らわしい名の君主も存在した。だから、増補されたのが南越に関する記事とはかぎらない。『史記』が編纂されるころは南越の記事とはされておらず、『漢書』が編纂されるころに南越の記事と誤認された可能性を探らねばならない。

上述したところだが,南越は本来「越」「張楚」などと自称していたはずである。東越も同様であろう。とすると,南越武帝も東越武帝も,いずれも「(張)越武帝」と記された文書が存在することになる。これらを後に一人のものと誤った可能性は多大である。

その上で述べると,問題の文書は,「蛮夷の大長老夫臣佗,昧死再拝し,書を皇帝陛下に上る」で始まり,「昧死再拝し,皇帝陛下に以聞す」でむすばれるものに大変身をとげた。こうなると,南越の臣従の姿勢は,疑いようのない「形」ができあがる。これに対し,『史記』の書き換えはじつに手ぬるいものである。

一般に,『史記』の書き換えは,こうした手ぬるさの残るものである。これに対し,『漢書』は,徹底的に書き換えを断行した。年代矛盾も,『史記』では前221年の始皇帝統一以前について,年代を議論できる約2900カ所のうち約830カ所の部分で年代矛盾がおきる。前221年の後についても少なからず矛盾が検出できる。ところが,『漢書』では,扱う時代が異なるのではあるが,年代矛盾がまったくなくなる。これは,整理者がこの種の矛盾を嫌った結果である。

以上,正統にかかわる内容を,複数の正統が存在するという前提で再検討した結果,ひとつの正統を前提にしたのではじつにわかりにくい事実が,リアルに浮かび上がってきたわけである。

さらにいえば,こうして復原された文書は,すでに言及した日本の聖徳太子のときの隋への国書と同じように,皇帝の立場からすると,じつに無礼な内容であることがわかる。南越武帝が漢の文帝に送った文書は,漢が統一を宣言したつもりが,そうではないよ,と漢につきつけたものである。そして,聖徳太子のときに隋に送りつけた国書は,日本がすでに徳治主義を標榜し始め,徳

治主義が中国皇帝だけのものではないことを知らしめた文書,といえる。

しかし,気をつけなければならないのは,こうした文書を紹介した史書では,その内実が確実に封印されていることである。南越の文書は,あたかも南越の側がへりくだっているかのような体裁に改められた。そして,聖徳太子のときの国書は,『隋書』ではそのまま紹介されているかのように見えるのだが,その紹介内容からは,徳治主義の表明はわからないようになっている。蛮夷の書にして無礼なるものがある,という発言も記されている。徳治はあくまで隋皇帝の側にあるという前提があるためである。

ある正統の下で成立した史書は,敵対する正統を封印する。この点も,諸書を検討するさいにぜひとも念頭に置くべきことである。

> 層構造をなす,みずからを特別に位置づける意識

冒頭に①から④までの発展過程を述べ,それが史書ではわかりにくいかたちに整理されていることを述べた。中国皇帝の国家の特徴として,④にひき続き⑤の段階にいたり,それ以前の歴史を正統の下に封印したからである。だから,④の段階において,徳治の考え方が出現することもわからなくなった。そして,その徳治が問題になる領域が,③の段階の2000年におよぶ大国の時代において,代々の大国が支配を及ぼしてきた地域であったこともわからなくなった。大国が支配を及ぼしてきた地域には,多くの都市国家があり,それが④の段階に県という地方行政の末端になり,⑤の段階に継承されたこともわからなくなった。さらにいえば,都市国家が広く成立していた②の段階や,その都市の下に中小の都市や農村があり,さらにさかのぼれば農村が広く成立した①の段階があったこと,そうした

中小の都市や農村の末裔たちが県の下に存在するにいたった歴史的経緯があったことも知りようがなくなった。

④の段階では、みずからを徳治主義に基づく特別地域として「夏」や「中国」などと称し、至上の存在であると位置づけた。このみずからを至上に位置づける考え方自体は、①の段階で各村落においてすでに存在したものであろう。②の段階では、これに加え、各都市がみずからを特別に位置づける視点ができあがり、③では、それぞれの大国を特別に位置づける視点ができあがった。③の大国の意識を基礎にして、④の段階の特別地域ができあがる。みずからを特別だとみなす意識は、累層構造をなして存在する。

上述したように、中国皇帝の支配領域は、⑤の段階まで進んだ。だから、中国皇帝が住む中央から見た地方には、かつての④の段階の各地の特別地域のレベル、つまり③の時代の大国の支配が及んだ地域のレベルがあり、その下には、②の段階の都市国家のレベルがあり、さらにその下に①の時代の農村のレベル（②の時代の中小の都市も）があったということである。

こうした地方のさまざまなレベルで、みずからを特別に位置づける意識が、さまざまなかたちで顔をのぞかせることになる。

> **都市国家の末裔**

日本では、この中国皇帝の下の統治機構からいって、かつての都市国家に相当するレベルの地域が、独立度の高い国や藩として位置づけられていた。その日本において育った研究者が、この都市国家のレベルに興味を抱きつつ、日本の歴史を検討してきたのは自然のなりゆきであった。ところが、日本という周縁のまなざしから、中国皇帝の国家を考えるという視点は、出せそうでいて、なかなかに出せるものではなかったようである。多くは日本と中国は異なるという視点でものを述べた。

これに対し，中国皇帝の国家の下におかれた都市国家の末裔に熱いまなざしを向けた研究者がいる。宮崎市定である。宮崎は，この都市国家たる「邦(ほう)」を検討し，その「邦(くに)」が滅ぼされて県になった後の，いわば都市国家の末裔についての検討をも進めた。

　文献を読むさいの注意として補足しておくと，考古文献では，都市国家は「邦」と記されている。漢代になって，高祖劉邦の名をさけて「邦」を「国」に言い換えた。多くの文献は漢代にテキストとされていまにいたる。そのため，現存するテキストは，みな都市国家を「国」と表現したものになっている。例外は『論語』であり，「邦」が使われる。漢代において，孔子が特別に位置づけられた結果である。

　県の制度が進展し，中央が地方を文書行政で統治する官僚制が普遍的になる過程で，それまでの「邦」のなかの秩序は大いに変化した。新しく出現したものとして宮崎が注目したのが「遊俠(ゆうきょう)」である。増淵龍夫も，戦後この点に再注目し，中央・地方を問わずさまざまな場で任俠的習俗が問題になることを，体系的に検討している。

　宮崎は，遊俠（游俠）の活動の場が，都市の「市」であったろうと述べている。

　宮崎の遊俠に関する見解を継承した神矢法子は，後漢時代に遊俠が転向して儒教理念を受け入れていく過程を，中央・地方の双方向からの視点で検討した（神矢，1977）。儒教がこの時期に地方にまで浸透することを検討したこの研究で，神矢は，漢王朝の支配イデオロギーとしての王法を論じ，この王法が生きて機能するためには，その外延に社会のさまざまな自然発生的秩序における情義の存在が必須であるとした。神矢はそのうえで，宮崎を引用しつつ「王法」の質的変化を述べる。「儒家思想によってより完

成された理念を付与されていたとしても，本質的には支配意志そのものであったというべき本質をもつ『王法』」から，「現実に機能するさい，ジッテや礼とのあいだに生ずる矛盾を調節し，かつ国家の教学としての儒教の倫理感覚の論理的整合を損なわずに，国政運営上合目的的に完結させる役割を果たした道理規範としての『王法』」への変化である。この変化を，中央による「吏治」から「寛治」へという表現で論ずる研究者もいるが，これは中央の視点からする表現である。

やや抽象的言い回しだが，県を舞台に，遊俠の徒の活動があり，それに対し，中央の側がどう対処したか，それは地方の側のいかなる事情にリンクしていたかをまとめたものである。官の側が裁判の結果を出し，それがある特定のグループの利益を保護し，これに対抗するグループの利益を損なう場合，儒教の経典に示された「孝」の概念を拡大解釈しての復讐がなされ，官の側が殺害されるという事態も頻発していた。

宮崎のまなざしでは，中央の出先としての県ではなく，地方の意見をくみ上げる存在としての県という位置づけがあり，それは上述した日本からのまなざしとして自然に出てくるものである。

すでに述べた部分では，徳治に視点をあてて，周辺国がみずからの「中華」を規定するにいたった経緯を述べたのであるが，周辺国，とくに日本にあっては，都市国家のレベルの独立度が高い時期が長期にわたって存在し，その影響はいまも見られる。その視点から歴史を見るまなざしが，意外な好結果をもたらした事例を上記に紹介し，かつての王朝史観という単線系列的視点では得ることのできない結果が，周辺からのまなざしを通して得られることの重要性を，あらためて喚起することにした次第である。

すでに，戦国以来の正統として議論した南越について，このま

なざしを適用してみると、戦国以来の伝統とは異なる一面に焦点をあてることができる。まず述べなければならないのは、南越の領域にある県は、非漢族を多く抱えていたであろうということである。いわゆる漢族の地域においてすら、上記のような復讐劇が頻発する。ましてや、非漢族を抱える地域ではどうだったのか。漢族と非漢族との摩擦があった場合、その衝突の場が県にはある。

この点は、南越に限ったことではない。漢族が漢字による行政機構を整えたことと、その下に把握された者たちが漢族であったか非漢族であったかということは別のことである。このことを考えるうえでも、②以来の都市国家のレベルに注目する必要がある。

おわりに

本論は、史書に示された一系の正統による視点では見えてこない歴史を、複数の正統の併存という視点をあてることによって、検討してみた。

一系の正統がつぎつぎに権力を継承したという王朝史観では、正統とされた国家によって封印された敵対する正統の視点は、なかなか見えてこない。唐に対抗した日本や新羅の正統意識は、唐の史書からは見えてこない。また、さかのぼって、漢に対抗した南越の正統意識も、漢の史書である『史記』や『漢書』では見えてこないのである。

それだけでなく、『史記』や『漢書』では、その敵対正統封印のやり方が、より露骨になっていくさまをも垣間見ることができたわけである。

周辺国が自前の律令をもつにいたった後の記録から、中国史を見つめなおすということだけでなく、日本においてかつて都市国家に相当するレベルが高い独立度をもっていたことの結果として、宮崎市定のような県に視座を定めた研究も出てきたことを紹介し、周辺からのまなざしの重要性を再確認した次第である。そのまな

ざしが，上記の複数の正統という視点ですら抜け落ちてしまう歴史上の問題を拾い上げていくうえで，じつに効果的であることを述べた。

ひとつの正統にとって，周縁とみなされる地域は，往々にして別の正統の領域である。戦国時代の各正統は，自分を中央とし他を周縁とみなしたことや，日本や朝鮮から見ると，中国皇帝の支配領域は周辺になることに，あらためて注意を喚起したい。

複数の「中華」の併存，すなわちある地域はみずから「中華」と称していても，他の地域から見れば「夷狄」になることや，そのような視点をもってしてすら，なお抜け落ちる問題があることを，今後地道に検討していくことが，過去に存在した複数の「中華」の末裔や，伝統を異にする諸民族がひしめく現代において，無用の摩擦を解消するためのひとつの方策になるかもしれない。そんな期待をこめて，本文をまとめてみた。

なお，本論は漢字世界を検討した。しかし，文字は漢字だけではない。漢字以外の文字をも視野に入れた検討が必要であることは，いうまでもないことである。たとえば，モンゴル帝国と中国皇帝の特別地域との関係などを検討する場合がこれにあたる。爾後の課題は，少なくない。

引用・参照文献

神矢法子，1977，「漢魏晋南朝における『王法』について」『史淵』114。
黄展岳，1993，「『朱廬執珪』和『労邑執珪』印——兼論南越国自鑄官印」『考古』1993年11期，およびこれを発展させた吉開将人，1999，「印からみた南越世界——嶺南古璽印考（中篇）」『東洋文化研究所紀

要』137。

西嶋定生, 1983, 『中国古代国家と東アジア世界』東京大学出版会。

―――, 1999, 『倭国の出現』東京大学出版会。

―――, 2002, 『西嶋定生東アジア史論集　第1巻　中国古代帝国の秩序構造と農業』岩波書店。

平勢隆郎, 2000, 『『史記』二二〇〇年の虚実』講談社。

―――, 2000, 『中国古代の予言書』講談社。

―――, 2001, 『よみがえる文字と呪術の帝国』中央公論新社。

―――, 2012, 『「八紘」とは何か』東京大学東洋文化研究所・汲古書院。

増淵龍夫, 1960, 『中国古代の社会と国家』弘文堂（新版, 岩波書店, 1996年）。

松丸道雄, 1963, 「殷墟卜辞中の田猟地について」『東洋文化研究所紀要』31。

宮崎市定「遊俠に就て」「漢末風俗」（いずれも戦前以来の論文を収めた『中国古代史論』平凡社, 1988年に収められている）。

―――――――平勢隆郎

第2章 私たちの歴史としての「中国」

『古事記』『日本書紀』が成り立たせる「中国」

→ここでは、古代日本のテキスト『古事記』『日本書紀』から見たい。たんに、『古事記』や『日本書紀』のなかにあらわれる「中国」を見ようということではない。「中国」とのかかわりにおいてみずからをあらしめてきた「日本」、あるいはむしろ、「中国」を成り立たせることとともにありえた「日本」という視点から、「中国」の意味を問いたいのである。わずらわしいようだが、「日本」「中国」とカッコをつけるのも、そうした関係のなかにあるものとして見ようとすることによる。

1世紀の倭の奴国以来、5世紀まで中国王朝の冊封を受け、6世紀には冊封を離れて、8世紀初に中国をモデルにして律令国家を作り上げる——、圧倒的な中国の影響の下に、その古代日本の歴史はあった。そうした中国との歴史的関係そのもの（歴史的実態）の解明は歴史研究の問題である。しかし、それとは別に、みずからを「日本」として成り立たせたなかにあった「中国」を、問うことが必要だと考えるのである。

みずからたりうるゆえんを、「中国」とのかかわりから見出し、保障してきたものとして、私たちの歴史が、ふりかえられてよいということである。その問い方は、中国像という言い方でも適切ではないと考える。やや奇異な言い方に聞こえるかもしれないが、私たちの歴史としての「中国」、というのがふさわしいであろう（図は、『論語』『千字文』を習書した藤原宮木簡）。→

「もののあはれ」はどう説かれたか

たとえば、本居宣長が「もののあはれ」をどのように説いたかをふりかえってみよう（本居, 1763）。

宣長は、

> 歌は物のあはれをしるよりいでくるものなり。

といい、また、

> すべて世中にありとある事にふれて。其おもむき心ばへをわきまへしりて。うれしかるべき事はうれしく。おかしかるべき事はおかしく。かなしかるべき事はかなしく。こひしかるべきことはこひしく。それ〴〵に。情の感くが物のあはれをしるなり。それを何とも思はず。情の感かぬが物のあはれをしらぬ也。されば物のあはれをしるを。心ある人といひ。しらぬを心なき人といふ也。

という。

「物のあはれをしるを。心ある人といひ。しらぬを心なき人といふ也」といい切るのである。

「物のあはれをしる」ことは人としてのあるべきありようであり、まさに倫理なのであって（百川, 1987）、歌が、それを実現する場となる。その歌は、元来「倭歌」とか「やまとうた」とかいわれるべきではないという。「やまとうた」は「（「倭歌」という）其文字につきていひならはせる言にて古言にもあらず。其倭字はたゞ人の国の歌詩にわかたむ料」とするまでのことだというのである。

そして、もとより「人の心のゆくゑはいづこもいづこも同じ事」であってみれば、詩も「心ばへはわが御国の歌といさゝかもかはることなし」と認めつつ、

> 今の世まで。よみ出る歌もをのづからその心ばへにて。詩のやうにさかしだちたるすぢはさらにまじらず。（中略）いふ事の心

> ばへは神代も今もたゞ同じことぞかし。人の国の詩などのやうに、ことごとしき事はつゆまじらず。万葉集の歌も今のも大かたの心ばへはさらにかはる事なし。されば此道のみぞ今もなを神の御国の心ばへをうしなはぬとはいふ也。

というのであった。

いわば人間としての普遍性にアプリオリに立ちながら，自分たちが，その普遍的な，人としてのあるべきすがたを実現する場をたもち続けたことを高らかに言挙げする。それは，自分たちの固有のことばの世界に内在するものとしての歌への確信であった。

それは，「さかしだち，ことごとしき，人の国（中国）の詩」を，歌の対極に見出すこと，あるいはむしろ，作り出すことによって，ありえた。「中国」を見出すこととともに，自分たちを見出すということ（両者は切り離せない関係にある）なのである。

「日本」の成立

『古事記』『日本書紀』においても，それは同じである。この古代テキストは，端的にいえば，はじめて，ひとつの世界としてあるみずからの，そうであるゆえんをあらわし出そうとした。

「日本」として成り立つことが，古代律令国家において果たされた，そのように歴史的に認めることから始めてよいであろう。「日本」という名をもち，「天皇」の下に成り立つ世界として，藤原京・平城京という都城とそれを中心とする道のネットワークとのうえに，文字によって運営される国家が，8世紀はじめに作り上げられた。

689（持統天皇3）年　　浄御原令班賜
694（持統天皇8）年　　藤原京遷都
701（大宝元）年　　　　大宝律令完成。令施行
702（大宝2）年　　　　大宝律施行

710（和銅3）年	平城京遷都
712（和銅5）年	『古事記』撰上
718（養老2）年	養老律令制定。施行は757（天平勝宝9）年
720（養老4）年	『日本書紀』撰上

　上のような略年表を見ながら，『古事記』『日本書紀』とともに律令国家としての完成があったことを確かめよう。『古事記』『日本書紀』の両者は，神話的根源から始めて天皇の世界の成り立ちとその「歴史」とを語る。それは，いまある自分たちの世界のよってきたるところ（自分たちであるゆえんのところ）を示し，世界を根拠づけるのであって，そこで世界は確信されるのだといってよい（神野志，1999a）。ことは正統性（legitimacy）にかかる。

　その，自分たちの世界を語ることはどのようにしてありえたのか――，こう問わねばならないであろう。それは，「中国」を見出すこと，あるいは成り立たせることとともにありえたものだと見るべきなのである。

『日本書紀』と「日本」

　「日本」という呼びあらわしにきっかけをもとめよう。『古事記』には「日本」という語が見られない。『日本書紀』は，その書名から始めて「日本」にみちている（のべ219例を数える）。いくつかを，対比して示せば，

　aオホヤマトトヨアキヅシマ――「大日本〈日本，此云耶麻騰。下皆效此。〉豊秋津洲」（『日本書紀』）・「大倭豊秋津島」（『古事記』），

　bカムヤマトイハレビコ――「神日本磐余彦」（『日本書紀』）・「神倭伊波礼毘古」（『古事記』），

　cヤマトタケノミコト――「日本武尊」（『日本書紀』）・「倭建

命」(『古事記』)

のごとくであって,『古事記』は「日本」を回避して「倭」で通そうとしているように見える。

「倭」は『日本書紀』にも多く用いられるが,全体としていう場合は「日本」(天皇の名のなかのヤマトはすべて「日本」となることによく示される),狭く大和国を指す場合には「倭」と,使い分けられている。aの訓注に見るように,『日本書紀』は,ヤマトを「日本」と表記して,その書名や,「日本天皇」(公式令)という制度に対応するところに置こうとしているのである。自分たちの世界としてのレベルのヤマト,すなわち,総称としてのヤマト＝「日本」がそこに成り立つ。

『日本書紀』の「日本」は,自分たちの世界としてのヤマトを価値化してあらわし出して見せるものといってよい。それをよくうかがわせるのは,巻9神功皇后紀の次のような例であろう。

> 吾聞く,東に神国有り。日本と謂ふ。亦聖王有り。天皇と謂ふ。必ず其の国の神兵ならむ。豈兵を挙げて距くべけむや。(摂政前紀10月条)
>
> 百済の王,東の方に日本の貴国有ることを聞きて,臣等を遣して,其の貴国に朝でしむ。(46年3月条)

摂政前紀の例は新羅王の言葉,46年条のほうは百済国使の言であり,ともに,朝鮮の服従のいわれを語るなかにある。

「日本」は,字義としては日出るかたの地ということになるが,百済・新羅(さらに高麗も含まれる。巻10「継体天皇紀」28年10月条など)との関係では,東方の「貴国」をあらわすものとして意味をもつ。「日本」はそうした歴史的関係を担うものして定立される。帝国的世界標示なのである。

『日本書紀』は,歴史のはじめから「日本」であるものとして

述べる。そのように自分たちは「日本」であり続けてきて，その価値の下に，歴史的関係（帝国的世界関係）を作り出してきたのだと確かめる。そのことが，現実の制度を根拠づけるものとなるのである。

東夷の極「日本」

しかし，はじめから無条件に「日本」であったというのは擬装に他ならない。獲得された「日本」というべきであることは，明らかだ。

大宝令（公式令，詔書式条）に「日本天皇」と制度化されたことは確認できるが，それ以前には「日本」は確かめられないのである。

また，『史記正義』は，「則天武后が倭国をあらためて日本国とした」という（五帝本紀，夏本紀）。『日本書紀私記（丁本）』（936〔承平6〕年に始まった『日本書紀』講書の記録）に引く「唐暦」にも，則天武后代の 702 年に粟田真人ら「日本国」の遣使があったとし，「日本は倭国の別名である」という。

あいまって，8世紀はじめ，大宝令とともにはじめて「日本」が制度化され，中国側の承認も得たのだと認められる。

中国側が認めたとき，武后が改めたということになるのであった。それによって，百済・新羅に対する大国としての歴史的関係においてあるという自己確証が保障される（中国王朝が，朝鮮諸国を服属させるという国際的地位を認めたということではない）のである。

武后が認めたというのは，認めてさしつかえないということであった。要するに，中華的世界における「東夷」を呼ぶ称としてあったものだから受け入れたのだと考えられる（このことに関しては，神野志，2002，2005，2014 で詳しく検討した）。

『日本書紀私記（丁本）』に「日本の号は，晋の恵帝の時に見え

るが,その名の意義は明らかでない」とある。恵帝の代（290～306年）となるときわめてはやいが,何によっていうのか,確認することはできない。ただし,いまは失われた何かを見た可能性も否定できないのである。

　また,任昉（じんぼう）『述異記』に,「一説に,日本国には金の桃があり,その実は重さ一斤という」とある。まさに東方異聞である。任昉の作と信じるならば,任昉は5世紀後半～6世紀初頭の人だから,5世紀代に「日本」と呼んでいたということになるが,『述異記』は唐・宋代の偽書といわれる。しかし,その「一説」がどこからきたものか,7世紀以前にさかのぼる可能性はあろう。

　2011年に出現した祢軍墓誌は決定的であった。祢軍は,百済が滅亡した時唐側についた百済の将軍で,678年に亡くなった。その墓誌（全文884字）に「日本」が出てくる。7世紀以前の「日本」のたしかな例が得られたのである。これをもって,大宝令以前から,「日本」という国号がおこなわれていた証だという発言もなされたが,墓誌の文章にそくしていえば,その「日本」は国を指すものではありえず,東夷のはての地をいうものにほかならない。墓誌の文の当該の部分をぬきだせば,660（顕慶5）年に唐が百済を平定したと述べたあとにこうある。

　　于時日本餘噍拠□桑以逋誅風谷遺甿負盤桃而阻固

　□は文字が欠けているが,「扶（桑）」と認められる。厳格にきちんと対をなすもので,

　　日本　餘噍　拠扶桑　以逋誅
　　｜　　｜　　｜　　　｜
　　風谷　遺甿　負盤桃　而阻固

と,天象の「日」と「風」,「餘噍」と「遺甿」（噍・甿ともに人民をいう）,植物の「扶桑」と「盤桃」とを並べ,最後の「逋誅」

「阻固」はなお抵抗をつづけていることをいう。「風谷」が国名でない以上,「日本」も国名ではないことはあきらかだが,東野治之は,きわめて明快な理解を示してくれた（東野,2012）。すなわち,「風谷」について,風の神が箕伯などとも呼ばれることをふまえ,箕子（箕伯）の居所,ひいては箕子朝鮮を指したものととらえるならば,「風谷遺氓」は平壌に都した箕子朝鮮の末裔の謂いで,現実的な意味としては平壌を国都とした高句麗のこと,そして,「日本餘噍」というのは「暗に滅ぼされた百済を言い,その残党の活動を述べたのである」と解いたとおりである。

　古代中国の世界像のなかに,東夷の極をいうものとしての「日本」の,7世紀以前のたしかな用例があらわれたのである。

　さらに加えれば,727（神亀4）年の第1回渤海国使がもたらした国書のなかに,「大王天朝は天命を受けて,日本に国の基を開き,代々栄えてきた」とある。そのあとに,「われわれは高句麗の故地を回復した」と続く。668年の高句麗滅亡以来の国使であった。第2回の国書では「天皇」と呼ぶから,ここで「大王」というのは高句麗時代の例にならったものであり,「日本天皇」という今の制度を承知していなかったことによると考えられる（石井,2001）。とすれば,「日本」は何によったのか。この地を指す称としてはやくそれがあったからだと考えてよい。

　なお,8世紀半ばの孫愐『切韻』（『東宮切韻』逸文に引く）に,「倭は,東海中の日本国である」とある。『切韻』諸本が「倭」を規定するのと見合わせると,何らかの先行文献にそうあったと考えられる。それも7世紀以前にさかのぼる可能性がある。

　以上,中華的世界における東夷の極を指す「日本」があったのである。

　そうした「日本」を,「日域」「日下」などともあわせて見るこ

とができる。「日域」は、たとえば漢代の揚雄の「長楊の賦」(『文選』)に、帝徳のあまねく及ぶことを「西のかたは月窟を制し、東のかたは日域を恐れおののかせる」というように、日の出るところであって世界の東極を示す。「日域」は、『淮南子』『山海経』の世界像と結びつき、「扶桑」「青丘」などという語と結び合うところで広く用いられるものである。それは固有特定の地を指すものではないが、文脈・場面のなかで具体性をもち、たとえば高句麗を指すことにもなるのであった。

「日下」は、『爾雅』に「四荒」の一といい、東極に次ぐところと解される。

これらとならんで世界の東極の地(特定固有の地ではない)をいうものとして、「日本」があったと考えられる。それゆえ、唐王朝にとって、「倭国」をあらためて「日本」とすることは、何ら問題なく受け入れられたのである。

転換された「日本」

古代帝国的世界標示としての「日本」にたちもどって、それは元来中華的世界にあったものを転換したのだと、確かめなおそう。中華的世界における東夷としての「日本」のうえに、百済・新羅に対する「貴国」としての「日本」(『日本書紀』の「日本」=転換された「日本」)が、重ねてたちあげられるのである。

問われるのは、そうした『日本書紀』の「日本」が、どのような「中国」とともにありえたか、ということである。つまり、東夷「日本」を成り立たせた、元来の中華的世界とは異なるものとして、その「中国」はある。それはどのようにとらえたらよいか。

『日本書紀』巻9神功皇后紀が、さきに見たように、新羅・百済と「日本」について述べるが、それとともに、4条にわたって、『魏志』と『晋起居注』とを引くことに注意したい。すなわち、

39 年。魏志に云はく，明帝の景初の 3 年の 6 月，倭の女王，大夫難斗米(なとめ)等を遣して，郡に詣りて，天子に詣らむことを求めて朝献す。太守鄧夏，吏を遣して将て送りて，京都に詣らしむ。

40 年。魏志に云はく，正始の元年に，建忠校尉梯携等を遣して，詔書印綬を奉りて，倭国に詣らしむ。

43 年。魏志に云はく，正始の 4 年，倭王，復使大夫伊声者掖耶約等 8 人を遣して上献す。

66 年。晋の起居の注に云はく，武帝の泰初の 2 年の 10 月に，倭の女王，訳を重ねて貢献せしむといふ。

とある。神功皇后とヒミコとを重ねて見せる引用記事であるが，そこには「倭」とある。たんに『魏志』にそうあったからだというのではなく，「中国」が「倭」とするということが，新羅・百済が「日本」として受け入れるのとあいまって意味をもつと考えられるべきであろう。

それは，巻 22「推古天皇紀」16 年 8 月条の，「中国」側の国書の冒頭には「皇帝，倭皇を問う」とあって，やはり「倭」とするのと軌を一にする。「倭皇」はもともとは「倭王」とあったのではないかという推測もあるが，要は，新羅・百済・高麗等の「西蕃」（東の「貴国」「日本」の服属国として『日本書紀』はこう呼ぶ）が「日本」とたたえていうことと，「中国」が「倭」とする（もとの資料が「倭」であったのを，あえてそのままにする）こととのなかに，『日本書紀』があるということである。そこに，中華的世界の「日本」ではない，朝鮮諸国との歴史的関係を負う「日本」が成り立つのである。図 2-1 のようにあらわしてみることができよう。

さらにいえば，8 世紀はじめの「日本」の制度化は，この『日本書紀』の「日本」にささえられてある。そして，中国側が改号

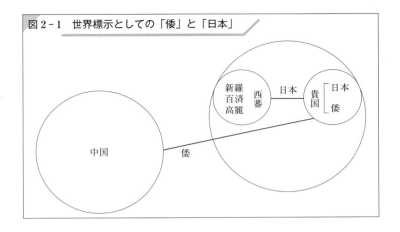

図2-1 世界標示としての「倭」と「日本」

を承認して、この「日本」を受け入れたという擬制のために、『日本書紀』においては、「中国」が「倭」とするのはそのままにしておく必要があった。

「中国」の位置　『日本書紀』における「中国」は、「倭」が朝貢する国としてある。「神功皇后紀」の『魏志』の引用によってもそれははっきりとしているが、推古天皇16年条の「中国」国書にも「至誠のこころがあって、遠くからはるばると朝貢してきた」と、前々年の遣使についていうのであった。

ただ、その朝貢は、冊封を受けずにかかわるあり方として受け取られる。現実には、倭国が、1世紀以来5世紀まで、後漢・魏・宋の各王朝の冊封を受けてきた（倭王として承認されてきた）のは知られるとおりである。しかし、さきの「神功皇后紀」の『魏志』の引用は、冊封に関する部分を避けるのである。

『魏志』は、39年条の引用された記事の後に、倭の女王に対して、「汝を親魏倭王とし、そのしるしとして金印と紫綬（紫の下

第2章　私たちの歴史としての「中国」　39

げ紐）とを与える」という詔があり，その詔書・印綬をささげもって，翌年，太守弓遵が，建忠校尉梯儁（ていしゅん）らを遣わしたという。39年条，40年条には，その詔書の内容，印綬の意味には何もふれない。冊封を受けたことについて，決定的なところは避けた引き方なのである。それはひとつの意図がはたらいたものと見なくてはならないであろう。

中国側の正史では，6世紀以後倭国が冊封を受けたことは認められないが，『日本書紀』にあっては，はじめから一貫して冊封を受けることがなかったものとしてある。見たような「神功皇后紀」から，推古天皇16年条の「唐」への国書の冒頭に「東の天皇が，つつしんで西の皇帝に申し上げる」とするところまで，同じ態度なのである。「中国」は大国であり，自分たちを朝貢する「倭」としている。しかし，冊封されて「倭王」に任じられてあるのではなく，はじめから天皇としてあったし，朝鮮諸国に対しては，それらを「西蕃」とする，東方の「貴国」「日本」であったというのである。

要するに，自分たちの世界の外の大国としての「中国」である。そうした「中国」を成り立たせることとともに，『日本書紀』の「日本」はあった。

「中国」があらわれない『古事記』

それに対して『古事記』はどうか。さきに述べたように，『古事記』には「日本」ということはまったくあらわれない。オキナガタラシヒメ（神功皇后）の新羅・百済征討のくだりにおける，新羅王の言は，「これから後は，天皇の命令のままに従い，御馬飼いとなって，毎年船を並べて，船の腹の乾く間もなく，棹や梶の乾く間もなく，天地とともにやむことなくお仕えします」というものであった。

また,「中国」について語ることもない。天皇の治めるところだけを語るのである。「——の命は,——の宮にあって天下を治めた」というのが,各天皇記の冒頭であり,「天の下（天下）」と,天皇の世界を呼ぶ。その「天の下」は,どのような「中国」とともにあるのか。「中国」について語ることがないといったうえで,このようにいうのは矛盾しているといわれるかもしれない。しかし,あえて語ることを回避したということであるならば,世界のあらわし出し方の問題として,その空白の「中国」の意味を問うことがもとめられよう。

　その空白が,無関心ではなく,きわめて強く意識することとともにあったと見るべきことはすでに指摘されている（阪下,1984）。いま,「日本」とはあらわさないことと深くかかわるものとして,それを受け止める必要がある。

　「日本」とはいわないということからこれを解こうとしてゆけば,文字の問題にいたりつく。「日本」というのは,その文字に負う世界のあらわし出し方である。字義によって価値づけるといってもよい。『旧唐書』が,「あるいは,倭国は倭という名がみやびやかでないことをみずからきらって日本とあらためたのだという」と述べ,『新唐書』が,「しだいに中国語に習熟して,倭という名をきらって日本とあらためた」とするのは,問題の本質をつくところがある。

　『古事記』は,そのように文字に依拠して世界をあらわすのではなく,文字とは別なところにある,みずからたるゆえんを示し出そうとするのだととらえられる。それは,「中国」とならべてはできない。文字の世界ではない,「中国」とは次元の違うものとして,みずからをあらわし出すことに向かうのだととらえて,「中国」もなく「日本」もあらわれないことが納得されるのであ

る。

ことばの世界をあらわし出す『古事記』

『古事記』があらわし出す世界は，あくまでことばの世界であった。天皇が「聞く」ことによって世界をたもつということに，それはもっともよくうかがうことができよう（神野志，1999b）。

中巻のはじめ，神武天皇は「何地に坐さば，平らけく天の下の政を聞こし看さむ（どの地にあったならば，天の下の政治を平安に聞くことができるであろうか）」，やはり東に行こうと思うといって，東に向かい，大和に入る。そして，荒れすさぶ神たちを「言向け」平定して秩序に服さしめ，従わない人どもを討ちはらって，畝傍の橿原の宮においでになって天下を治めたという。「天の下の政を聞こしめ」すことがすなわち「天の下を治め」ることなのである。

「聞こしめす」はいうまでもなく「聞く」の尊敬語である。「聞く」は，それだけでは自足しえない。言う―聞く，の対をもって成り立つものである。中巻のおわり，「応神天皇記」に次のようにあることを想起しよう。天皇は3人の皇子に対して任務を分けて，

　　大山守命は，山海の政を為よ。大雀命は，食国の政を執りて白し賜へ。宇遅能和紀郎子は，天津日継を知らせ。

と命じた。

「山海の政」は山海にかかわる政治で，国造・県主などを通じて掌握される「食国の政」とあわせて，天皇の世界の全円をなす。そこに，「執りて白す」とある。政治を実行するものは，天皇に申す（天皇は聞く）のである。「白す」は「聞こしめす」と対応する。言語行為をもって，世界を保つことがいわれるのである。図

式化してみれば,

　　大雀命　食国の政を執りて白す
　　　　　　　　　　　　　　　　ウヂノワキイラツコ
　　　　　　　　　　　　　　　　（天の下の政を聞こしめす）
　　　　　　　　　　　　　　　　天つ日継知らす＝天の下を治む
　　大山守命　山海の政を為す

となる。

　政治の実行は臣下の側にある。マツリゴト（政）は，マツリ（奉）ゴト（事）なのである（『古事記伝』）。その「政」は，天皇に「奏」して完結する。走水の海（浦賀水道）で，渡りの神をしずめるために入水したオトタチバナヒメが，「御子は，遣さえし政を遂げ，覆奏すべし」（遣わされた任務を果たして復命申してください）というとおりである。

　そして，ヤマトタケがその任を果たすことは，「言向け」ると表現される。たとえば，東征にあたっての天皇の命は，東の方にある12の国の荒れすさぶ神と，服従しない者たちとを，「言向け平らげよ」というのであった。それゆえヤマトタケの果たしたことは繰り返し「言向け」をもっていわれる（のべ5例）。

　その「言向け」は，「言」という表記（原文は，「言向」9例，「言趣」2例）に了解されるように，ことばにかかわる。「おもむけ（顔を向けるようにさせる＝従わせる）」「馬の鼻向け（馬が鼻をそちらに向けるようにさせる）」などの例に見るように，「向け」は，向かせることをいう。「言向け」は，ことばで説いて従わせると解する説もあるが，「向け」からすると，ことばを向けさせる（服属を誓うことばをたてまつらせる）と解されねばならない（神野志，1983）。そのことばを受け取り，それは最終的に天皇にいたる。つまり，言向け→かへりごと奏す→聞こしめす，という，こ

Column① 文学のことば

　日本語は文字をみずからのうちに生むことがなく、漢字を受け入れて文字をもつこととなった。それは、社会内部の成熟とは関係なく、中国王朝の冊封を受け、その文字の交通のなかに組み入れられることによって始まった。1世紀にいわば強行された文字のはじまりだが、5世紀には政治技術としての文字を列島内部に適用するかたちで文字が内部化される（稲荷山鉄剣銘等）。7世紀後半にいたって、外国語＝漢文としてではなく書くこと、つまり、自分たちのことばのなかで文字を用いることがなされるようになる。

　それは、訳読（訓読）の回路のうえに可能になったものである。そこにあるのは生活のことばとは異なる人工的ともいえるありようのことばであった。漢文が元来もたない助辞を読み添えることをシステム化して（単純化して微妙な差異をあらわすことは切り捨てて）成り立つのであり、訳読が作り出したあたらしいことば（訓読語＝翻訳語）をかかえる。そもそも書くというかたちそのものが、自分たちのことばのなかにはなかったのである。書くことの組み立てそのものからして訳読のなかで得られたものであった。そのなかで書くことは成り立つ。たんに日本語が文字化されるというものではないのである。

　そして、たとえば歌は、文字で作られた歌であっても口頭でうたわれる。ことばの場はなければならなかった。外来の文字に対して、元来の自分たちのことば（日本語）において、文化的な固有性を確保するために、ことばの場が必要なのである。『古事記』が、文字とはかかわらない、ことばの世界としてある古代を語るのも、同じ問題である。

とばのフローが組織され、天皇が「聞く」ことにゆきついて、世界が平安にたもたれるということになるのである。下から上へ（帰着点は天皇）、ことば（言語行為）の組織によって果たされる「治天下」であり、天皇は最後に「聞く」ことによって世界を回収するのだということができる。

『古事記』は，こうしたことばの世界をあらわし出してみせる。文字の外来性を強烈に意識しつつ，文字の世界（現実の8世紀は文字によって運営される国家であった）に対して，そのことばの世界を，元来の自分たちの世界として作り出すのである。作り出すというのは，たんに，それが元来あったものだというのではなく，『古事記』という文字テキストのなかで，はじめてそれを示すことがありえたというべきものだからである。文字テキストが作ったことばの世界なのである。

　そして，そのことばの世界は，文字の世界としての「中国」を，次元を異にするところに成り立たせることとともにある（だから，『古事記』には「中国」があらわれようがない，あるいは，あらわれてはならない）といわねばならぬ。文字の世界としての「中国」が圧倒的なるがゆえに，それに対してみずからをどう見出すかという，見出し方なのであった。

ことばの世界としての『古事記』の位置

　あらためていおう。『古事記』のなかに文字以前のことばの世界の実際をうかがうことができるというようなものではないのである。むしろ逆に，宣命や歌とともに，文字に対して，ことばの世界を作り，ことばの場をもとうとすることのなかに，『古事記』はあった。

　宣命が口頭で宣布され，あるいは，歌が実際にうたわれる，そうしたことばの場があった。それをそのまま，文字以前にあったもの（霊的な機能をもったことばの世界）が，なお生きているといった，古代的状況として受け取ってはならない。それは一種の古代幻想でしかない。

　宣命は，口頭宣布されるものとして，文字で書かれたのであった。宣命の，発想も構成も個々の表現も，漢文（ないし，漢文の

第2章　私たちの歴史としての「中国」　　45

訓読)によってなされていることはすでに指摘されている(奥村,1991)。要は,ことばの場がなくてはならないということである。実務的には文字で運営される。しかし,即位など重要事にあたっては,宣命をもって口頭宣布されるというかたちをとらねばならなかったのである。

 歌も同じである。文字で作られた歌であるが,こえに出してうたわれる。歌はうたわれなければならなかった。

 それをどうとらえるか。文字に対して作られねばならなかったことばの場と見るべきなのである。文字以前には政令は口頭で宣布されていたであろう。歌は文字以前からあって,うたわれていたであろうが,それがなお生きているということですまされない。文字の世界のなかで,ことばとしてあらわしてゆくことが,新たな意味をもつのである。みずからをたもちうる場として,ことばの場は作り直されるというのが正当であろう。

 ことばの場が,文字の世界のなかで,強力に作られ続けられたのは,圧倒的な文字の文化性に対して,ことばによってみずからの固有性を主張しようとすることから出るのであった。文字の向こうに,自分たちのことばがあるということにささえをもとめるのである。歌は,ことばの場をもち,ことばとしてあらわすことによって,文化としての歌(みずから自律する世界であろうとするところでもとめられた文化の問題として歌をとらえよう)たりえるのであった。

 『古事記』序文において,太安万侶(おおのやすまろ)は,「稗田阿礼が,天武天皇の命によってよみ伝えた旧辞を撰録して献上せよという仰せのままに,事細かに採録いたしました。しかしながら,上古においては,ことばもその意味もともに飾り気がなく,どのように文字に書きあらわしたらよいか難儀いたしました」という。稗田阿礼

のよみ伝えた古語を、そのまま書きとどめようとしたかのごとくに受け取られる発言である。

しかし、『古事記』本文の実際は、字種を整理・統一し、接続詞・助字の類も限定して、意味伝達を中心とするものとなっている。それを読み、ことばとして実現したものは、伝承の古語ではありえない。物語としての全体もまた、伝承のなかにあったものとは質の異なる世界像的全体を、テキストとしての『古事記』においてはじめて成り立たせたととらえられる（神野志、1999a）。

安万侶のいうところは、擬装というしかない（神野志、1999c）。要は、『古事記』が文字以前にあったものに基づくといい、そこに開示されることばの世界こそ、自分たちの元来のものだということにある。文字に対抗して、ことばの世界をみずからの元来の世界だと主張して（歌や宣命と同じく）、それは、ある。

「中国」を成り立たせることとともにありえた世界

『古事記』と『日本書紀』とがあらわし出したところにもう少し立ち入って見てまとめよう。

『古事記』が、まったく文字に関してふれないというのではない。「応神天皇記」のなかに、百済国王がワニキシという賢人を貢上するとともに、『論語』10巻・『千字文』1巻、あわせて11巻をこの人につけてたてまつったとある。百済の朝貢として、他に、技術者らを献じたとのとあわせて述べられる。

しかし、それはそれだけでおわる。文字学習にとって一般的であってよく知られた書籍の名だけを掲げるのであって、『古事記』においては、文字に書くとか、文字を用いるとかいうことが、問題とはならないのである。

『日本書紀』の、同じく応神天皇の巻に、やはり百済からアチ

Column② 講書のなかの「日本」

　平安時代の『日本書紀』講読（講書）は，書名の論議から始まる。「日本」はかならず論議の対象となるが，そのなかで「日本」をどのように考えていたかというと，唐から，東夷の地として名づけられたととるのが主流であった。「本朝は東極にありて日の出るところに近い」という意味で唐朝が名づけた（延喜講記）と見るのである。中華的世界のなかで位置づけられた「日本」であり，それは自分たちの問題ではないということになる。それが平安時代における「日本」であった。

　そして，第4段本書，伊弉諾尊（いざなぎ）と伊弉冉尊（いざなみ）とが生んだとされる「大日本豊秋津洲」（本州）の「日本」に「やまと」というとする訓注があるところから，「やまと」が，文字の向こうにあった，元来の自分たちの世界の呼び名だとする。中国側の『後漢書』『隋書』『北史』等に見える「耶（邪）馬臺」「耶（邪）靡堆」「耶（邪）摩堆」が，みな「やまと」の音を取ったものだと認めることもそれをささえるのであった。

　「やまと」こそ自分たちの世界をあらわすものだとして，これをめぐって，講書のなかでは諸説が生まれた。天地が分かれたはじめには土がまだ乾かず，山に住んでいて，往来の跡が多かったので山跡の意でヤマトというのだとする説，山に止住するという意で山止＝ヤマトというとする説，世界のはじめのときまだ家がなく，山に居たので山戸（山が住みか）という意でヤマトというのだとする説，等がある。要は，「やまと」ということばに，世界が始まったときの記憶がとどめられているとして，自己確証を果たそうとすることにある。

キ，ワニがやってきて，太子ウヂノワキイラツコが，彼らを師として典籍を学習したとある（15年8月条，16年2月条）のと見合わせて，『古事記』とのあいだの違いは明らかであろう。

　さらに，『日本書紀』が，この巻に，高麗からの上表の事件を述べることをあわせれば，ことはなお明らかであろう。28年9

月条に,こうある。

> 高麗の王が使いを遣わし,貢物をたてまつった。しかし,その上表の文言には,「高麗の王が日本国に教える」とあった。その時,太子ウヂノワキイラツコはその文を読んで怒り,高麗の使者を責めて,上表文の記し方が礼を失しているとしてこれを破棄した。

ウヂノワキイラツコが主役となるのはさきの学習と対応しているが,文字文化のなかにあるものとして語られるのである。

そして,巻11「仁徳天皇紀」62年5月条の遠江国の「表」などや,諸天皇紀に繰り返し語られる朝鮮との往来(百済からの「上表」・百済に与えた「詔書」),また,巻22「推古天皇紀」における憲法十七条をはじめとして,「中国」とのあいだの国書の往来,天皇記・国記等々,文字の交通のなかにある「日本」として,『日本書紀』のあらわし出すところを見る。

文字の世界として,『日本書紀』の「日本」は,「中国」とならぶのである。いいかえれば,文字という同じ文化世界のなかにならんで,自分たちの世界の外にある,しかし,圧倒的に大きな存在としての「中国」とともに「日本」があるということである。

これに対して,『古事記』は,文字にかかわらない,ことばの世界として,みずからをあらわし出すのであった。「中国」は,次元の異なるところにあるものとしてそこにはあらわれようがない。しかし,あらわれないことは意味をもたないということではない。空白であることは,そうではないものとしてあるということから,そのことばの世界の問題を照射する。文字とは異なることばの世界として,別な次元に「中国」を成り立たせつつありえたのが『古事記』の世界だということである。

あらわし方の次元が異なるが,『日本書紀』『古事記』それぞれ

に，みずからひとつの世界たるゆえんをあらわし出す。「中国」とともに，それは，ある。いずれであれ，「中国」はそれ自体として語られてあらわれるのではない。『日本書紀』における「日本」，『古事記』におけることばの世界，をあらわし出すことは，「中国」を成り立たせることとともにありえた。

　歴史の事実としてあった，古代日本にとっての中国とは別に，『古事記』『日本書紀』から見たそれが，私たちの歴史としての「中国」なのだと，とらえねばならない。

補論

「記紀批判」批判

　『古事記』と『日本書紀』とをあわせて「記紀」といい，その神話を「記紀神話」と呼ぶ。この古代テキストは，政治的イデオロギー的作為性を帯びたものとして，批判的に見なければならない——，それが歴史・文学研究において，『古事記』『日本書紀』把握の基本パラダイム（「記紀批判」というパラダイム）となってきた。

　その結果，成立論的に分析することが研究の機軸となってきたのであった。たとえば，ヤマトタケ（ヤマトタケルというのが一般的だが，正しくないと考える）の物語をめぐって，その原型は，ヤマトタケの本来の名，小碓とかかわるもので，碓の観念を投影した豪勇無双の勇者の話であり，農民の生活と信仰を基盤とするものだと析出することから始めて，それが，共同体の世界を離れ，国家を背景とする勇者の話となり，さらに，天皇支配下の皇子の話として語り変えられてゆく，という歴史的発展をとらえる吉井巌『ヤマトタケル』（学生社，1977年）は，そのひとつの典型といえよう。

　物語のなかの諸要素を分析・抽出しながら，碓の名を負うことの背

景には農耕にかかわる生活と信仰があり、そこに元来のすがたがある、というように、歴史的背景にからめて見てゆくのは、いかに物語が成り立ってきたかを問題とするという成立論的ないし発展段階論的思考様式というほかない。それが「記紀批判」の根幹をなすものである。

『古事記』と『日本書紀』とが共通する話を多くもつことが、その「記紀批判」を可能にしてきた。比較しながら、要素を取り出し、神話や説話の歴史的発展として組み立てるのであった。

別な例として、大国主の神話をあげよう。『古事記』の神話において大国主の話の占める比重はきわめて大きい。兄弟神たちに迫害された大穴牟遅神が須佐之男命のところに行き、その力を手に入れて、大国主となり、葦原中国の国作りを完成するという話は、歌物語も含んで、『古事記』『日本書紀』の神話のなかでももっとも生彩に富むものである。分量も『古事記』の神話的部分の20％をこえる。しかし、『日本書紀』本書には、この大国主の話がない。素戔嗚尊が大己貴命を生んだとあるだけだ（大国主と呼ばれることすらない）。その神が瓊瓊杵命に国を譲るのである。

この大国主の話を、「出雲神話」と呼んできた。出雲を話の場面とすることを、出雲地域で生まれた神話と見ることによる。それを神話体系のなかに組み込んで「記紀神話」がいかに完成されたかを考えようとし、そこで、『古事記』の神話体系の新しさをとらえる論が出されてもきたのであった。

しかし、天皇の世界の根源を語る神話的物語の全体のなかで問うことがないまま、「出雲神話」などというのは、テキストを成立論的に解体するものでしかない。「記紀批判」への、その批判とともに、テキストとしての『古事記』『日本書紀』自体において見ること（テキスト理解）に向かわねばならぬ。律令国家の完成は、『古事記』『日本書紀』とともにあった。そこに見るべきなのは古代の伝承などではない。律令国家が、ひとつの世界としてある自分たちをいかに確証しようとしたかということを見るべきなのである。それはそれぞれのテキ

ストの全体において問うしかない。

　本論に述べた,『古事記』があらわし出す「聞く」天皇(聞くという言語行為によって世界を回収する天皇)についていえば,それを古代性そのもの(現実の古代)に還元することは正しくない。『古事記』は,そうした天皇像によって,「古代」＝ことばの世界,を語ろうとしたととらえねばならぬ。『日本書紀』とは異なる,その「古代」を見ることがテキスト理解なのである。

　　[付記]　　本稿は成稿後10年以上を経たものであるが,新出資料の祢軍墓誌とそれに関する文献について最低限の訂補を加えるにとどめ,ほぼもとのかたちのままとした。「私たちの歴史としての」という以上,「和漢」「三国」というかたちで,「和」「本朝」としての私たちを成り立たせる,「漢」「震旦」としての「中国」を見なければならないが,それも果たしえていないのを遺憾とする。

石井正敏, 2001,『日本渤海関係史の研究』吉川弘文館。
奥村悦三, 1991,「話すことと書くことの間」『国語と国文学』68巻5号。
神野志隆光, 1983,『古事記の達成』東京大学出版会。
───, 1999a,『古代天皇神話論』若草書房。
───, 1999b,「〈聞く〉天皇」『太田善麿先生追悼論文集　古事記・日本書紀論叢』続群書類従完成会。
───, 1999c,「文字テキストから伝承の世界へ」『声と文字　上代文学へのアプローチ』稲岡耕二編, 塙書房。
───, 2002,「『日本』をめぐって」『万葉』179号。
───, 2005,『「日本」とは何か』講談社。
───, 2014,「『日本』の由来について」『文化継承学論集』10号, 明治大学大学院文学研究科。
阪下圭八, 1984,「天之日矛の物語(二)」『東京経済大学人文自然科学論集』66号。

東野治之，2012，「百済人祢軍墓誌の『日本』」『図書』756号。
本居宣長，1763，『石上私淑言』（『本居宣長全集』2，筑摩書房，1968）。
百川敬仁，1987，『内なる宣長』東京大学出版会。

読書案内

石原道博編訳『新訂 魏志倭人伝 他三篇』岩波文庫，1985年。同『新訂 旧唐書倭国日本伝 他二篇』岩波文庫，1986年。中国正史の日本伝を集成したもので，『古事記』『日本書紀』とあわせ見るべき基本史料。

石母田正『日本の古代国家』岩波書店，1971年。日本古代国家の成立を，国際的契機という視点を機軸として見通した，古典的名著。

神野志隆光『古事記と日本書紀』講談社現代新書，1999年。歴史のなかで意味を更新して生き続けた古典としての『古事記』と『日本書紀』を概観する。

東野治之『**正倉院**』岩波新書，1988年。同『**遣唐使船**』朝日選書，1999年。私たちの歴史としての「中国」を考えるための具体的な素材について多大な示唆を与えてくれる。

西嶋定生『**日本歴史の国際環境**』UP選書，東京大学出版会，1985年。中国王朝を機軸とする東アジア世界のなかで，天皇制を形成し，律令国家を完成した日本古代国家史をクリアに提示した。

──────神野志隆光

第3章 中華世界の変貌

「小中国」から「大中国」へ

①遼・契丹文印 ②遼・漢文印 ③宋・漢文印 ④西夏・西夏文印

⑤金・漢文印 ⑥元・パクパ文印 ⑦元・漢文印 ⑧明・漢文印

⑨清・満文印 ⑩清・満漢合璧印 ⑪清・満回漢合璧印 ⑫清・満漢蔵蒙合璧印

➡遼・宋・西夏・金・元・明・清各王朝の官印（印章）　皇帝から官僚（役人）に授与される官印は皇帝権力の表徴であり、その王朝の特徴が見られる。10世紀以降、中原（漢族の居住地域で、中華文明発祥の地とされる黄河中下流域）に進出した北方民族の王朝は独自の民族文字を創作し、官印にも民族文字が用いられた。漢族の王朝も含めて各王朝の官印は上掲のとおりである。すなわち、遼（支配民族は契丹族）の官印は契丹文字印①と漢字印②、宋（漢族）は漢字印③、西夏（タングート）は西夏文字印④、金（女真族）は女真文字印はなく漢字印⑤、元（モンゴル族）はパクパ文字印⑥と漢字印⑦、明（漢族）は漢字印⑧、清（満洲族）は満洲文字印⑨のほか、満漢合璧印⑩やモンゴル語・チベット語・回語（トルコ語）等の民族文字の印⑪⑫である。なかでも清の満洲文字と諸文字の合璧印は、複合国家・多民族国家をうかがわせる様式である。この官印使用文字の変化に10世紀以降の中華世界の変貌を見ることができる（片岡、2008）。➡

> **10世紀から19世紀までの中華世界の歴史：概略**

10世紀から19世紀までの中華世界の歴史は大きく二つの時代に分けることができる。前半期は、中原で唐が滅び、五代の後梁が建国し、時を同じくして、北方民族のひとつ、契丹族を統合した耶律阿保機が君長に即いた907年から、南宋が都の臨安を無血開城して、元軍に降伏した1276年までの370年間の分裂の時代である。それは後漢滅亡の220年から589年の隋の統一までの370年間に匹敵する。これに対して、後半期は元・明・清の統一王朝の時代である。

前半期の変動を通じて、中華世界は漢族王朝の華の「小中国」から、現代中国につながる華夷の「大中国」へと変貌する。後半期はその「大中国」を中心とする中華世界秩序の時代であり、続く近代の変容期を経て、現代中国に直結する。

> **周辺からの統合：遼**

10世紀以降の歴史は、漢族王朝の主導ではなく、周辺とくに北方民族の動向によって展開していった。

安史の乱以降、統治力を失っていた唐朝は907年に滅び、かわって節度使朱全忠を皇帝とする後梁が建国した。これから960年、趙匡胤が宋朝を興すまでの50余年、「五代十国」の時代と呼ばれる分裂抗争期を迎えるが、これより先、北の世界では新しい動きが起こっていた。遼河の上流シラムレン河流域の、遊牧民と農耕民の生活圏が交わる東部モンゴル地方（現在の内蒙古自治区東部高原）で遊牧生活を送っていたモンゴル系の契丹族が勢力を拡大した。指導者の名は耶律阿保機である。彼は契丹諸部族を統合して、まさに唐朝が滅亡した907年に、君長に即いた。916年には皇帝を称し、年号をたて、国号を大契丹と定めた。

契丹は、936年には五代のひとつ、後晋の建国を助け、その見

返りに現在の北京地方から大同地方に及ぶ「燕雲十六州」と毎年の歳幣を獲得した。さらに946年にはその後晋を滅ぼして、一時開封をふくむ黄河以北をも占領し、国号を大遼と改めた（以下、遼）。11世紀に入って再度開封に迫り、宋とのあいだに和議（澶淵の盟）を結び、多額の歳幣を獲得した。この和議はその後、遼の滅亡までの120年も双方によって守られ、平和と安定に貢献した。遼はさらに朝鮮半島に成立した高麗を攻めて属国化し、本拠地に造った中国風の城郭都市、上京臨潢府を都とし、東は朝鮮半島から西は青海地方にいたる大帝国となった。

遼は、民族自覚をあらわす契丹文字を創作して官印に用い、独自性を誇示したが、さらにこれまでの北方民族の政権と異なり、北方諸民族（遊牧民）世界に君臨するとともに、皇帝を称し、年号と国号を定めて、まったく漢族王朝と同じ形態をとり、現実に華北の漢族などの農耕民をもその支配下に置いた。そのため、統治体制は遊牧民と定住農耕民の二つに区別された二元統治体制であった。遊牧民に対しては「部族制」に編成し北面官を置き、定住農耕民には中国風の「州県制」をしいて南面官を置いて統治したが、中央の管理機構と軍事は契丹族が一元的に掌握した。

分裂抗争と建設：五代十国

遼の隆盛期に、南の中国では五代十国の混乱期にあった。中原では後梁のあと、後唐、後晋、後漢、そして後周と、五つの短命王朝が次々と交代した。これを五代という。最初の後梁と最後の後周をのぞく三つはトルコ系の沙陀族の政権である。中原は唐末の突厥・ウイグルをはじめ北方諸民族の移動によって民族交錯の地と化していたようである。

五代の各王朝は軍閥政権であり、その権力基盤は傭兵による親衛部隊である牙軍（のちの禁軍）に支えられていた。後梁の朱全

忠をはじめ、五代の支配者が唐朝の悪弊といえる宦官や門閥貴族を一掃することにつとめた結果、行政を担当する官僚には、能力があるにもかかわらず唐朝では活躍の場を与えられなかった多くの知識人が登用された。五代5王朝中、4王朝に高官として仕えた馮道に代表されるように、官僚は王朝が代わっても引き続いて行政にたずさわった。

政権の財源は、直接支配した領域内の農業生産と域内外の商業流通に求められた。五代各王朝は、唐朝の継承者をもって任じた後唐が洛陽を都としたほかは、大運河と黄河を結ぶ汴州（開封）に都を定めた。開封はその江南からの物資がいったん陸揚げされる商業・交通の要衝の地であった。王朝はこの商業活動に着目したのである。保護することによって領域内の流通等の経済活動の活発化と税収増をねらった。

一方、各地に分立する十国の王朝も実態は節度使出身者による軍閥政権で、各国とも領域が狭くて自給自足できないことから、産業振興、とくに特産物の生産につとめ、それを他国に売り、不足物資を買い入れていた。南の穀物・茶・絹・綿製品が開封で取引され、その一部は遼・西夏にも運ばれたのである。

五代十国の時代は分裂混乱期ではあったが、北方民族の統一政権、遼に対抗するための南の農耕民勢力による軍事力・経済力建設の時期でもあった。

中原の統一政権：宋（北宋）

五代最後の後周の禁軍総司令官であった趙匡胤は960年、宋朝を開いて皇帝（太祖）に即いた。太祖と次の太宗は禁軍を中心とする圧倒的な軍事力をもって十国を次々と征服し、979年太原に拠った北漢を滅ぼし、ほぼ中国全域を統一した。太宗は勢いに乗って「燕雲十六州」の奪還をねらったが、遼軍に大敗して

しまった。宋軍は数的には遼軍を圧倒したが,遊牧民の騎馬軍団には歯が立たなかった。宋にとって遼に対抗できる軍隊と防衛態勢を構築することなくして安泰はない。そのためにも皇帝権を強化安定させ,軍事権と行政(徴税)権を中央が掌握する体制が作られた。

皇帝独裁体制の下で皇帝の手足となってはたらく官僚(文官)の選抜方法として,隋朝に始まる科挙が採用された。その最終試験は皇帝が試験官となって行われ,官僚は皇帝によって選ばれるというかたちが作られた。科挙官僚は士大夫と呼ばれ,時代とともに増加して社会の指導層を形成し,文化の担い手となった。

宋は軍事費以外の支出を極力抑制した。行政末端の県では中央から派遣された官僚はせいぜい4名程度とするなど,官僚数を最小限度に抑え,日常行政実務は無給の胥吏や土地所有者の徭役(職役)が担うという,「小さい政府」であった。

宋は五代の王朝と同じく,都を開封に置いた。開封は大運河によって南北を結ぶ結節点に位置することから,南との結びつきはいっそう強まったといえる。

宋の軍事財政と商業の発達

宋の軍隊は傭兵である。軍隊に入ったものは軍籍(「軍戸」)に入れられ,一般民戸と区別された。中原政権で民戸と軍戸に区別する(兵農分離)のは宋朝に始まる。これは強力な軍隊を有する遼に対抗する兵員を確保するためにとられた措置と考えられる。

宋の財政は中央政府によって一元的に運用された。主な税収は両税・専売利益・商税である。両税は土地所有額を基準に,夏税は布帛・銭が,秋税は穀物が徴収された。

専売は塩・茶・酒を対象とした。とくに塩・茶は直接政府が販

売にたずさわったのではなく、遼・西夏との国境地帯に駐屯する軍隊の軍糧等の物資を現地で商人から買うと、その代価として、塩・茶等との交換を約束する交引（引換証）を支給する。商人はその交引を政府が管理する産塩地や江南の産茶地で塩・茶に交換し、指定された区域で販売して利益を得るというように、専売制と国境の軍糧の確保が結びついていた。何よりも軍隊。まさに軍費が国家財政の7割を占めるほどの軍事財政であった。

　五代十国時代からの商品流通は、宋朝の政治的統一・貨幣＝銅銭の統一によって政治経済都市開封を結節点に、大運河を大動脈とするかたちで全国的規模でいっそう拡大した。そして、取引が頻繁かつ高額になると、商人は交子と呼ばれる信用取引の預かり手形を用いた。紙幣のはじまりである。この拡大する商品流通、商人の活動に課税された。都市の店舗税、流通物資への通行税や、販売税といった商税がそれであり、宋朝の重要な財源となった。

　商品流通は国境を越えて拡大した。遼・西夏が宋の物資を求めてきただけでなく、周辺の高麗・日本からも貿易船がやってきた。また、南海貿易もさかんで、唐代の広州に加えて揚州・寧波・泉州の港は東南アジア諸国からの貿易船でにぎわった。官僚・商人をはじめ新しい富裕階級の出現によって奢侈が高まり、海外貿易はさらに拡大した。宋朝はこの海外貿易に注目し、唐朝と同様、市舶司を置いて内外の貿易商人を管理し、関税を課した。

| 東西交易の要衝国：西夏 |

　古来から中国にとって北方・南方よりも西方との交易が重要な意味をもっていた。それは西域諸国が文化面で先進的であることによる。10世紀以降、東西交通路の要衝に位置するオルドス南部を本拠地としていたのが、チベット系タングート族拓跋（たくばつ）氏であった。遼・宋の対立で西方が軍事的空白になった時期に勢力

第3章　中華世界の変貌

をたくわえ、1038年、ときの指導者李元昊(りげんこう)は自立して皇帝を称し、年号を定め、国号を大夏とした。宋朝はこれを西夏と呼んだ。

李元昊は西夏文字を制定するなど独自の文化を奨励した。また成年男子には全員兵役の義務を課して軍事力強化につとめると、宋領内に侵攻した。両国の交戦状態は7年も続き、1044年に和議が成立した。西夏は宋に臣下の礼をとる代わりに、宋は歳賜を与え、国境に貿易場を設けることを約した。このときの歳賜には従来の銀・絹とともに茶が加えられた。この結果、遼・宋(北宋)・西夏三国の和議(盟約)で結ばれた鼎立状況が形成された(図3-1)。

王安石の新法

西夏との長期の交戦状態は宋を深刻な財政危機に陥れ、財政立て直しが緊急課題となった。その状況と要請の下に実施された王安石の新法はひとえに、軍費のために安定した財源を確保し王朝支配体制を維持することを目的とした。すなわち全国的に商品流通を促進させて、税収増と軍糧確保をはかるとともに、自作農を中核とした地方社会の再建を進め、地方社会への王朝支配の浸透をねらった。しかし、新法の実施は一時的には税の増収をもたらしたが、上からの政策は自由な経済活動に介入し統制する側面もあり、地主や商人などの新興勢力の反対を受けて、政争の具となってしまい、十分な成果をあげることができなかった。

金の二元統治体制

宋が新法をめぐって党争を繰り返して、外に対する政治的求心力を弱めていたとき、北方の遼でも中国化推進派とそれに反対する勢力のあいだで対立抗争が繰り広げられていた。そのすきに乗じて、遼の支配下にあった女真族が急速に台頭してきた。完顔部(ワンヤン)の阿骨打(アグダ)は、1113年に君長に即き、全女真族を統合して遼からの自立を宣言し、遼

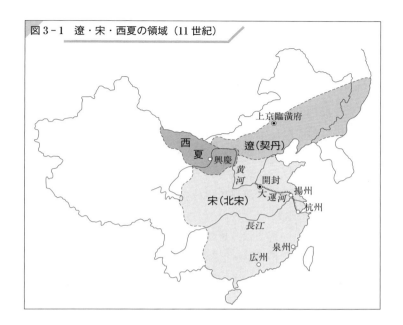

図3-1　遼・宋・西夏の領域（11世紀）

軍を破ると、1115年に皇帝を称し、年号を定め、国号を大金とするとともに、女真文字を作って民族意識を誇示した。

金は宋と同盟して遼の都を攻略し、1125年遼を滅ぼしたが、翌年には開封を攻略し、1127年に宋朝をも滅ぼした。これを靖康の変という。

金は阿骨打が自立してからわずか14年で、遼の領域と黄河以北の中原を領有した。その金の軍事力を支えたものは猛安・謀克制である。猛安・謀克は女真族固有の部族組織に基づく社会軍事組織で、軍隊の基本単位であるとともに、行政単位でもあった。

金は黄河以北の漢族居住地域に対しては宋の州県制を踏襲した。遼と同様、金の統治体制も民族固有の部族制と州県制の二元体制であった。税制は北宋代の両税法で、のちに財産の多寡に応じて

課税する物力税が新設された。しかし対宋戦にともなう軍事費の増大によって銭財政は行き詰まり、宋の交子にならって約束手形の交鈔(こうしょう)を発行した。交鈔はのちに銅銭に代わる主貨幣＝紙幣として通用された。また銀も貨幣として使用されはじめた。

　広大な農耕地域と女真族の数倍にも及ぶ漢族の獲得によって、金はその支配の重心を確実に中原に移していった。その結果、契丹族と同様、女真族の漢化も進み、金の根幹をなす猛安・謀克制がその機能を弱めていった。そのなかで金の都は当初の松花江沿いの上京会寧府から、農耕民地域の中心である中都（燕京）、現在の北京に遷(うつ)された。

　金と南宋のあいだでは、1142年に和議が成立し、淮河(わいが)を国境とし、宋は金に臣下の礼をとること、銀・絹を「歳貢」とすることとされた。のちに君・臣の関係は叔(おじ)・姪(おい)に改められ、また「歳貢」が減額されて、「歳幣」にもどされたが、中華世界での中華と夷狄の立場は逆転した。

　12世紀中国は南宋・西夏・金の鼎立状況にあり、軍事的緊張のなかに奇妙な安定を維持し、貿易活動も活発に展開された時期であった（図3-2）。

　遼・西夏・金にとって宋朝は対抗者ではあっても、決して朝貢する「中華」王朝ではなかった。一方、宋においては遼・西夏・金の「夷狄」に圧倒されている現状への反発から正統論が叫ばれ、司馬光の『資治通鑑(しじつがん)』にも見られるように、「夷狄」王朝を排除する偏狭な中華思想が起こっていた。

> 江南の開発：南宋

　開封陥落の後、宋室の一人が皇帝に即き江南に逃れて宋朝を復興させた。開封に都があった時代を北宋と呼ぶのに対して、それ以後を南宋と呼ぶ。南宋は都を臨安（現在の杭州）に定めたが、あくまでも行在地

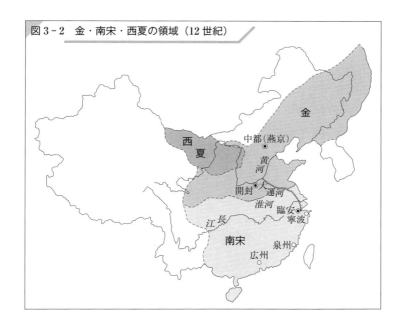

図3-2 金・南宋・西夏の領域（12世紀）

（仮の都）であった。

　南宋は北宋時代以上に北の軍事大国の圧力を受けたため，防衛軍として新しい国軍を編成したが，禁軍と同様，傭兵部隊である。

　戦乱を逃れて多くの人々が南下し，南宋の人口が増加した。そのため食糧増産の必要から江南での新田開発がいっそう進み，農業技術の発展もあって，米の生産力は「蘇湖熟すれば天下足る」といわれるほどに高まり，国家財政は安定した。また十国時代からの地域特産物である茶・養蚕・木綿などの生産が増加し，それに関連する手工業，商業の発展を促した。その結果，商業都市が各地に誕生した。

　南宋時代になっても商人の交易活動はさかんであった。西夏・金との国境貿易は宋側の輸出超過で，宋は西夏・金に送られた歳

幣額をそっくり取り戻すことができた。東南アジア諸国，日本，高麗との海外貿易も依然として活発で，貿易港として広州・泉州・寧波が栄えた。政府は北宋時代と同様，市舶司を置いて輸入品に課税した。南宋末期，泉州市舶司の長官にムスリム商人の蒲寿庚が任用されたが，このことは南海貿易におけるムスリム商人の活躍を物語るものである。

なお，儒学では，これまでの訓詁学中心のものから思弁的な朱子学の誕生をみた。その背景には体系化された仏教の影響とともに，ムスリム商人の渡来によってもたらされたイスラム思想の影響も考えられる。

「大中国」の成立：クビライの元朝

金が黄河以北の世界の覇者となって約100年の後，モンゴル高原で遊牧生活を送っていたモンゴル諸部族が一人の英雄の下に統合された。英雄の名はチンギス＝ハン。彼とその子孫は圧倒的な騎馬軍団を統率して世界制覇に向かい，1250年までに西夏・金を滅ぼし，西は遠くロシア，西アジアのアッバース朝領域から東は日本海にいたる空前の帝国を建設した。残るは南宋の征服である。南宋作戦を指揮したのはクビライである。クビライは1260年，のちの上都でハンに即位すると中国風の年号を立て，1271年には国号を『易経』の句によって大元と称し，都を金朝の中都の郊外に建設して大都（現在の北京）とした。これはクビライが自己の政権基盤を中原に置くことを表明したものといえる。モンゴル本地の勢力を抑えたクビライは圧倒的な兵力を擁して南下し，1276年臨安を無血開城させた。ここに唐の滅亡から続いた分裂の時代は終わり，北アジア世界の遊牧民世界と南の中国定住農耕民世界を統合した，「大中国」が成立した（杉山正明：尾形・岸本編，1998）。元朝とはクビライの領地のことで，モンゴル

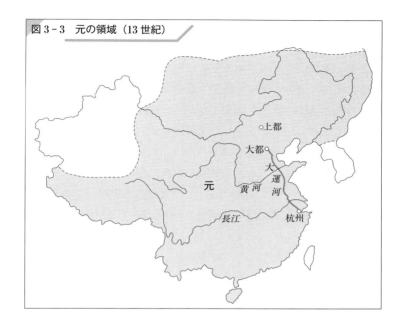

図3-3 元の領域（13世紀）

帝国の東部分のモンゴル本地と中国に限定される（図3-3）。

クビライは南宋作戦と並行して高麗を攻めて屈服させると、続いて日本を服属させようとして、2度にわたって船団を送り込んだが、ともに暴風にあって失敗した。日本でいう「元寇」である。1回目は時期的に南宋作戦中であり、日本と南宋の関係を断ち切ることを目的とした遠征であった。それに対して南宋征服直後の旧南宋軍を主体とする2回目の船団には鋤・鍬から種子まで積み込まれたといわれ、移民船団による日本の植民地化をねらった遠征であったと考えられる。

クビライはベトナムをはじめ東南アジア諸国にも遠征軍を送った。それらは新たな領地獲得戦争としては失敗であったが、その後、東南アジア諸国から元朝に朝貢使節が送られてきたことから、

朝貢貿易関係の樹立，西アジアのイル＝ハン国にいたる海上貿易ルートの確立には成功したとも考えられる。

これより前，遼・西夏・宋および金，そしてその周辺の内陸部，さらに南方・東方の海域を包含する通商交易圏の拡大は，中国内外の商人に活躍の舞台を提供したが，政治的分裂による不安定要素を抱えており，より安定した交易圏の確立が求められた。それをもっとも強く願望したのはムスリム（回回）★商人集団である。彼らは内陸アジアでの東西交易路を縦横に往来する一方，インド洋から東南アジア地域にいたる海上の交易路を掌握しており，この二つの交易路を結びつけたユーラシア全域の交易圏の構築を切望していた。

ユーラシアにまたがるモンゴル帝国の成立によって，求められていた陸海を結ぶ広範な交易圏が完成した。元はその陸上・海上ルートの東端に位置し，大都（北京）はその東西交易路を結ぶ東の結節点として，通商・情報センターの機能を果たしたのである（杉山・北川，1997）。

東アジア世界での元朝の成立は新しい中華帝国＝「大中国」の出現であり，元朝には新しい中華世界秩序での朝貢貿易体制の中心としての役割が期待されたのである。

> **★回回と回教**
> 中国ではイスラム教徒（ムスリム）を，古くは回回と表記（他称）した。回回の語源は10世紀に中央アジアで栄えたウイグル（漢字表記「回鶻」「回紇」）の王朝を指したことに始まる。のち範囲が広がり西方地域全般を指し，さらにその地域にイスラムが伝播しムスリムの世界と化したことから文字の起源とは関係なく，元代には回回の信仰するイスラムを回回教・回教と記すようになった。回回は回鶻に由来するが，回教と回鶻は直接の関係はない。なおモンゴル語史料では回回は sarta'ul と写される。sart はソグド語で商人を意味する。

新しい中華帝国＝「大中国」とは，中華・夷狄を包含する複合国家，多民族国家を意味する。新しい中華世界秩序での朝貢貿易体制とは，「大中国」規模での国家の積極的な保護と管理下の民間貿易を基礎に置く，内外一体のゆるやかな朝貢・貿易体制を指す。

モンゴルの中国支配

　モンゴルの中国支配の官制は宋朝の官制をついで，中央では民政を司る中書省，軍政を司る枢密院，監察機関の御史台を置き，地方には中書省の出先機関としての行中書省（行省と略称。のちの地方行政区画となる）を設け，その下を路，府，州，県に分けたが，官僚登用試験の科挙が長らく実施されなかったこともあって，中国的行政機構が現実に機能したかは疑わしい。

　モンゴル政権の軍事力の源泉は金朝の猛安・謀克制と同じような千人制，百人制と呼ばれる社会軍事組織である。ハンに忠誠を誓った千人隊，百人隊の長がチンギス＝ハン一族とともに一種の知行地を付与され，知行地から上がる税収はそのまま領主のものとされたため，クビライ家＝元帝室の収入は自己の領地からの収入に限られた。そのため，元朝は国家収入の柱を商税と塩の専売に置いた。すなわち交通網と商業網が，従来の中華世界の枠を大きく超えるユーラシア規模のモンゴル帝国領域内で体系的に整備されて広域経済圏が形成されると，銀が標準通貨としてその決済に用いられた。元朝はその流通活動や塩などの流通物資に課税する一方，銀の不足を補うために，補助通貨として紙幣（交鈔）を全国規模で流通させた。元朝の通貨政策は紙幣の乱発と銀の絶対量不足のために失敗したが，中国社会の銀経済への移行を準備したといえる。これらの徴税業務はムスリムが大半を占める色目人が請け負った。彼らは利益を確保するため厳しい徴税を行って，

民衆の反感を買った。

モンゴル支配層は手に入れた富を土地に投資することはなく，もっぱらムスリム商人に投資した。資金の提供を受けたムスリム商人は陸海一体化された交通網を利用して，商業・金融活動を展開した。

モンゴルの中国支配のもうひとつの特徴は，人民を蒙古人，色目人，漢人，南人の4種類に分けて，そのあいだに法律上をはじめ，さまざまな面で差別を設けたことである。また，この4種類の身分はさらに民戸・軍戸・匠戸・站戸等，職業別に区分された。とくに軍戸は職業軍人を出す世帯とされ，モンゴル軍の一翼を担った。また，モンゴルは全体として中国文化に関心を示すことはなかったが，『遼史』・『金史』・『宋史』を編纂した。前代の王朝の歴史書（正史）を編纂することは後継王朝のつとめとされており，モンゴルの元朝はこの点では宋朝の後継王朝としてその責務を果たした。しかも漢族のあいだで論議された華夷論を抑えて，北方民族の王朝である遼・金の正史を編纂したことは注目に値する。

南から興った王朝：明

人民の大部分が土地生産に依存する農耕世界の中国にあって，農民・土地政策を欠いた元朝政権の生命はそう長くはなかった。14世紀の地球規模の異常気候は元朝治下の中国にも大きな被害をもたらした。旱害，黄河の氾濫をはじめとする水害等に起因する飢饉によって農業社会は大混乱に陥った。黄河治水工事に大量の農民が動員されたが，これに反発した農民は，弥勒下生を掲げる白蓮教の秘密結社に結集して蜂起した。紅巾の乱である。この反乱軍のなかで頭角をあらわし，モンゴルを万里の長城の北に追いやり，政権を握ったのが貧農出身の朱元璋である。朱元璋は1368年，明朝を

興し，都を南京においた。南から興って中国の統治権を掌握したはじめての王朝である。朱元璋は年号を洪武とし，在位中改元しなかったことから，以後明，そして清を通じて一世一元の制が採られた。このことから明・清朝の皇帝はその年号をとって称される。

朱元璋，すなわち洪武帝(こうぶてい)は当初，元朝の官制をそのまま継承したが，皇帝権力を確固たるものにするため，開国の功臣とその関係者数万人を処刑し，中央・地方の行政・軍事のあらゆる権限を皇帝のもとに一元化する政治機構改革をすすめ，皇帝独裁体制を確立させた。そして科挙を復活し，新たに採用された官僚が新体制を支えた。

明朝は元朝と異なり，土地・人民に立脚・依存した政権である。すべての土地・人民（民戸）を土地台帳・賦役黄冊(ふえきこうさつ)に記録して管理し，徴税（両税法）・里甲制などにかかわる地方行政の末端機能を担わせた。また，北にあって勢力を維持しているモンゴル族に対抗できる，十分訓練し統制のとれた軍隊の育成と維持をめざした。そのために職業軍人を輩出する世帯である軍戸を各地の軍隊組織の衛所に所属させ，国防・治安にあたらせた。なお軍戸は唐朝の徴兵制（府兵制）や宋朝の傭兵制とは異なり，契丹・女真・モンゴル等北方民族の社会軍事組織，直接的には元朝の職業別戸籍の軍戸に見られる兵員確保の手法を継承したものといえる。

> 明朝は元朝の後継者をめざした

洪武帝の没後，孫の建文帝(けんぶんてい)が継いだが，建文帝の叔父でのちの永楽帝(えいらくてい)が皇帝位を奪った。永楽帝は自己の本拠である，元の都であった北京を実質的な都とし，大々的に外征を行った。永楽帝みずから行った5回のモンゴル遠征，宦官鄭和(ていわ)による東南アジアからアフリカ東海岸にいたる7回の大船団の海上遠征，さら

には宦官イシハの黒龍江下流域への遠征がそれである。執拗に繰り返された遠征は元朝体制の復活をめざすものであった。洪武帝にしても永楽帝しても，中原政権の皇帝，漢族の指導者だけでは，「大中国」に君臨することはできない，と感じていた。洪武帝は権力の皇帝集中によって権力基盤を固めるとともに，江南の土地の多くを官田（直轄地）として，土地に根ざした財政基盤の安定をはかり，その一方で，万里の長城沿いの地域に皇子を分封し，これに軍隊を与えた。これによって，元朝体制に代わる，新しい「大中国」体制の構築をねらったのである。そのために永楽帝は自ら大軍を率いて万里の長城の北に遠征した。しかし，北のモンゴル族は依然として勢力を保持しており，南の海上ではそれまで朝鮮半島沿岸で活動していた倭寇と呼ばれる海賊集団が中国の東シナ海沿岸を襲うようになったため，明朝は万里の長城を修築して北辺を固め，また海禁政策によって民間の海外貿易を禁止して朝貢貿易のみ認める，統制・管理型の，内を固める体制を構築せざるをえなかった（図3-4）。

自由貿易をもとめて：北虜南倭

元末明初の自然災害と戦乱によって荒廃した中国社会は政治的安定がすすむと立ち直り，産業発展の時代を迎える。江南地方ではより商品価値の高い作物を求めて，養蚕に着目し，水田が桑園に変わっていった。その結果，江南は製糸業の中心となり，米穀生産が長江中流域に移ったことから，世間の評言も「江浙熟すれば天下足る」から「湖広熟すれば天下足る」と，変わった。

江南の手工業の発展にともなって，原料・食糧を運搬し製品を販売する専門の商人が登場した。新安（徽州）商人と呼ばれる商人集団がそれである。明朝の北辺守備軍へ食糧を運搬することで富をたくわえ，全国規模の活動をする山西商人とならぶ，当時の

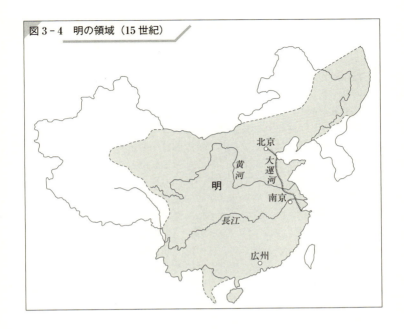

図3-4 明の領域（15世紀）

代表的な商人集団であるが、各地の商人もさまざまなかたちで、全国的商業活動に参加した。しかし、商人の利益追求の舞台は国内に制限され、あり余る資金と生産物は行き場を得られずにいた。

その一方で、中国物資をもとめてやまない人々がいた。北の草原に退いたモンゴル族（北虜）で、彼らは朝貢貿易の拡大を要求し、明がそれを認めないと長城を越えて侵入する軍事行動を繰り返し、親征した皇帝を捕らえる事件も起きた（1449年、土木の変）。モンゴル族等遊牧民には中国と交易する有効な物資をもたないことから、つねに暴力行為によって問題解決をはかろうとするため、明朝は北辺防備に苦しんだ。

目を南の海に向けると、富をたくわえた商人たちは海禁政策に阻まれたため、海賊行為を生業とする倭寇（南倭）と結ぶことに

Column③ 火器の使用・兵書の編纂

　宋代に発明された火薬はさまざまな分野に影響を及ぼしたが，戦争に与えた影響は大きい。それまでの弓矢に代わって火薬の爆発力を利用する兵器＝火器が戦争の主役となった。宋・元代に火薬の爆発力を利用してさまざまな火器が考案された。1273年，モンゴル軍が南宋軍のたてこもる襄陽を攻めた際に威力を発揮した巨大投石機は，イラン生まれの技術者が作ったことから，回回砲と呼ばれたが，火器の性能はヨーロッパで飛躍的に発展した。そして，火器が鉄砲・大砲となって東アジアにもたらされたとき，その使用は政治集団の存亡を決定づけた。日本の長篠の戦いで織田・徳川連合軍の鉄砲隊の前に武田騎馬軍団は壊滅的敗北を喫した。中国では明朝はモンゴルの攻撃に対抗するため仏朗機砲（ポルトガル砲）を配備したが，17世紀に入って新たなる敵・後金軍には仏朗機砲より強力で射程距離の長い大砲である紅夷砲で迎え撃ち，ヌルハチ率いる後金軍を撃破した。火器の強力な破壊力を前にしてはヌルハチの得意とする機動力もどうすることもできなかった。そのためホンタイジは，大砲とともに投降した明軍部隊を優遇した。その大砲によって清の中国征服が達成されたといえる。康熙帝と対決したガルダン率いるジュンガル軍は重火器で装備され，大砲をラクダの背に据えて砲撃したといわれる。火器の導入は騎馬民族の戦術さえも変えたのである。

　『武経総要』40巻は北宋の1044年に軍事教練の課本として編纂された勅撰の兵書である。また『武備志』240巻は17世紀中葉の明末に成った兵学全書である。ともに多くの火器が絵・図入りで載せられている。2書が宋・明という，外からの攻撃に苦しんだ漢族王朝の時代に成ったことは興味深い。

よって海外貿易に投資した。密貿易のかたちで内外の物資が交易され，国内外の流通経済が一体化する状況を呈した。16世紀になると，1511年のポルトガルによる港市国家マラッカ征服という象徴的事件を転換期として，以後南方からはそれまでのムスリ

ム商人の船に代わって、ポルトガル・スペインをはじめとするヨーロッパ人の船が中国沿岸に現れ、反対に中国船が東南アジアまで出向いた。そのあおりを受けて、それまで東シナ海域交易の中継地として栄えた琉球は貿易競争から後退した。

銀が中国に集まる

16世紀半ば、朝貢貿易の拡大を求めるモンゴルの侵攻が繰り返されたため、明朝はポルトガル船から入手した仏朗機砲を増産して配備し、侵入を食い止めた。この北辺の軍隊の食糧を確保するために、明初には商人に穀物を運ばせ、その見返りとして塩の専売権を与える方法がとられていたが、商人が穀物運搬に苦しんだため、銀を納めさせて塩の専売権を与える方法に変えた。その結果、納められた銀が北辺に集中したため、全国的な銀不足を招いた。

その全国的な銀の需要に応えるかたちで、折しもさかんに産出された日本銀（1540年代以降）とアメリカ大陸産の銀が、「倭寇」やポルトガル・スペイン商人をはじめとする密貿易商人によって大量に中国にもたらされた。この現実を直視した明朝は海禁を解いて民間の海上貿易を許した（1560年代）ため、外国銀が際限なく中国に流入した。銀流通の普及に対応して、税を銀に一本化する徴税方法の簡素化（一条鞭法）が実施されたことも加わって、銀経済が確立し国内商業活動はいっそう活発化した。

中華世界の南・北において暴力行為と商業利益が結びつき、富を求めるさまざまな人々が国境を越えて集まった。しかし、明朝はそれを監視し取り締まるすべをもたず、明朝の支配体制は着実にくずれていった（岸本, 1998）。

清の中国支配

16世紀末、秀吉の朝鮮侵略で動揺する朝鮮に隣接する中国東北地方で、民族の統合が進められていた。狩猟民であった女真族は明朝の衛所制に

組み込まれていたが，明への朝貢貿易や辺境都市での交易が活発化するなかで，武装貿易集団を組織して交易競争を勝ち抜いていく人物があらわれた。清朝の基礎をきずいたヌルハチである。ヌルハチは，1616年女真族を統一してハンに即位し後金国を建てて，明との対抗姿勢を明らかにした。

　ヌルハチの後を継いだホンタイジは，モンゴル諸部族を服属させることを優先した。チンギス＝ハンの後裔とされるチャハル部長から元朝の玉璽を獲得し，モンゴル諸部からボグダ＝セチェン＝ハン（英明なハン）の称号を奉られてモンゴルのハンの後継者として認められると，民族名をマンジュ（満洲）に改め，1636年に満洲・モンゴル・漢の3民族から推戴されて皇帝に即くとともに，国号を大清と改めた。「ハンにして皇帝」となったが，真の中華皇帝即位は次の順治帝(じゅんじてい)に託された。

　1644年，李自成の農民軍によって明朝が滅びると，清軍は農民軍を排除して北京に入城し，順治帝があらためて即位式を行い，伝統的な中国王朝の体制を継承することを宣言した。清朝は前代の一条鞭法を踏襲し，明末の過重付加税をやめて軽減につとめ，民衆の歓心をひきつけることをねらった。

　清朝の官制は，中央・地方ともに明朝の官制をほぼ踏襲した。大きな違いは中央官庁の上級ポストは複数とし，満洲族（またはモンゴル族）と漢族の官僚を併用したことである。これは，科挙官僚ポストを確保して漢族知識人の支持を得る一方，同一ポストの満蒙官僚がその行政を監視する体制であった。

　清の軍事力はヌルハチ時代に成立した八旗制に拠っている。八旗は満洲族の有力者を旗王とする社会軍事組織で，ヌルハチは旗王の1人にすぎず，ハンといえども他の旗王配下の八旗を統率することはできなかった。八旗は満洲・蒙古・漢軍の別があるが，

旗色別に特定の世襲旗王に所属した。軍事力の不足は明の投降将軍の率いる軍隊で補った。とくに南中国の支配にあたっては，軍管区を設けてその将軍たちに任せた。その代表が呉三桂・尚可喜・耿継茂の3人で，三藩と称された。三藩はあまりにも大きな権限を有したため，清朝の危険視するところとなり，自立を図って蜂起したが鎮圧された（1681年）。

また，台湾に拠って反清復明を叫ぶ鄭成功の一族は，清朝が大陸沿岸の住民を海岸線から遠くに移住させる遷界令を実施したため，大陸との関係を断ち切られて孤立していった。

「大中国」の復活：康熙帝と雍正帝

清朝の中国支配は弁髪を強要した以外，満漢併用といっても地方政治は漢族官僚主体によるものであり，圧倒的多数の漢族社会の社会・生産関係という基幹部分に積極的に介入することはなかった。むしろ，生産・流通の分野では漢族社会に種々の制限を加えることなく，漢族の自由な活動を容認した。ある意味では，制度・規律で管理した硬い体制の明朝に比して，清朝は柔らかい構造の体制であったといえる。

康熙帝の治世は，南方では三藩の乱を鎮定し，台湾の鄭氏一族を降伏させたこと，北方では，ロシアの南下を食い止めたこと，「最後の遊牧帝国」ジュンガルのガルダンとの内陸アジア世界の覇権争いに勝利したことによって，「内憂外患」を除き，元の「大中国」体制を復活させた。康熙帝が始めた，北京の紫禁城と承徳の避暑山荘とを行き交う行動様式は，フビライに始まる元朝皇帝の大都と上都の巡回に比定されるものである（杉山・北川，1997）。そこには，清朝皇帝のもつ漢族世界の皇帝と非漢民族（夷狄）世界のハンの二つの顔を見ることができる。

また，康熙帝は生まれた男児には一様に同じ漢字（「胤」）を付

ける中国式の命名を採用し，中華皇帝の側面を示すとともに，対外面では朝鮮・琉球などとのあいだで朝貢＝冊封関係をもち，交易を認めるとともに，朝貢関係のない日本などとの民間貿易をも容認する，柔軟な中華世界秩序を構築した。

　次の雍正帝は『大義覚迷録』を刊行して，漢族知識人のあいだに見られる華夷観に対して満洲族清朝の支配の正当性を力説するとともに，皇帝への権限の集中をめざした。まず，八旗改革を行った。清朝政権の軍事力の根幹である八旗制は成立から100年を経て財政面から破綻をきたしていたが，旗王は彼らを救済する手だてをもっていなかった。雍正帝は財政的支援をおこなうことと引き換えに八旗を皇帝直属にし，満洲族社会の部族的権力関係を皇帝独裁体制下に置いた。次に税制を変更した。これより前，康熙帝は1711年の人丁数を丁税課税対象数とし，以後増加した人丁を「盛世滋生人丁」と称して，課税対象としないとし，さらに丁税を土地税に組み入れて一元化する地丁銀制を導入したが，雍正帝は地丁銀制を全国に広げ，種々の付加税も正規税額に組み入れ，国家財政の安定を図った。これによって土地税収入はほぼ固定化し，地方官にとって徴税は一種の「請け負い」業務となった。その地方官には本俸とは別に，職に応じた手当の「養廉銀」を支給して優遇するとともに，彼らから皇帝への私的な書状による直接報告を可能にする奏摺制度の本格的導入によって，皇帝による地方状況の把握と官僚掌握が図られた。

　雍正帝の治世は，清朝のもつ後金時代からの伝統的な満洲族社会秩序・関係を抑えて，1人のハンに権力を集中させるとともに，皇帝独裁の中華王朝体制を完成させた時代であった。

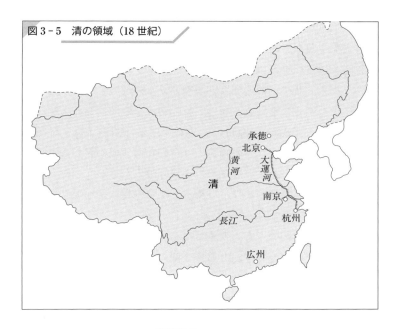

図3-5 清の領域（18世紀）

| | 「大中国」の完成：乾隆帝治下の繁栄 | |

乾隆帝（けんりゅうてい）が即位したとき（1735年），祖父康熙帝の奮闘と父雍正帝の努力によって政権をとりまく政治的不安要素はほとんど除かれていた。加えて，対外貿易の拡大と銀の流入，商品流通の活発化によって，社会の生産消費活動は高まり，国庫も十分なたくわえができていた。

乾隆帝の治世下に清朝の領域は最大となった（図3-5）。すなわち満洲族の本地の東北地方，モンゴル族の内外蒙古，トルコ系民族のムスリムが生活する新疆，チベット族の西蔵といった非漢民族世界を周縁部に配置し，それに囲まれるように最多数の漢族が活動する中国平原部（内地）が位置づけられる中華世界が完成したのである。この5つの民族の使用言語，満・蒙・漢・蔵・回

第3章　中華世界の変貌

(トルコ語)の語彙対照辞典である『五体清文鑑』は，清朝の多民族支配を象徴する編纂物といえる。

乾隆帝は，順治帝以来いくどとなく編纂が試みられながら，漢族の「夷狄」政権への過剰反応が続いたため進展しなかった明朝の歴史書『明史』を完成させた。乾隆帝はまた漢族知識人を総動員して，3000種以上の漢籍を収めた大叢書「四庫全書」を完成させた。しかし，これらの編纂のうらに「夷狄のハン」の猜疑心が見え隠れしていたことを多くの漢族知識人が感じていた。乾隆帝の治世下に思想弾圧事件といえる「文字の獄」が頻発しているのである。

完成された体制の下で，乾隆帝はまったく個人的関心の範囲内で行動した。康熙帝をまねた前後6回の「南巡」は風光明媚な江南へのたんなる物見遊山的な大旅行で，皇帝一行を迎えた沿道の官僚・民衆にとっては過重負担であった。乾隆帝はまた，その治世に10回の軍事作戦を展開し，すべて勝利したことを「十全武功」と自慢したが，ジュンガル遠征・タリーム盆地征服を除くと，膨大な兵力と軍事費を投入したわりにはその戦果は小さく，かえって国庫の激減を招いた。

繁栄のあとに：白蓮教徒の乱

長期の政治的安定は人口増加をもたらした。清初，1億にも達していなかった人口が乾隆帝の治世下に3億を超えた。しかし土地生産力は限界に達して食糧不足を招いた。そのため，東部地域の人々は新天地を求めて国内外に移住した。海外に移住した人々が現在の世界各地に見られる華人社会の基礎を作った。国内では東北部・西南部・西部の過疎地域に移住した。そのうち，西部に移住した人々は先住者とのあいだで摩擦を引き起こしたり，地方官の搾取・追及を受けることもあって，彼らは日々の不安の

救いを弥勒下生を説く白蓮教に求めた。

　乾隆帝60年の後を継いで嘉慶帝が即位した1796年，漢江上流域の湖北・四川の山間部の移住民社会で拡大していた白蓮教の教徒が蜂起し，反乱は1804年まで続いた。反乱の鎮圧作戦を通じて，官僚の腐敗，清朝支配体制の根幹である八旗の弱体が白日の下にさらされ，戦費の増加は財政を悪化させ，政治不信が各方面に広がった。

　嘉慶帝の25年間は，乾隆帝時代に醸成されたさまざまな矛盾が顕在化しながら，それに対する有効な処方箋を提示できなかった時代である。

補論

征服王朝

　秦から清までの2100年にわたる中国史上に興亡した王朝は，漢族出身の支配者の王朝と，非漢民族の北方民族の支配した王朝とに分けることができる。前者は秦と漢，魏・呉・蜀の三国，晋，南朝の諸王朝，隋，唐，宋，および明である。後者は北魏とその前後の北朝諸王朝，遼，金，元，清を指す。なお，漢族王朝とされる隋・唐の帝室は鮮卑系北方民族を核とする政治軍事集団から出た。従来，後者の中国に侵入した北方民族の王朝は中国文化を受容して中国化してしまうという吸収理論によって片づけられていたが，1945年，アメリカの東洋学者ウィットフォーゲルは二つ以上の異なる文化がそれぞれ主体性を失わずにともに存在するという「文化変容」の理論によって，北方民族の文化と中国文化の二元性を強調し，独自性を維持した北方民族の王朝を征服王朝 Dynasties of Conquest と呼んだ。ただし北魏とその前後の諸王朝は半ば平和的に中原地域に浸透したとしてとくに浸透

王朝 Infiltration Dynasties と称するので,征服王朝は遼以下の 4 王朝を指す（著書は *History of Chinese Society, Liao*, 1949）。征服王朝に共通する特徴としては,二元統治体制,独自の軍事社会組織,民族文字の創作,民族固有文化の保護等が指摘されている。なお,西夏は「辺境国家」と呼ばれる。

　日本では,それまで中国の北方民族が中国に侵入して中国を支配した王朝を塞外王朝とか,異民族王朝という曖昧な概念で呼び,中国が北方民族の侵略・征服を受けたという事実から,日本の中国侵略を歴史的産物として正当化していたが,敗戦によってその正当性が否定されたときに,この理論が紹介された（1947 年）。新たな概念規定を模索していた研究者は,格好の定義としてこの用語に飛びつき,以後盛んに用いられるようになった。すなわち,藤枝晃『征服王朝』（秋田屋,1948 年）を嚆矢として,村上正二「征服王朝」（『世界の歴史 6 東アジアの変貌』筑摩書房,1961 年),田村実造『中国征服王朝の研究』上・中・下（東洋史研究会,1964-1985 年),愛宕松男『アジアの征服王朝』（河出書房新社,1969 年),竺沙雅章『征服王朝の時代』（講談社,1977 年）等,研究書・概説書・啓蒙書を問わず,征服王朝の語が用いられた。

　ところが,近年に出版された書物では征服王朝の語があまり用いられなくなった。「読書案内」に掲げた諸書には征服王朝の使用が少ない。それは中国史を南北諸民族の抗争の歴史とする人的関係よりも,現在の地理的範囲を優先させる今日的視点に起因する。岸本美緒は,「今日『中国』というまとまりが現存し,多くの人々に認められている以上,それを枠組みとしてその歴史を描いてみることも,十分に意味のあることだ」といい,「この『中国』という観念が指し示すのは,興亡する王朝をこえた時間的連続性と文化的共通性をもつ空間的範囲ないし人間集団である」とする（尾形・岸本,1998）。

　本章で「征服王朝」の語を用いない理由は,この近年の問題関心が中国平原部（狭義には中原地域）のみで展開される人々の営みを対象

とするのではなく，空間的には現中国の領域を中心とする東アジア世界で，時間的には王朝の枠を超えたところで，中国の歴史を俯瞰する視点を重視するようになったことによる。「中華世界」は，漢族のみの世界ではなく，中国平原部を中心に，諸民族（漢族もその一民族）の政治文化の複合した世界であり，「中華世界秩序」は諸民族のあいだでの政治的関係をあらわすものである。そのなかから「征服王朝」が出現して，内陸アジア遊牧世界のハンと中国平原部の漢族世界の皇帝とが並立，または一体化したハン＝皇帝体制の時代が成立した。これは「中華世界の変貌」といえるとともに，相互の関係が不可分となり，今日につながる世界の誕生でもあった。

引用・参照文献

尾形勇・岸本美緒編，1998，『中国史』（新版世界各国史3）山川出版社。
片岡一忠，2008，『中国官印制度研究』東方書店。
岸本美緒，1998，『東アジアの「近世」』（世界史リブレット13）山川出版社。
杉山正明・北川誠一，1997，『大モンゴルの時代』（世界の歴史9）中央公論社。

読書案内

伊原弘・梅村坦『宋と中央ユーラシア』（世界の歴史7）中央公論社，1997年。**杉山正明・北川誠一『大モンゴルの時代』**（世界の歴史9）中央公論社，1997年。**岸本美緒・宮嶋博史『明清と李朝の時代』**（世界の歴史12）中央公論社，1998年。同一シリーズの書。3冊で10世紀から19世紀までをカバーする。

尾形勇・岸本美緒編『中国史』（新版世界各国史3）山川出版社，1998年。定評のある世界各国史シリーズの1冊。第4章：東ア

ジア世界の変容(宮澤知之・杉山正明),第5章:中華帝国の繁栄(岸本美緒)が本章で扱った時代を概観する。

小山正明『東アジアの変貌』(ビジュアル版世界の歴史11)講談社,1985年。少し古いが,1冊で当該時代をカバーし,写真が豊富。

岸本美緒『東アジアの「近世」』(世界史リブレット13)山川出版社,1998年。16・17世紀の中国を中心とする変動期に銀・生糸・人参・火器・煙草・甘藷といったモノの果たした役割を論ずる。

後藤多聞『ふたつの故宮』上・下,NHK出版,1999年。北京と台北の二つの故宮博物院に収められた文物の流転を通して中国五千年の歴史を浮き彫りにした書。

斯波義信ほか『中国史3 五代～元』山川出版社,1997年。**神田信夫ほか『中国史4 明・清』**山川出版社,1999年。前出世界各国史シリーズ『中国史』の詳説版ともいえる「世界歴史大系」中国史5冊本のうちの2冊。各冊本文500頁以上で,政治史だけでなく,社会・経済・文化等幅広い分野について叙述。また参考文献・年表・索引ともに充実。

――――――片岡一忠●

第4章 朝鮮史から見た明清中国

朝鮮王朝の宮殿「景福宮」

→朝鮮王朝(1392-1910年)では高麗(918-1392年)時代に受容した朱子学が社会に定着し,知識人は,自国が明と同質の価値観(朱子学)を共有する文明国であるという自負心をもつようになった。それは同時に,尊明意識や明に対する事大(小国が礼をもって大国に事える)意識を強めることにつながった。また16世紀末の日本の侵略に際し,明が朝鮮に援軍を送ったことは,事大論者にとって自己の尊明論を裏づける格好の証となった。

17世紀前半,朝鮮は夷狄と蔑視していた満洲族の清の侵略を受けて降伏し,その藩属国となった。さらに,明が滅び清が中国を支配するという事態に直面した。したがって,朝鮮は反清意識を内包しながら,清との関係を維持することを余儀なくされた。しかし19世紀後半から,日本や西洋諸国との関係のなかで,清との関係を強めざるをえない状況が生まれてくる。

一般に,中国と周辺諸国との宗藩関係(宗主国と藩属国の関係)は,形式的・観念的なものといわれている。はたして朝鮮の場合はどうだったのか。明清両王朝との関係の具体例をあげながら述べてみよう。→

83

> 李成桂の登場

高麗末期、国内では中国の政治状況を受けて親元派と反元派が対立し、半島の南北から侵略を被った。北からは、元軍に追われた紅巾軍の一派が侵入し（1359、61年）、南方では倭寇の来襲が激しくなった。この過程で台頭してきたのが、紅巾軍や倭寇との戦闘で活躍した武将である。その一人が李成桂であった。

李成桂は現在の咸鏡道永興(えいこう)の出身で、父・子春は元に仕える武人であった。この地域は、高麗末期には元の直轄地だったからである。李成桂が台頭するきっかけとなったのは、子春が高麗政府の反元政策に呼応して、元に反抗し、元の勢力を駆逐するのに大きな功績をあげたことによる。ところで、高麗末期には咸鏡道一帯はまだ女真族の領域であった。李成桂の功績を称える『龍飛御天歌』によると、彼の一族は全羅道の全州出身で、のちに咸鏡道に移住したとあるが、当時の状況から考えて、李成桂は女真族だったのではないかという説もある。

> 朝鮮王朝の成立

1388年、明は高麗に対し、恭愍王(きょうびんおう)時代（在位1351〜74年）に元から取り戻した鉄嶺以北の地を、今度は明の直轄領にすると通告してきた。実権を掌握していた親元派の崔瑩(さいえい)は、明を攻撃するために李成桂を指令官として遼東に派遣した。李成桂は元明交替の情勢を見きわめ、鴨緑江の威化島で軍を返し、都の開京に戻って崔瑩ら親元派を一掃し実権を掌握した。その後、朱子学を信奉する官僚らを背景に政治改革を実行し、旧勢力の経済基盤を奪い、1392年、高麗最後の恭讓王を追放して新しい王朝を興した。

李成桂はただちに明へ使節を送り、国王交替の承認および外交関係の継続を求めた。朱子学の華夷論に立てば、高麗が臣事した元は夷狄であり、元にそむいて中華王朝たる明に臣事することが

要求される。すなわち高麗を倒した新王朝にとって、何よりも明からその正統性の承認を受けることが必要だったのである。

しかし、明は新王朝と北元(モンゴルに退いた元に対する呼称)との関係に疑念をもち、李成桂に与えた位は、「権知高麗国事」(仮の高麗国王)という国王位より一段低いものであった。明から「朝鮮」という国号が認められたのは1393年、正式に朝鮮国王の位が認められたのは、1401年、第3代太宗のときであった。これによって、王朝交替が完成し、朝鮮は中国を中心とする国際秩序である宗藩関係のなかに組み込まれることになったのである。

初期の対明関係

藩属国の宗主国への義務として、朝鮮は明の暦(正朔)を使用し、毎年必ず正朝(元旦)・聖節(皇帝の誕生日)・千秋節(皇太子の誕生日)・冬至の4回、使節(朝貢使)を派遣しなければならなかった。明はときに多額の金銀や多数の馬を貢ぎ物として、さらには未婚の女性や宦官までも求めたので、民衆はその負担に苦しんだ。

一方で、朝鮮にとって朝貢使の派遣は、明の国内情勢を知り、明の文化を受容する格好の機会であり、同時に重要な貿易の機会でもあった。海禁政策(通交・貿易制限政策)をとる明は、朝貢による政府間の貿易しか認めなかったので、朝鮮は定期の朝貢使以外に、謝恩・奏請・進賀などの名目で使節を送り、明との貿易に利用した。

女真族との関係

建国初期の朝鮮にとって、北部地域の統治は重要な課題であった。建国当初、最北部は女真族の領域であり、朝鮮の支配は及んでいなかった。そこで、政府は女真族に投降や帰化を奨励しつつ、要地に築城し南部から住民を移住させるなど、この地域の領土化を推進した。この間、領土の拡大は必ずしも順調に進んだわけではないが、15

世紀中葉までに、豆満江以南の地の領土化が達成された。同じころ、鴨緑江上流域でも女真族の侵入に対する防衛力が強化された。建国から半世紀を要して、現在の中国との国境である豆満江と鴨緑江の線まで領域が拡大したのである。

朝鮮人と女真族との関係は、緊迫した状況をはらみながら推移したが、一方で、朝鮮人と豆満江流域に居住していた女真族との間で、女真族がもたらす貂皮（てんの毛皮）と朝鮮の耕牛などがさかんに交易されていた。当時、シベリアから中国の東北地方を経由して咸鏡道北部に至る貂皮交易の商業ルートができており、この地域はその終着点に位置していたからである。富裕となった女真族のなかには、朝鮮人を傭役する者もいた。また、多くの耕牛と農具が女真族の地に入ったことにより、農業生産力が向上し、可耕地帯に居住していた女真族の社会を、より充実した農耕社会へ発展させる要因のひとつともなった。

朝鮮型華夷秩序

朝鮮は女真族を野人と呼んで蔑視したが、一方で有力者に官職を与えるなどして懐柔につとめた。そうした女真人をソウルに来させて、国王のそばで宿直・陪従の任にあたる内禁衛に所属させたこともあった。15世紀半ば以降、対馬との間では、対馬が進献物を献上し朝鮮が回賜を与える官貿易と、それに付随した私貿易が行われていた。これは実質的に対馬が朝鮮に朝貢していることにほかならなかった。琉球も毎年歳遣船を送っていたので、朝鮮は官職の授与や官貿易によって、女真族・対馬・琉球との関係のなかで頂点に位置していたのである。

実際、王権の強化がはかられた世祖時代（在位1455～68年）には、中国皇帝の特権である祭天儀礼が行われ、女真族・対馬・琉球などを四夷とみなす朝鮮型の華夷秩序意識も認められる。しか

し，女真族への官職の授与をめぐって，明から叱責を受けるなど，明を中心とする華夷秩序と衝突することもあった。

> ヌルハチの勃興

16世紀末から女真族の一派満洲族のヌルハチの勢力が急速に伸張し，17世紀初めには鴨緑江・豆満江流域に及んだ。そして，ヌルハチはこの地域の女真族を強制的にみずからの本拠地（ヘトアラ）に移住させた。それまで豆満江以南の朝鮮領内にも多くの女真族が居住していたが，この時期を境に，豆満江一帯の女真族は姿を消した。建国後200年を経て，豆満江以南の地が朝鮮人のみの領域となったのである。

1616年，ヌルハチは女真族をほぼ統一して後金国を建て，さらに明と戦争状態に突入するにいたった。明は後金を攻撃する大軍を遼東に送り，朝鮮に出兵を要求する事態となった。これを受けて，朝鮮は1万余の援軍を派遣した。しかし，明軍がサルフで大敗（1619年）すると，国王光海君（在位1608～23年）の密命を受けていた朝鮮軍は戦わずして後金に降服した。

光海君の判断は，後金の勢力がすでに朝鮮北境に及び，従来のような親明一辺倒の外交政策では対処できないとの見通しによるものであった。この後も，光海君は後金と関係を保ち，明と一定の距離を置く形勢傍観的な外交政策を維持した。

> 親明政権の成立

光海君は北人と呼ばれる政治勢力に擁立されていた。光海君の外交政策は，北人の敵対勢力である西人に政権奪取の口実を与えることになった。西人は，光海君にはかつて肉親の王族を殺害するなど人倫に反する行為があり，またその外交姿勢が尊明の大義を失しているとして，1623年にクーデタを決行し，光海君を廃位して仁祖（在位1623～49年）を即位させた。西人を背景とする仁祖政権の外交政

Column ④ 党争

　朝鮮前半期の中央政界では、勲旧派と呼ばれる功臣や外戚の勢力と、在地に基盤を置く士林派と呼ばれる勢力の抗争が続いた。この抗争は、16世紀後半、士林派が政権を掌握したことで決着がついたが、今度は士林派内部で抗争が始まった。これが党争である。1575年、官僚の人事権を握る吏曹の銓郎（せんろう）という官職をめぐり、金孝元と沈義謙が対立したのが発端であった。両者は党派を形成し、金孝元派は東人、沈義謙派は西人と呼ばれるようになった。東人は北人と南人に分党し、北人はさらに大北と小北に分裂したが、大北は党争の過程で壊滅した。西人も後に老論と少論に分裂し、南人・北人（小北）・老論・少論を四色といった。

　党争には学問上の対立も関係していた。党争が始まった時期は、李滉（りこう）（号は退渓（たいけい））と李珥（りじ）（号は栗谷（りつこく））によって、朝鮮朱子学が確立された時期であった。両者の学説は対照的で、これ以後、李滉の説を支持する主理派（嶺南学派）と李珥の説を支持する主気派（畿湖学派）が並立することになった。東人には主理派が多く、西人には主気派が多かったから、学問上の論争が政治的な対立に結びついたのである。

　しかも、これらの党派は子孫や郷村の同族、あるいは学問上の師から弟子へとうけつがれたので、党派間の抗争は長期に及んだ。党争に敗北して死刑や流刑に処せられ、さらに累が親族・子孫にまで及び、その一族が完全に政界から排除されてしまう場合も珍しくなかった。党争は政治を混乱させただけでなく、支配層の階層分化を引き起こし、朝鮮社会に大きな影を落とすことになったのである。

策が、親明反後金路線に転換したのは当然であったが、必然的に後金との関係は緊張し、後金の侵略を招くことになった。

丁卯の胡乱　対明戦争で物不足に苦しむ後金は、以前から物資の供給地として朝鮮に注目していた。明の将軍毛文龍が鴨緑江口付近の朝鮮領椵島（かとう）を占拠し、背後から後金を脅かす事態が生じたのを機に、1627年、後金は毛

文龍を討つという名目で朝鮮に軍隊を発した（丁卯の胡乱）。後金軍は平壌を越えて南下し，仁祖はソウル西方の江華島に避難する事態となったが，後金を兄，朝鮮を弟とする盟約を結んで和議が成立した。この結果，後金は朝鮮から一種の貢ぎ物のかたちで物資を入手し，さらに朝鮮に国境の義州と会寧で交易を行うことを約束させた。しかし，朝鮮は依然として明の藩属国であり，満洲族の後金を蔑視していたから，両国の関係は円滑を欠いた。

丙子の胡乱

後金は1635年までに内モンゴルを平定し，チンギス＝ハンの後裔チャハル部のリンダン＝ハンの遺児から元皇帝の国璽を手に入れた。国璽の入手は，中国的な観念から見れば，天命が後金に帰したこと，すなわち後金が中国支配の正統性を得たことを意味した。これを受けて2代ハンのホンタイジは，1636年，瀋陽の宮殿で満洲人・モンゴル人・漢人に推戴されて帝位につき，国号を清と改めた。

このとき，清は朝鮮にも臣従を要求してきた。朝鮮がこれを拒否すると，ホンタイジはみずから大軍を率いてソウルに侵攻し，仁祖はソウル南郊の南漢山城に避難した。清軍に包囲された城内では，主戦派と主和派の激論が続いたが，仁祖は主和派の意見を入れて清に降伏することを決意し，1637年，ホンタイジの陣営におもむいて臣従を誓ったのである（丙子の胡乱）。この後，昭顕世子らが，清が北京に遷都（1644年）するまで人質として瀋陽に拘留された。

西人政権にとって，クーデタ以後の対中国政策は，親明の原理を貫こうとしたがために，かえって逆の立場に追い込まれるという皮肉な結果をもたらした。以後，1895年に下関条約が締結されるまで，朝鮮は清の藩属国となったのである。

小中華論

当時の知識人は，朝鮮を明と同質の文明国であると考えていたが，満洲族および清を夷狄とみなしていた。したがって，夷狄に屈したという意識に加え，1644年に明が滅び清が中国を支配するという事態は，朝鮮の支配層に深刻な衝撃を与えることになった。現実の政治面で清に服属しても，精神面での尊明意識は容易に転換できなかったのである。

仁祖を継いだ孝宗（在位1649～59年）は，丙子の胡乱後，昭顕世子とともに人質として瀋陽に拘留された体験から，強い反清感情を抱き，尊明攘夷を唱える西人の領袖宋時烈らを重用した。宋時烈は明を朝鮮の君父の国とし，清を君父を殺した野蛮国として徹底的に夷狄視した。このような対中国認識は，大中華たる明が滅亡した後，清が支配する中国はもはや中華たりえず，朝鮮が唯一の中華文明の継承者であるとする小中華論の基盤となった。

こうした華と夷の対立を強く意識し，朝鮮の周囲はすべて夷であるとする認識は，政治面における対外的な対決性・排他性を規定した。さらに文化面においても，ただひとつの華である朝鮮にとって，自国の文化より優れた文化などありえず，外来文化の受容を拒ませる要因になっていったのである。

朝鮮にとって明に対する事大は，精神面で同じ中華の大国と小国として，礼に基づく関係と認識されていた。しかし清に対する事大は，武力によって臣従を余儀なくされるかたちで成立し，しかも清を夷狄とみなしていたので，当然清に対する事大は明に対するそれとは異質なものと認識された。朱子学における対外認識は華夷観念と礼を基本とするものであったから，明滅亡以後も大中華たる明との関係が絶対的な秩序とみなされたのである。

> 北伐論

宋時烈は清に対する雪辱をめざして,清を攻撃するという北伐を唱えたことで知られ,孝宗は実際にその本営として御営庁を設置するなど北伐の実行をもくろんだ。しかし,現実の問題として軍事的に北伐が不可能なことは,朝鮮の支配層自身がもとより承知していた。それだけに,北伐論は観念的にならざるをえなかったが,思想界の底流として意識され続け,事あるごとに唱えられた。

ともあれ,小中華論と北伐論は表裏の関係をなして時とともに普遍化・観念化し,尊華攘夷論に凝縮してゆくことになる。こうした必要以上に硬直した対外認識は,実際の対外政策において,19世紀後半以降,西洋諸国と日本に対する柔軟な対応を誤らせるひとつの要因になったのである。

> 黒龍江出兵

15世紀末にモスクワ公国が独立すると,ロシア人の東方進出が進展し,17世紀半ばには黒龍江流域に到達した。これ以後,1689年にネルチンスク条約が締結されるまで,清軍とロシア軍との間で戦闘が繰り返された。このうち,清の順治年間に2回,朝鮮が清のために援軍を派遣している。清が朝鮮に援軍を求めたのは,入関直後で東北地方の軍事力が足りなかったためである。1回目は1654年,2回目は1658年であった。

とくに2回目の援軍は200名の鉄砲隊で構成され,清の軍船に同乗して,松花江が黒龍江に合流する地点の少し下流でロシア軍と交戦し,清軍の勝利に決定的な役割を果たした。当時の国王孝宗は,反清的な政治情勢を背景に,清に対して北伐を意図していたが,現実には黒龍江出兵を通じて,清の支配体制を強化する役割を担わされたのである。この出兵は当時の朝清関係における朝鮮の立場を象徴する出来事のひとつであった。

三藩の乱と朝鮮

呉三桂らが起こした三藩の乱（1673～81年）は，清の存亡を左右する事件だっただけでなく，朝鮮をはじめとする周辺諸地域にも動揺を与えた。朝鮮に反乱勃発の情報が伝わったのは，呉三桂らが挙兵して3カ月後で，燕行使（朝貢使）がもたらした情報であった。この後も，燕行使によって多くの情報が伝えられたが，初期の段階から清の敗北を確実視し，三藩の勢力が衰えても清の勝利を認めようとしない内容であった。

朝鮮国内では，在野の知識人はもとより政府中枢部でも，呉三桂に呼応して清を攻撃すること（北伐）を主張する者がおり，台湾の鄭氏と連携すべしという議論もあった。政府部内では，このような対清強硬論と，強硬論の無謀を批判する自重論が激しく戦わされた。ただし，対清自重論を唱える側も，清の敗北を期待していたことは強硬論者と同じであった。このほかに，朝鮮政府は清が援軍を求めてくること，さらに清が敗北した場合，彼らが中国本土から発祥の地東北地方へ戻り，朝鮮がより直接的な圧迫を受けることを強く警戒した。

一方，清は朝鮮に対して鉄砲を求めた以外，援軍の要求など圧力をかけたことはなかった。また朝鮮も，国内での激しい議論にもかかわらず，清に対して反抗的な態度を示さなかった。朝鮮の国力を考えれば，誰の目から見ても，北伐が不可能なことは明らかであった。対清強硬論は，激しさを増していた党争の手段として，ことさら強調された面があったのである。

燕行使

朝鮮が宗主国清への義務として，清の暦を使用し，毎年使節を派遣したことは，明との関係と同様であった。必ず派遣しなければならないのは，正朝使と聖節使を兼ねた冬至使（三節年貢使）であったが，この

ほかに進賀使・奏請使などの不定期の使節があり、通常は年平均3回程度使節が派遣された。これらの使節は、北京（燕京）におもむいたので、燕行使と呼ばれていた。団員の総勢は300名を超え、行程は片道1カ月半〜2カ月を要した。

燕行使には、藩属国が宗主国に臣下の礼をあらわす儀礼を行うことのほかに、北京や往復の沿道での貿易、清の内外事情を探る役割が課されていた。また、燕行使に随行した知識人が、清の学者や西洋人宣教師と交流し、朝鮮の文化に少なからぬ影響を及ぼした。

朝貢貿易

藩属国は宗主国に対して、貢納としての歳幣および藩属国の特産物である方物を納め、宗主国は方物に対するお返しとして回賜を与えた。この場合、方物より回賜の方がはるかに価値があり、方物と回賜の交換は、藩属国にとってきわめて有利な貿易であったとされている。これが一般にいわれている朝貢貿易である。しかし、近世の朝鮮と清との間においては、上記の政府間での朝貢貿易は、貿易という点で見るとほとんど意味をもたない。むしろ朝鮮にとって、歳幣や方物の調達、燕行使の派遣に必要な多額の経費を考えれば、負担を強いられる面が強かったというべきである。

中国産生糸と日本銀

燕行使が行った貿易で重要なのは、前述した意味での朝貢貿易ではなく、訳官や商人が行ったもうひとつの貿易であった。訳官とは司訳院に所属する中国語の通訳である。彼らには俸給がなかったので、自身の生活および司訳院の経費の補塡のために、朝鮮人参や銀を持参して貿易を行い、政府機関の依託を受けて中国産品を購入した。商人は本来、燕行使に同行することを許されていないが、人夫などの名目で潜入し、豊富な資金力を背景にしだいに訳官を脅かして

いった。

　貿易は，燕行使が宿泊した北京の会同館のほか，ソウルから北京にいたる沿道の数カ所でも行われた。もっとも重要な貿易品は，朝鮮の銀と人参，清の生糸と絹織物であった。朝鮮から燕行使がもち出した銀の正確な数量は不明だが，多いときには年に20万両にも及んだとの記録がある。しかも，その銀のほとんどは対馬を経由して日本からもたらされたのである。日本から朝鮮に流入した銀は，17世紀末〜18世紀半ばまでで総計840万両にのぼるといわれている。清で買い付けた生糸や絹織物は，釜山の倭館で対馬藩の役人や商人に売られた後，対馬藩が大坂・京都・江戸などで売りさばき，大きな利益を得ていた。朝鮮経由でもたらされた中国産生糸は，西陣の絹織物生産に不可欠の存在であった。

　江戸時代には長崎で日中貿易が行われており，清からの主要な輸入品はいうまでもなく生糸と絹織物であった。一般に中国産生糸の輸入は，長崎での貿易を思いうかべるが，17世紀後半以降，数量的には朝鮮を経由してもたらされるものの方が多かったともいわれている。朝鮮は日本と清との間で，生糸を中心に中継貿易を行い，莫大な利鞘を稼いでいたわけである。この意味で，日朝貿易はもうひとつの日中貿易のルートであった。

国境貿易　17世紀半ばから19世紀末まで，豆満江中流の会寧および慶源，鴨緑江下流の義州，清朝領鳳凰城辺門において，清との国境貿易が行われていたことはあまり知られていない（図4-1, 96頁参照）。これらの貿易は，朝鮮と清との関係を見るうえで重要な意味をもっている。

　とくに活況を呈した会寧と慶源の貿易は厳冬期に開催され，寧古塔・吉林・琿春の駐防八旗や商人が来訪した。貿易は公市・私市・馬市の三つがあり，公市（官貿易）では朝鮮の耕牛・犂（すき）・塩

などと，清の綿布・毛皮などを交換した。私市および馬市は私貿易で，私市では朝鮮の牛・穀物，清の毛皮・布類など種々雑多な品物が交易された。馬市は，清馬と朝鮮牛の交換であった。清馬は咸鏡道の騎馬兵が軍馬として使用したほか，一部はソウルに送られて国王の御乗馬などに用いられた。私市と馬市は時間とともに発展し，19世紀後半の馬市では毎年2000頭前後の朝鮮牛と，800頭前後の清馬が交換されていた。

公市における清の品物は朝鮮の品物と比べていちじるしく安価で，朝鮮にとってきわめて不利な貿易であった。この貿易では，清の官員と会寧や慶源の地方長官らとの間で接見儀礼が行われ，宴饗がともなった。さらに清人の滞在中の食料や清人の帰路の食料も朝鮮の負担であった。この国境貿易の本質は，公市の部分にあらわれているということができる。すなわち会寧と慶源の貿易は，17世紀以降の清と朝鮮との関係を反映した，宗主国清に対する藩属国朝鮮の貢納というべきものであった。私市と馬市は公市に付随して発展し，朝鮮と清の双方に有益な貿易となったのである。

清がこれらの貿易を要求したのは，寧古塔や吉林などの軍事拠点に駐留する軍隊の食糧確保のために，不足する耕牛や塩などの必需品を入手する必要があったからである。いうまでもなく，清にとって東北地方は王朝発祥の地であり，またロシアに対抗するうえでも，この地域の防衛はきわめて重要であった。会寧と慶源の貿易は，清の安全保障と密接にかかわっていたのである。鴨緑江の中洲で行われた義州の貿易も，鳳凰城の駐防八旗が必要とする耕牛や塩などを入手するためのものであった。

清の国境検問所にあたる鳳凰城辺門の貿易は，燕行使が往復する際に行われた。朝鮮は，燕行使が清で用いる活動費の調達にこ

図4-1　朝鮮と清の国境貿易

の貿易を利用し，貿易に参加する商人から徴税して義州の財政を補塡した。義州は燕行使の費用の一部を負担するなど，対清外交で重要な役割を果たしていたからである。

　近世において，会寧・慶源・義州の交易のように，中国から官員が出向く形式はほかに例がない。清にとって不可欠な貿易だっただけに，逆に朝鮮にとっては過大な負担を強いられることになったのである。

白頭山定界碑の設置

鴨緑江と豆満江が中国と朝鮮との国境として画定されたのは，前述したように15世紀半ばであったが，明文はなく，両江の源流である白頭山（中国では長白山と呼ぶ）一帯の国境は不明確のままであった。清は鴨緑江・豆満江流域の北側に無人の緩衝地帯を設定したが，清人と朝鮮人が互いに越境して人参を盗掘しあうなどの犯越が生じ，殺人事件が発生することもあった。良質の人参は清朝領内に多く，清朝は人参の採取を厳重に管理したので，朝鮮人の犯越には強硬姿勢で臨み，外交問題に発展する場合もあった。

白頭山は清朝の開国神話によると清朝発祥の聖地だったので，康熙帝（在位1661～1722年）は白頭山一帯を版図に編入する意図を強くもっていた。そのために，17世紀末から数次にわたり役人を派遣して白頭山を踏査させた。この過程で，派遣された清の役人が朝鮮の犯越人に銃撃され，清が朝鮮に罰銀2万両を科すという事件が起こり，朝鮮国内で北伐論が唱えられたりもした。しかし，清はこの時期，黒龍江流域でロシアと戦争の最中であったから，白頭山の踏査まで十分に手がまわらなかった。

結局，清とロシアとの戦争に決着がついた後，1712年に清から派遣された使者が，朝鮮側の案内で白頭山に登頂し，鴨緑江と豆満江の江源の間に石碑を建て，両国の国境を確定した。しかし，定界碑の設置には重大な事実誤認があった。使者が豆満江の江源とみなしたのは，実際には松花江の江源だったのである。これが原因となって，170年後に国境紛争が生ずることになる。

実学

18世紀に入ると，英明な英祖（在位1724～76年）と正祖（在位1776～1800年）の統治が2代続き，政治面では党争も表面的には鎮静化した。社会経済面では，商工業の発展にともなってソウルなどの都市が繁

栄する一方，農村に貨幣経済が浸透して農民層分解が進行した。こうした新しい社会経済情勢のなかで，朱子学は新たな理論的発展もなく，党争の手段となって権威を失墜し，支配体制を維持あるいは改革するための指導理念として機能しなくなっていった。

そこで，従来の朝鮮朱子学の欠陥を克服し，現実の社会経済情勢に対応しうる学問をめざす動きが，一部の学者の間に起こった。これが後に実学といわれるようになった学問で，伝統的な社会規範を批判し，実証的な認識の態度を備えている点に特色があった。

丁若鏞(ていじゃくよう)に代表される経世致用学派（星湖学派）は，農村が崩壊してゆく状況を打開しようとして，田制改革（とくに土地の公有）や行政機構の改革を主張した。朴趾源(ぼくしげん)や朴斉家(ぼくせいか)などの利用厚生学派（北学派）は，燕行使の随員として清へ行き，清の進んだ産業や文化を実見した。彼らはその体験をふまえ，清が夷狄であっても，朝鮮より優れているものがあるなら，積極的にそれを学ぶべきであることと，商工業の振興を主張した。従来からの偏狭な小中華論を批判し，商工業の発展が国家を豊かにすることを指摘したのである。

両派の見解は，18世紀の朝鮮の状況を端的に反映する内容であったが，当時の思想界全体から見れば特異な少数意見であった。経世致用学派の土地公有や労働による分配の主張は，あまりにも理想的・空想的であり，現実の政治に反映しないことは，彼ら自身が十分に承知していた。この派の一部の人々は現実に絶望して，後述するように天主（カトリック）教に接近していくのである。

両派とも，19世紀初めに起こった天主教弾圧のなかで活動不能に陥り，結果的にその主張は現実の政策に影響を与えず，思想界の小中華論も克服できなかった。ただ利用厚生学派に連なる金正喜などによって，実証的な学風は継承された（実事求是学派）。

彼らは，当時の政治状況から政治的・社会的見解は発表できなかったが，現実問題に関心をもち，清朝の公羊学派の著作を通じて海外の情勢にも通じていた。

天主教

朝鮮で天主教が普及するのは18世紀後半期であった。これ以前にも，昭顕世子が1644年に清軍に従って北京におもむいた際，宣教師アダム＝シャールから漢訳天主教書などを献上されたことはあったが，天主教が朝鮮国内に広まったことはなかった。この後も，燕行使によって西洋書のひとつとして天主教関係の書物がもたらされ，一部の実学者が関心をもった。しかし初期の段階では，実学者も天主教関係の書物に関して批判的で，天主教は異端・邪教とみなされた。

しかし，現実を艱難（かんなん）として受け止めなければならなかった一部の人々には，天主教は特別な意味をもった。党争によって政界から排除されていた南人系学者の一部が，中国伝来の天主教書を読んで自発的に関心を深め，政治や社会の矛盾を克服する手だてを天主教に求めたのである。とくに経世致用学派の実学者のなかには，天主教に入信する者が多かった。

そうした折に，南人の李承薫が1784年に燕行使の随員として北京におもむき，西洋人宣教師から朝鮮人として最初に洗礼を受けた。彼は帰国後，布教につとめたので，天主教がソウル在住の南人系学者の間に急速に広まった。

1800年に正祖が死去して純祖が即位すると，正祖政権を支えた党派が弾圧された。そのなかには天主教徒が多かったので，宗教弾圧に発展し，翌年禁教令が出されるにいたった。天主教に入信あるいは傾倒した経世致用学派系の実学者が，死刑や流刑に処せられ，経世致用学派は壊滅状態に追い込まれた。こうした弾圧

に対し，黄嗣永は朝鮮政府に天主教を認めさせるために，北京の西洋人宣教師にあてて，清朝の宗主権の行使と西洋艦隊の派遣を求める救援要請書を送ろうとして捕えられた。朝鮮政府は深刻な危機感を抱き，天主教に対する弾圧が強化された。弾圧の対象は天主教にとどまらず，西洋の学問・文化全般に及び，西洋事情を把握することも困難になった。結果的に，朝鮮はアヘン戦争以後の東アジアの国際情勢のなかで取り残され，近代化を阻害する一因となったのである。

19世紀後半の朝鮮と清

アヘン戦争（1840～42年）の情報は，1840年，燕行使によってもたらされた。朝鮮政府は，アヘンとキリスト教の流入には強い危機感をもったが，ウェスタン・インパクトに対する危機感は希薄で，清朝の防衛力を確信していた。朝鮮政府が関心をもったのは，清朝政権の今後の安定性についてであった。太平天国（1851～64年）の騒乱および第二次アヘン戦争（1856～60年）の情報に接すると，さすがに清の動揺を実感するが，この段階でも清の防衛力を信じ，近い将来，ウェスタン・インパクトが朝鮮に及ぶという危機感は薄かった。国内では社会や経済が混乱し，民衆の不満が高まっていたこともあって，政府の関心は外寇よりも内政に向いていたからである。

1871年，鎖国攘夷政策を固持する大院君政権は，アメリカ艦隊の侵攻を撃退したが（辛未洋擾），アメリカの開国要求を，藩属国には外交権がないとして拒否している。朝鮮のウェスタン・インパクトに対する対応は，清との宗属関係を防波堤として，欧米の開国要求を退けるという立場であった。

清は，第一次・二次アヘン戦争などで欧米との対応に追われ，朝鮮の西洋諸国に対する対応にまで手が回らなかった。しかし

1870年代以降，日本の台頭を背景に，朝鮮の戦略的重要性を再認識し，朝鮮が清との宗属関係を利用して対外的危機に対処しようとすると，一転して朝鮮への直接的介入を強化していくことになるのである。

開国後の朝鮮と清

朝鮮が日本の威嚇に屈して開国（1876年）したことは，朝鮮と清との関係に重大な影響を及ぼした。朝鮮は開国前から清の李鴻章に朝鮮の外交方針について指導を求めていた。李鴻章は，朝鮮は単独では日本に対抗できないので，欧米列強とも条約を結び，その力を借りて日本を牽制するのがよいと勧告している。

1880年，釜山に来航したアメリカのシューフェルト提督は，朝鮮政府に国交交渉を拒否されると，李鴻章を仲介者として天津で朝米通商条約締結の交渉を始めた。朝鮮は2年後，李鴻章が提示した草案をもとに朝米修好通商条約を締結した。日朝修好条規では関税の条項がなかったが，この条約では，関税は朝鮮の自主権を原則とすることが規定された。李鴻章は，欧米諸国と朝鮮との開国交渉の際に，日朝修好条規とは異質の条約を新設し，藩属国朝鮮の対外条約の基準にしようとしたのである。これ以後，朝鮮は清への依存をより強めていくことになる。朝鮮は，西洋諸国との外交経験がなく，国内に衛正斥邪論（欧米を排除し，朱子学に基づく支配体制を維持する考え方）が高揚し，対外政策の実行に宗主国清の権威を必要としたからであった。清と朝鮮との宗藩関係は，前近代においても実質的な面をもっていたが，近代になっていっそう実質的なものへ変化してきたのである。

壬午軍乱

1881年に日本人士官の指導の下に創設された別技軍は，政権を掌握する閔氏の私兵的存在となって優遇されたが，旧軍兵士は冷遇され不満が鬱

積していた。これに都市の貧民が合流して，82年，暴動が起こった。閔氏に排除されていた大院君はこの暴動を利用して，閔氏政権の転覆をはかった。政権に復帰した大院君が，閔氏政権の政策を否定したのは当然であった。

　これに対し清は，朝鮮国王の要請を待たずに，藩属国を保護する名目で3000人の軍隊を派遣した。さらに，大院君を拘束して天津へ護送し保定府に幽閉した。清が領導する開国近代化政策に反して，大院君が鎖国攘夷のクーデタを画策したことへの懲罰であった。清朝の宗主権が実質的なものであったことを端的に示す事例である。

　この反乱に際し，日本も300人の軍隊を派遣したが，圧倒的な清軍を前に身動きがとれなかった。清軍は反乱軍を鎮圧した後もそのままソウルに駐留し，日本も150名の公使館守備隊を駐留させることを朝鮮政府に認めさせた。日清両国の朝鮮に対する利害が直接衝突するようになり，日清戦争への第一段階となったのである。また，朝鮮国内における政治路線上の相違と対立が顕在化するようになった。すなわち，事大か開化か，開化のなかの穏健か急進かの対立である。開化派のなかでも穏健派と急進派とのあいだでは，開化の方法について清の洋務運動をモデルとするか，日本の明治維新をモデルとするかという相違があった。

清の宗主権の強化

　　　　　　　　　　　壬午軍乱の後，1882年に締結された朝中商民水陸貿易章程のなかで，朝鮮は清の属邦であることが明記され，北洋大臣の朝鮮に対する強い権限などが盛り込まれた。清の朝鮮に対する宗主権は一段と強化され，清は前近代的な意味での藩属国朝鮮を近代的な国際法上の従属国へと変質させたのである。清朝はこの章程を結んだことで，公式に朝鮮への干渉政策を行える根拠を得た。一方，日本も日朝修好

条規において朝鮮を「自主之邦」と規定していたことをたてに，朝鮮と中国とのあいだに楔を打ち込もうとした。さらに清は，馬建常・袁世凱・メルレンドルフ（ムレンドルフ）の3人を外交・軍事・財政顧問として朝鮮に送り込み，朝鮮の外交・軍事・財政を監視下に置いた。

　壬午軍乱後，清朝の力を背景に，守旧派と穏健開化派が連合し政権を掌握した。急進開化派の金玉均らは日本政府の協力を得ようとしたが，日本の対朝鮮外交は，清朝との協調を維持しつつ朝鮮の独立を達成させるという立場をとったので，一貫性に欠けた。しかも，朝鮮の自主的近代化運動には一貫して否定的で，終始あいまいな態度で金玉均らに期待を抱かせるだけであった。

　金玉均らは守旧派の抑圧によって孤立し，実力で守旧派を打倒する以外にないと考えるにいたった。1884年に清仏戦争が勃発すると，ソウルに駐留していた清軍のうち1500人が撤退する事態となった。日本はこの状況を見て，急進開化派を援助し，日本の勢力を拡大しようともくろんだ。金玉均らは，日本の公使館守備兵150名とともにクーデタを決行して王宮を制圧，清との宗属関係の廃棄，政治改革などの綱領を発表した。しかしクーデタから2日後，袁世凱に率いられた清軍が出動し，クーデタはあっけなく鎮圧された。

　日清両国の利害の衝突が激化するなかで，国王高宗と閔氏一派は，日清両国が朝鮮領内で開戦するのを絶対に阻止しなければならなかった。そのためにロシアの干渉を期待し，1885年，陸軍教官を朝鮮に派遣することを定めた第一次朝露秘密協定をまとめた。高宗らの行動は，李鴻章の朝鮮政策に対する威信を傷つけたため，李鴻章は第一次朝露秘密協定の調印を高宗に拒否させた。さらに，幽閉していた大院君を帰国させ，閔氏一派を牽制しよう

とした。また，袁世凱を駐劄(ちゅうさつ)朝鮮総理交渉通商事宜に任命し，宗主国の代表として強力な政治干渉を行わせた。袁世凱は発覚した第二次朝露秘密協定を粉砕し，清の宗主権はさらに強化された。袁世凱はこの後，日清戦争勃発まで絶対的な権力を保持するのである。

読書案内

岸本美緒・宮嶋博史『明清と李朝の時代』（世界の歴史 12）中央公論社，1998 年。具体的な事例を多くあげていて読みやすく，明清と朝鮮の両方を通観できる概説書。
武田幸男編『朝鮮史』（新版世界各国史 2）山川出版社，2000 年。現在のところもっとも詳しい朝鮮史の概説書で，中国との関係もしっかり押さえられている。

―――――寺内威太郎●

第5章 ベトナム史から見た中国近現代史

広州・黄花崗公園にある，ベトナム志士ファム・ホン・ターイの墓

⮕ベトナムは紀元前2世紀から10世紀まで中国の支配を受けて以来，中国と深いかかわりをもってきた。中国的統治モデルの浸透の度合いは時代により異なるが，ベトナムの歴代王朝は中華帝国の冊封体制下における朝貢国であった。各王朝では漢文が正式な文章語として使用され，高級官吏登用試験として科挙が行われてきた。このような漢字文化圏・儒教文化圏の一国としてのベトナムと中国との関係は，19世紀後半にベトナムがフランスの植民地になることによって変質を余儀なくされたものの，両国間の密接な交流は途切れることなく継続してきた。近現代史においても，反植民地運動・民族主義運動さらには「プロレタリア国際主義」などによる中越の交流・連帯が見られた。それとともに，中国の指導者は歴代王朝のベトナム認識（「中華・大国意識」）を完全には払拭しきれていなかったし，ベトナム側においても，中国への反発・警戒や近隣諸国・諸民族に対する「小中華意識」が存在していた。⬛

フランスの極東進出

19世紀後半,中国の辺境および周辺の朝貢国に西洋列強の侵略が及ぶようになり,伝統的中華秩序が揺らぎはじめた。19世紀初頭,ベトナムに成立した阮(グエン)朝は,創建にあたってフランス人宣教師の支援を受けていたものの,西洋列強に対し「鎖国」政策をとっていた。1840年代にフランスは極東への進出をめざして阮朝に干渉し始めた。58年初,フランス・イギリスの連合軍は中国の広州を占拠し,さらに北上して清朝に天津条約を強要した。その後,フランス軍はベトナムへと矛先を転じ,キリスト教徒の保護を口実に,スペイン軍とともにベトナム中部の港で阮朝の都フエに近いダナン港を武力によって威嚇し,「開国」を迫った。これがフランスによるベトナムの植民地侵略の口火となった。

1860年,イギリス・フランス連合軍が北京を攻撃し,清朝と北京条約を締結した後,フランスは極東遠征軍を南下させ,ベトナム南部を侵略・占拠した。62年,フランスは阮朝と締結したサイゴン条約によって,ベトナム南部3省を割譲させ,ベトナム南部の植民地支配に着手した。ベトナム南部侵略の目的のひとつは,メコン河を遡航して,中国へのルートを確保することにあった。しかしその後,メコン河・北上ルートが不可能であることが判明し,ベトナム北部の紅河ルートに目が向けられることになった。そのためフランスは73年には紅河デルタに進出し,翌年,紅河の自由通航権を獲得した。フランスにとってベトナムは中国進出への足がかりとして重要な意味をもっていたのである。

清仏戦争:冊封体制からの離脱

19世紀中葉から,多くの中国人がベトナムに流入するようになっていた。中国・広東欽州出身の劉永福は,1865・66年頃,清軍の圧迫を受け,広西からベトナム北部に逃れ,67年

に黒旗軍を編成した。彼らは紅河上流域を地盤とし,中国商人に武力を提供する代償として中越間貿易の利潤の一部を収奪していた。阮朝に帰順した黒旗軍は,70年代にベトナム北部に侵攻してきたフランス軍と交戦した。フランスと阮朝は,74年,第二次サイゴン条約を締結し,これによってフランスは紅河の通商権と主要都市の駐在権を獲得した。58年以降,フランスの侵略を受けながら阮朝は独力で抵抗を続け,清朝に救援を求めたのは80年代の清仏戦争期に入ってからであった。清朝と阮朝との宗属関係は希薄化していた。清朝は天津教案(70年)からようやくフランスのベトナム侵略に関心を向けるようになった。80年,フランスは阮朝が条約に違反しているとして干渉し,また黒旗軍が地方の治安を乱しているとの理由で,82年に軍隊を北部に送り込んだ。83年,フランスは阮朝とフエ条約を結び,ベトナムはフランスの保護国となった。

　これをめぐって北京では,洋務派の恭親王らが失脚し,西太后らの主戦派が実権を掌握した。1884年9月,フランスに対し清朝は宣戦を布告し,広西,雲南から正規軍を派遣した。清軍はフランス軍の攻撃を前に敗退し,馮子材(ふうしざい)らの奮闘により,かろうじて中越国境の鎮南関においてフランス軍の進攻を阻止した。洋務政策のもとに建設された福建艦隊は壊滅させられ,85年には台湾沖の澎湖島も占領された。一転して主和論を支持した西太后は,洋務派の李鴻章を交渉にあたらせ,天津条約(「中法新約」)を結んだ。清朝はこれによってベトナムに対する宗主権を放棄した。清仏戦争後,清朝は台湾が国防上,重要な地位を占めていることを認識し,85年に台湾を独立した1省とした。清仏戦争以降,ベトナムは伝統的中華秩序・冊封体制から離脱し,フランスの植民地支配の下に置かれることになったのである。

フランス領インドシナ連邦の成立

フランスは1862年にベトナム南部3省を割譲させたのを手始めに、73年にはベトナム北部にも侵攻し、84年にはベトナム全土を支配下におさめた。阮朝は存続していたものの傀儡王朝化し、ベトナムは南部のコーチシナ(直轄領)、中部のアンナン(保護国)、北部のトンキン(保護領)の3つに分割された。63年よりカンボジア王国の保護国化も進められ、87年、ベトナムの3地域とともにフランス領インドシナ連邦に組み入れられた。さらに99年にはラオスがインドシナ連邦に編入された。

日清戦争(1894～95年)で清朝の弱体ぶりが明らかになると、西洋列強は争って清朝に対し租借地を要求した。ドイツの膠州湾、ロシアの遼東半島、イギリスの威海衛などはその一端である。フランスも、三国干渉の代償として、1898年4月10日の清仏協定によって、広州湾を租借地として獲得した。同時に広東、広西、雲南を他国に譲与しないことを約束させ、これらの諸省における通商交易上の優越権と産業開発およびトンキン―雲南間鉄道敷設権を得た。1900年、広州湾租借地はインドシナ連邦に編入された。

フランス領インドシナ連邦(以下では「仏領インドシナ」と表記)ではフランス語が公用語とされ、ベトナムではベトナム語のローマ字表記が普及し、科挙は1919年をもって終わりをつげるなど、漢字文化圏のベトナムとしては文明的大転換が起きていた。しかしながら植民地期に中国との関係が断絶したわけではなく、中国移民の流入、貿易関係、反植民地運動・革命運動の交流等において依然として中国との強いつながりをもちつづけていた。

中国への交通路

フランスは紅河ルートを利用して、トンキンより南中国市場を制覇しようとしていた。1880年代に紅河ルートによる中国との貿易が確立された。

しかし、20世紀初頭になると、フランスは南中国市場への過大な期待を捨て、インドシナそのものの開発に関心の重心を移すようになった。また中国との通商ができるとすれば、それは紅河ルートよりも鉄道に依るべきことも明らかになっていた。

ベトナム最初の鉄道は、南部のサイゴンとミト間の鉄道で1881年に起工されているが、北部では、ハノイ―ナサム線が中国広西省国境との連絡線として90年に起工され、1902年開通をみた。中国の龍州まで延伸させる広西省へのルートとする予定であったが、建設は途中で中止されてしまった。ナサムと国境の町ドンダンとの間はキクン河の水運でつなげられ、この区間は21年に開通した。鉄道が中国側とつなげられたのは55年のことである。ハノイとサイゴンを結ぶベトナム縦貫鉄道は、1898年に雲南鉄道とともに立案され、99年に着工。立案以来40年近くかかり、1936年に完成した。

ベトナム北部の港町ハイフォンと中国の昆明を結ぶ雲南鉄道は、雲南省に進出しようとするフランスにとって政治・軍事上の重要路線であり、また紅河デルタ地域の物資輸送線としても重要であった。1898年の清仏協定によりフランス政府はラオカイ―昆明間の鉄道敷設権を得、1901年仏領インドシナ雲南鉄道会社を創設して、フランス政府の有する敷設権を清朝の承認の下にこの会社に譲渡した。この路線はフランスの対中膨張工作の橋頭堡であり、第二次世界大戦時には中国国民党・重慶政府の補給上の輸血路（「援蔣ルート」）となった。

雲南鉄道による南中国との通過貿易、および密貿易を主とするタイ国境貿易以外のインドシナ貿易は、サイゴンとハイフォンの両港を通してのものがほとんどであった。1930年頃の時点で、仏領インドシナから中国への航路はフランスの船会社4社とイギ

リスの1社が運航しており、フランスの3社は、ハイフォン—香港間およびハイフォン—広東間に配船し、イギリスの1社が2週1回の貨客船を配していた。

植民地期における華僑の流入

ベトナムへの中国移民が本格的過程に入った17世紀末葉以来、ベトナムでの経済開発が進むのにともなって華僑人口は恒常的に漸増の傾向をたどってきた。植民地期当初にあっては、フランスは、ベトナム、カンボジア在住の華僑に対して、寛容な態度をとった。華僑はフランス人と現地人の媒介者として植民地経済に不可欠であり、商人・買弁などとして大きな経済力を有していた。華僑に対する管理もだいたいにおいて旧制をそのまま踏襲し、華僑の組織である「幇(ぱん)」制度もすでにその頃に存在していた。1885年天津条約（「中法新約」）は、華僑を「保護民」たるベトナム人と同様に取り扱うことを定めていた。翌86年の清仏通商条約では、仏領インドシナ在住の中国人は身体、家族、財産につき最恵ヨーロッパ国民と同様の保護と安全を享受する、とされていた。

華僑の管理が厳重になりはじめたのは、1874年3月にサイゴンに移民局が設置され、さらに97年にサイゴンで身体検査事務が始められて以降のことである。仏領インドシナの立法では、外国人を2種類に区別していた。「アジア外国人」と「ヨーロッパ人」の2種類で、華僑は前者に属していた。華僑は身分・家に関する本国法の適用、不動産所有権、官庁の競争入札権、領水漁業権、内地河川通航自由権、市町村行政参加権を有する一方で、人頭税の負担、「幇」の制度、入国制限、国内通行の制限、中国製品の国境通過制限等の不平等待遇を受けていた。

第一次世界大戦前後は、だいたいにおいて、仏領インドシナ当

局の華僑に対する政策は抑圧的であり、中国移民の労働力利用は領内産業もしくは開発に必要な最小限度にとどめる方針がとられてきた。仏領インドシナ当局は、「アジア外国人」規則によって華僑の取り締まりをすると同時に、各行政区画内の華僑をそれぞれ、広東、福建、海南島、潮州、客家等の出身地別グループに分け、「幇」に加入させた。この時期に華僑人口の増加率がさがってきているのは、第一次大戦によって取引関係が大きく変化し、その影響が当然華僑の仏領インドシナの進出にも及んだこと、および1906年の移民取り締まりに関する総督令が華僑の仏領インドシナ入国に大幅な制限を加えることになったからである。しかし1921〜31年の約10年間にはふたたびいちじるしい増加率を示している。華僑の躍進的進出は、第一次大戦後の経済回復、鉄道・土木事業の進展、開墾地の増加等の理由によっている。華僑人口の漸増の傾向は世界恐慌まで持続された。29年には、コーチシナ地方予算の約4分の1は華僑の納税によるものであった。

　1931年を境としそれ以後、一時的に華僑移民は漸減の趨勢を示している。世界恐慌の影響と、華僑移民に対する制限的規定とが入国を制限し、華僑の帰国をうながした。しかし30年代後半にいたってふたたび増加の趨勢を示し、とくに日中戦争以降はこの地に避難してきた華僑の数も相当な数にのぼる。この増加傾向は、世界恐慌の回復、35年の南京条約実施にともなう華僑の地位の向上、コーチシナにおける経済の活況などによる。35年から50年の時期に華僑の最大の流入があったともいわれる。

　華僑移民の流入にともない、19世紀中葉から中国の秘密結社や民衆宗教のベトナムへの進出も活発になった。とくにベトナム南部でそれらは大きな影響力をもった。たとえば中国の民衆宗教「先天道」は1863年にベトナムでの最初の支部施設をハティエン

に建立し，1975年までに3派50支部余りを擁するまでになった。2008年には，ベトナムの公認宗教「明師道」となっている。

植民地期の対中国貿易

商業活動において，植民地期当初，フランス資本は華僑や印僑と競合した。ベトナム北部に進出したばかりの1883年，フランスはハノイ，ハイフォンに8店舗しかもっていなかったのに対し，華僑は138店舗もっていた。華僑による輸入品は輸入全体の3分の2を占めていた。フランスからベトナムに輸入された商品はコスト高のため，中国，インド，東南アジアの商品と競争するのは困難であった。植民地期に入ってもしばらくは中国を含む対東洋貿易が対フランス貿易を凌駕していた。これが逆転するのはようやく1930年頃になってからのことである。

フランスの植民地貿易政策は，極端な本国中心の保護政策を特徴としているが，仏領インドシナに関しては，その植民地関税制度が確立した1892年の「関税率設定に関する法律」により，同化関税制度が施行された。この関税制度は，植民地を準本国として，本国と同一の関税制度の下に置いた。1913〜35年の年平均総貿易額を相手国別に配分した統計によれば，総額の34.6%は中国，34.5%はフランス本国ならびに同植民地が占め，この両国において，仏領インドシナ貿易を二分している。輸出相手国としては，中国が第1位で，平均総輸出額の42%を占め，輸入相手国としては，フランス本国および同植民地が第1位で，平均輸入総額の42%を占めている。世界恐慌前の30年をとってみれば，仏領インドシナの貿易における中国の地位は，輸出総額の41.6%，輸入総額の12.4%を占め，輸出相手国としてはフランス本国をはるかに上回っていた。

このような貿易状況は，1929年，仏領インドシナに「キルシ

エ関税率」が実施されると，変化を見せるようになった。フランスはこの極端な保護関税を採用することによって，フランス本国およびその植民地の貿易を保護し，他外国の貿易を抑制しようとした。その結果，28年には総輸入の45%を占めるにすぎなかったフランス本国およびその植民地よりの輸入額は翌29年には50%にのぼり，さらに翌30年には60%となり，その後もおよそ同様の傾向が続いた。総輸出貿易中においてフランス本国およびその植民地の占める割合は29年度においてわずかに22%にすぎなかったが，その後保護関税の効果が着々とあらわれ，30年26%，31年33%，32年38%，33年50%と躍進し，34年には54%に達している。37年度の統計によれば，輸出入ともにフランス本国が占める地位はいちじるしく優勢になっている。

20世紀初頭における革命運動の交流

20世紀初頭より，中国とベトナムの革命運動には空間的にも人的にも相互交流が見られた。辛亥革命以前，孫文は日本を活動拠点としたほか，ベトナムを広東・広西・雲南3省に対する活動の前線基地とした。1900年から08年にかけて，孫文は何度もベトナムとの間を往来し，07年から08年においては，ハノイを司令部として広東・広西・雲南辺境で少なくとも4回の蜂起をこころみた。これらの蜂起では，ベトナムおよび南洋の華僑から強力な支援を受けていた。ベトナムの革命家ファン・ボイ・チャウ（Phan Boi Chau：潘佩珠）は，東遊運動において日本を活動拠点としながら，広州や香港などで中国の活動家と連絡をとり，広東・広西・雲南3省を対ベトナム活動のルートとしていた。

19世紀末から20世紀初頭にかけて，中国の改良主義派の康有為，梁啓超などの著作である「新書」がベトナムの知識人に大きな影響を及ぼした。そのうちの一人である儒教知識人ファン・ボ

イ・チャウは，1904年，維新会を結成し，ベトナムの独立回復・立憲君主国家樹立をめざした。彼は，「同文同種」で「黄色人の長兄」である日本に援助を求めるべく，05年に中国を経由して来日した。日本で，亡命中の梁啓超や孫文と会い，革命運動の助言を受けている。チャウが日本滞在中に書いた『越南亡国史』は，梁の新民叢報社が出版した。彼は東遊運動を組織し，ベトナムの青年約200人を日本に留学させた。ベトナム留学生は振武軍事学校や東亜同文会などで学んだ。

チャウは日本滞在中，孫文とも会っている。会見のなかで，孫文はベトナムの革命党員が中国の革命党に加入することを求め，中国の革命が成功したあかつきには，全力でアジアの被保護国の同時独立を援助する，まずベトナムから着手しよう，と述べた。一方，チャウの考えは，まず中国の革命党にベトナムを援助してもらい，ベトナムが独立した時，北ベトナムを革命党の根拠地とし，両広を奪い，中原をうかがうことを求める，というものであった。チャウは，雲南からの留日学生らと進んで交流し，のちには革命派の雑誌『雲南雑誌』の編集員となった。1908年10月，中国，朝鮮，インド，フィリピンおよび日本などの国の人をメンバーとする東亜同盟会が成立し，チャウも参加した。彼はまた雲南，広西の留日学生らとともに「広西・雲南・ベトナム連盟会」を設立した。

1907年，日本とフランスは日仏協約を結び，フランスは日本政府にベトナム人留学生の国外追放を要求した。日仏協約は，日露戦争によって財政難に陥った日本にフランスが資金的援助を行うのと引き換えに，清国における両国の地位・領土の現状維持と特殊利益を尊重しあうことにあった。とりわけフランスにとっては，インドシナ植民地の保全を日本に約束させることに目的があ

った。09年，ファン・ボイ・チャウは日本を退去した。これにより，チャウは日本との連携から中国との連携へと活動方針の軸足を移した。

1911年の辛亥革命の成功はベトナムの革命家を鼓舞し，ファン・ボイ・チャウは中国において12年6月にベトナム光復会を結成した。フランス植民地主義者の駆逐，ベトナム共和国の樹立がその目標であった。同年9月，中国とベトナムとの連携を強化するために，ベトナム光復会を改組して中国人も加入できるようにし，中国人・蘇才楼が副総理となった。光復会は中国国内で臨時革命政府と光復軍を創立し，中国の同志たちの援助を受けて，通用銀票と軍票を発行した。辛亥革命が袁世凱によって挫折させられると，中国でのベトナム革命家たちの活動も困難にぶつかった。チャウは袁世凱とも関係を結ぼうとしたが，袁世凱派の広東都督龍済光の迫害を免れることはできず，一時逮捕拘留された。

東洋のモスクワ＝広州：二つの革命組織誕生

1923年に孫文が広州を取り戻して革命基地とし，中国国民党の改組を進めると，ベトナムの革命家たちも広州で活発な活動を行うようになった。第一次国共合作の時期，広州はベトナム革命にとっても重要な活動拠点であり，中越間の革命的連帯・交流が活発であった。24年6月，ベトナムの志士ファム・ホン・ターイ（Pham Hong Thai：范鴻泰）が広州の沙面でインドシナ総督メルランを暗殺しようとした事件が起きた。この事件がきっかけで，沙面で働く中国人労働者の長期にわたるストライキが発生した。暗殺未遂事件後，二つのベトナム革命組織が誕生した。ひとつは，ベトナム光復会を解消して結成されたベトナム国民党である。ファン・ボイ・チャウは，国共合作の下で開校された黄埔軍官学校へのベトナム人入学もとりはか

広州にある黄埔軍官学校跡

らった。軍官学校は中国人のみならず朝鮮人やベトナム人なども入学した。軍官学校の卒業生のうち，3名のベトナム籍卒業生が含まれている。

　もうひとつの革命組織はグエン・アイ・クオック（Nguyen Ai Quoc：阮愛国。のちのホー・チ・ミン）によって組織されたベトナム青年革命同志会である。1924年末，グエン・アイ・クオックはコミンテルンの工作員としてモスクワから広州に来て，広東革命政府に派遣されたソ連軍事顧問ボロジンの中国語通訳をつとめた。その間，広州にいたベトナム人革命家たちを結集し，25年6月，ベトナム青年革命同志会を結成した。同志会が結成される直前にチャウは上海で捕らえられてベトナムに護送され，中国におけるベトナム国民党の活動は低迷を余儀なくされた。国内では，27年にハノイでベトナム国民党の組織が樹立された。同志会は，広州において，ベトナム青年たちへの政治特別訓練を組織し，会

員数を増やしていった。同志会が核となって、30年2月3日、香港でベトナム共産党（その後、インドシナ共産党と改称）が結成された。グエン・アイ・クオックはまた、広州において、東洋の被抑圧民族の連携をはかるため、中国人、インド人、朝鮮人などの同志たちとともに東アジア被抑圧民族連合会を25年に結成した。

国民党政府と仏領インドシナ

第一次国共合作が破綻すると、中国国民党政府はベトナム革命勢力との連携から方向を転換し、仏領インドシナ当局への敵対性を弱めた。国民党政府の要求は相互の平等を基礎とする条約改定に重点が置かれるようになった。外国の不当権益に対する反対要求として広州湾租借地の返還が主張されたが、仏領インドシナ自体に関しては何ら強力な要求は行われなかった。蔣介石自身、中国が仏領インドシナに対して野心をもっていないこと、その望むところは仏領インドシナ華僑に対する平等待遇のみであることを宣言した。これはベトナムを含むアジアの革命的連帯から、純然たる中国的立場への転換を意味していた。

　1928年7月7日を期して国民党政府は中国と諸外国との間に存するいっさいの不平等条約の一方的廃棄宣言を行った。国民党政府は、仏領インドシナ華僑に関しては、フランスに協議を要請し、それは3年に及んだ。30年の南京条約では、従来の「アジア外国人」に対する取り締まり規定を広範囲にわたって改正した。「アジア外国人」に対する人頭税は「特恵的地位を享有する外国人」の対人税と改称された。中国側の仏領インドシナにおける通商改善運動は、国民党政府によって執拗に繰り返された。それは35年5月、南京条約の批准により、ようやく実を結んだ。この条約は、従来のものと比べ、中国側にとって有利な規定を含むも

のであった。この条約によって、中国は、①インドシナの各地に総領事館を設置すること、②インドシナにおける中国人の居住・旅行・商取引を外国人と対等にすること、③南中国3省のトンキン通過商品に対してとくに無税または最低税率を適用することなどをフランスに認めさせた。

> 日中戦争勃発から
> 1945年八月革命まで

日中戦争が勃発すると、抗日という点において中国国民党政府と仏領インドシナ当局との連携が見られるようになった。1937年以降、仏領インドシナ華僑の抗日団体が相次いで結成され、サイゴンにある国民党の仏領インドシナ支部は、抗日戦の援助に関与し、救国資金の募集、愛国公債の購入、排日貨運動等を実行していた。重慶国民政府（1938～46年）への補給を担ったのは、ハイフォンからハノイを経て広西省南寧にいたるルートと、ハイフォンから雲南鉄道を経て雲南省昆明にいたるルートであった。これらの援蔣ルートで重慶補給の半分近くを占めていたと推定されている。仏領インドシナ当局はこれを黙過していた。

1940年6月、日本は援蔣ルートの遮断を仏領インドシナ当局に要求し、さらに40年9月、中国・広西省に駐屯していた日本軍をベトナムに侵入させた（「北部仏印進駐」）。このような日本の「南進」は米英陣営の対日経済制裁の強化を招いた。アメリカは40年9月、鉄類の対日輸出全面禁止を発表した。11月には日本が中国で汪兆銘政権を承認したのに対抗して1億ドルの対中借款供与を決め、さらに12月、対中軍事援助を正式に認めた。そして41年7月の日本の「南部仏印進駐」は、いっそう決定的な米英陣営の対日経済制裁を発動させるきっかけとなったのである。

南中国に勢力をもっていた国民党系の軍閥・張発奎は、中国南部で工作しているベトナム人活動家からなる反日ベトナム人民族

主義者の組織，ベトナム革命同盟会を組織していた。1943年9月，張に一時捕らえられていたホー・チ・ミンは釈放され，ベトナム革命同盟会の会長に就任した。ほどなくしてホー・チ・ミンはベトナム領内での活動に戻ったが，その組織の一部をベトナム独立同盟（41年5月結成。略称「ベトミン」）に吸収した。ベトミンは中国と国境を接する山岳地帯を解放区としていたが，南中国は後方支援や避難場所として重要な役割を果たした。ベトミンは45年の八月革命により政権を奪取し，9月に独立宣言を行い，ベトナム民主共和国を樹立した。同年，ポツダム宣言による戦後処理のため，中国国民党軍が一時，ベトナム北部に進駐した。中国に逃れていた非ベトミン系のベトナム人活動家が国民党軍とともに多数帰国したが，彼らは独立後の政局の主導権を握ることはできなかった。フランスはベトナムの再植民地化をねらって軍隊を派遣し，ついに46年12月，第一次インドシナ戦争が勃発した。

第一次インドシナ戦争：同志的連帯の時期

1949年の中華人民共和国成立は，ベトナム民主共和国にとって外交的・軍事的に大きな意味をもった。ベトナム民主共和国は45年9月2日に独立宣言したものの，50年1月に中国が最初に承認するまで，それ以外に承認した国はなかった。国際共産主義運動の拠点からも地理的に離れて孤立しており，第一次インドシナ戦争初期の45年から47年にかけては，地域的協力を求めて自由タイ政府との東南アジア連盟を結成する構想もあった。そのようななか，国内では47年に毛沢東の人民戦争戦略を称賛する動きが出てきていた。

中国がベトナム民主共和国を承認した3カ月後，中越間で軍事援助協定が締結された。1950年9月，ベトナム人民軍は中国の支援の下で中越国境作戦を発動し，カオバン，ランソンなどを解

放し、フランスに対し攻勢に転じた。ベトナム民主共和国は50年以降もっぱら中国の援助に頼っていたし、中国はアメリカによる中国封じ込め政策に対抗するためにベトナムの革命勢力と共闘する必要があった。51年2月の第2回党大会で、ベトナム労働党（インドシナ共産党の改称されたもの。76年にベトナム共産党と改称）の党規約には党の思想的基盤として「毛沢東思想」が明記され、民主共和国は「人民民主独裁」国家だと規定された。

第一次インドシナ戦争の1950年から54年までの時期、中国はベトナム人民軍のために軍隊の装備、ベトナム軍将校と技術幹部の訓練、武器供与、後方支援の資材とその他の軍用物資の無償提供など多大の支援をしたといわれる。第一次インドシナ戦争に決着をつけた54年のディエンビエンフーの戦いにおいても、中国は相当大きな役割を果たしたとの評価もある。しかし同年のジュネーブ会議において、中国は朝鮮戦争後の国内建設に専念できる国際環境を求めた外交に転じていたため、中・ソとも国家利益を優先させて米・英・仏に妥協し、ベトナム民主共和国に不利な譲歩を強いた。結局、ベトナムは北緯17度線で南北に分断されることになった。

ジュネーブ会議での対中・対ソ不満はあったものの表面化することはなく、1950年代半ば、中国とベトナム民主共和国（いわゆる北ベトナム）との関係は、プロレタリア国際主義を基調とする同志的連帯の時期であったといえる。この時期、革命理論と実践経験において北ベトナムはソ連よりは中国からはるかに多くのものを学んでいた。ソ連や東欧社会主義諸国とは異なる中国の「二段階革命」方式を採用していたし、農業合作化政策は機械化が未実施の条件下で遂行しなければならず、ソ連方式ではなく中国方式が北ベトナムにとってより適合的であった。

当時の中国には大国主義的行動や内政干渉が見られなかったので、中国と北ベトナムとの間に確執要素はあまりなかった。それは両国間の国境問題、華僑問題への対処の仕方にもあらわれていた。国境問題は1958年に基本的に現状維持で合意した。トンキン湾のバックロンビ（白龍尾）島は、50年代以降、北ベトナム側の管轄下に入った。華僑問題については、55年、両国で合意がなされ、華僑の権利が擁護される（華僑の小規模私営企業の許容、徴兵なしなど）一方、漸進的で自発的な「ベトナム国民化」が求められた。同時期、南ベトナムのゴー・ディン・ジェム政権下では、北部とは対照的に、職業制限などの措置によって、華僑に対して急進的で強制的な「ベトナム国民化」がはかられていた。

ソ連修正主義批判での共鳴とベトナム戦争支援

　北ベトナムの指導部は1957年の世界共産党モスクワ会議以来、対米協調を優先させて民族解放戦争支援をためらうソ連フルシチョフ政権の平和共存政策を批判していた。63年に入って中ソ論争が公然化すると、同年末の党中央委員会総会でベトナム労働党は「現代修正主義」批判を決議した。これ以後、中国と北ベトナムとの間には「現代修正主義」批判という面で共鳴関係が見られるようになった。しかし、北ベトナムと中国の間にまったく問題がないわけではなかった。北ベトナムは53年から土地改革に着手し、中国人顧問の指導を受けていた。土地改革は一部の地域で闘争が過激化し、56年秋の労働党中央委員会で、その政策の「偏り」を是正する決定が行われた。中越両党とも同じような極左偏向の誤りをおかしながら、58年を機に両党は方向の異なる国内外路線をとりはじめた。

　1958年以降の中国の「三面紅旗」（総路線、大躍進、人民公社）政策に北ベトナムは秘かに批判的であり、中国が毛沢東思想をふ

りかざして世界革命運動の指導権をソ連から奪おうとする野心や，社会主義陣営を二分しようとする行動には反発した。しかしながらベトナム戦争を遂行するうえで，中国の援助が不可欠であったため，北ベトナムは中国に対して反発を強く打ち出さなかった。60年代に入ると，ベトナム南部の解放方式をめぐって中越間に意見の対立が生じてくる。しかしこの段階では，中国と北ベトナムとの間の不協和音はソ連修正主義批判の大共鳴音のなかにかき消されていた。

　1959年1月，ベトナム労働党中央委員会は南部の武装闘争を決定した。60年12月，南ベトナム解放民族戦線が結成された。63年は北ベトナムの軍事戦略および中越関係にとって重要な転換点になった。毛沢東は，南ベトナムの武力闘争への支援を大幅に拡大することを決断し，この年，中越間では，アメリカが17度線を越えて北進する場合，中国は地上軍を出動して参戦するという秘密合意に達していた。同年12月のベトナム労働党中央委員会で，南ベトナムでの武装闘争拡大の方針が決定された。

　1964年8月にトンキン湾事件が発生し，これを口実にアメリカは北ベトナムへの報復爆撃を行った。中国政府はただちに非難声明を出し，中国各地で2000万人の反米集会とデモが行われた。64年12月，中国と北ベトナムの間で調印された新しい防衛協力協定においては，北ベトナム正規軍の南下を支援するため，中国は最大30万人の軍隊を北ベトナム各地に出動させる合意をかわした，とされる。65年6月，中国軍支援部隊は大挙して国境を越えてベトナム領に出動した。65年から70年代初めまで中国が北ベトナムに送り込んだ軍人はのべ32万人以上に達した。

文化大革命と中ソ対立：中越関係のきしみ

1964年10月にフルシチョフが解任され、65年にコスイギン・ソ連首相が訪越した後、北ベトナムは中ソ間でバランスをとるようになった。北ベトナムは「現代修正主義」批判を公の場で発言しなくなり、援助を中ソ双方に積極的に求めていく方針をとった。国際共産主義運動の組織的な分裂、中ソ両党決裂の起点は65年から始まっており、翌66年には中国は公式の場で「社会主義陣営」という表現を使わなくなった。中ソ両国は中ソ論争を激化させていったものの、同時に北ベトナムへの支持と支援を競いあうことになった。ソ連は65年初から軍事支援物資を船で北ベトナムに送りはじめ、4月に入って、中国ルートを経由してミサイルとその発射装置を輸送し始めた。65年7月、ソ越間で「ベトナムの経済発展および防御能力強化に関する援助協定」が調印され、ソ連は北ベトナムに対する援助を増強した。65年は中越関係の転換点となり、これ以降、北ベトナムはソ連への依存を強めていくことになった。

1966年夏に中国国内で文化大革命が始まると、中国と北ベトナムの国内外政策に本質的な相違が生まれ、北ベトナムの中国離れをうながす原因となった。北ベトナムに対して中国は文革を輸出して毛沢東思想に従うことを強い、ベトナム国籍中国人青年で「紅衛兵」を組織して「現地造反」をあおり、北ベトナムの路線・政策に反対するという内政干渉を行った。67年以降、華僑学校が現地のベトナム学校に吸収合併され、党政軍部門に就職した華僑幹部も重要ポストからはずされ始めた。同じ時期から、ベトナム指導部は中国側に軍隊の状況や正確な兵力数について説明しなくなったといわれる。これは事実上、50年代に始まった中越両党両国指導者間の共同協議の停止を意味した。

1969年以降,中国の対外政策に変化が見られ,西側接近の姿勢が強まり,反帝闘争支援の姿勢が弱まっていた。69年3月,中ソ国境の珍宝島での両軍武力衝突のあと,中国はソ連を「社会帝国主義」と呼ぶようになり,ソ連を「主敵」とし,社会主義陣営の存在を否定し無用視する「三つの世界」論を70年代初頭に提唱するにいたった。「三つの世界（米ソ両超大国,西側先進諸国,中国を含むアジア・アフリカ・ラテンアメリカの発展途上国）」論の主たるねらいは反ソ・反覇権であり,これに対し,北ベトナムの提唱する「三つの革命潮流（社会主義陣営,帝国主義諸国の労働者と勤労人民,新旧植民地の被抑圧民族）」論では,主要な敵は「米帝国主義」である。

　1972年のニクソン訪中,カーター政権下での米中関係の正常化（78年12月）は,北ベトナムから見ると,中国はアメリカによる中ソ分割の策略に乗せられ,社会主義陣営の分裂と世界の革命勢力の弱体化に手を貸し,「三つの革命潮流」に逆行する行動をとっていることになる。ベトナムはベトナム戦争後も「三つの世界」論に基づく中国の世界戦略,とりわけソ連敵視政策に反対した。中国が従来とくに力を入れていた東南アジアの共産ゲリラへの支援は,アメリカの対中軍事圧力を分散させ牽制するのがおもなねらいであった。そのため,米中が接近し,主要な軍事的脅威がソ連に移った70年代半ば,中国は東南アジア諸国の共産ゲリラへの支援をしだいにとりやめ,現地諸国の政府との外交関係の樹立に転換した。

統一ベトナムと中国：対立の表面化

　1975年のベトナム戦争終結は,戦争中におさえられていたベトナムと中国の対立を表面化させた。ベトナムは南北統一を達成したからといって,進んで中国と対立・抗争するつもりは

なかった。戦後経済復興と発展には中国の援助が必要であったし，国境問題をはじめとして交渉によって解決すべき重要問題があったからである。第二次5カ年計画（1976～80年）では，中ソをはじめとする社会主義諸国からの経済・技術援助はもとより，西側諸国や国際金融機関からの資金導入を前提として立案されていた。中越敵対関係の長期化はベトナムにとって過重な負担であり，経済復興と発展を大幅に遅らせるものであった。

　ベトナム戦争中より，ベトナムは隣国カンボジア・ラオスと「特別な関係」を維持してきたが，これは自主独立の立場維持に必要な政治的・経済的基盤をインドシナに築こうとしていたからである。ベトナムのこの動きに対して，中国はベトナムがインドシナにおける覇権を唱えようとするものだとして警戒的になり，カンボジアのポル・ポト政権にてこ入れして，ベトナムを牽制しようとしてきた。1978年2月，ベトナムは対カンボジア強硬政策をとることを決定し，打倒ポル・ポト政権のために直接介入をはかろうとした。また南部において，3月に家族経営レベル以上の全私営企業の社会主義改造に着手した。これはすべての商業・製造業を対象としていたが，主たるターゲットはホーチミン市在住の華僑であった。そのため南部の急激な「社会主義化」に反発した華僑が国外に流出するようになり，その後この動きは北部の華僑にも波及し，中国本土への華僑の大量脱出が発生した。

　ベトナムの強硬な反中姿勢を「懲罰」するため，中国はポル・ポト政権の反ベトナム感情を利用して，国境武力紛争を続発させ，また「華僑事件」を口実に対ベトナム経済・技術援助を全面的に停止した（1978年7月）。78年11月，ベトナムは「ベトナム・ソ連友好協力条約」を締結し，反中・親ソの姿勢をはじめて明確にした。78年末，ベトナム軍は中国の盟友カンボジアに侵攻した。

ポル・ポト政権を首都プノンペンから駆逐し、翌79年1月に親ベトナム政権を樹立した。それに対し、同年2月、中国は「小覇権主義」ベトナムを「懲罰」する国境戦争を発動し、その後、両国の国境摩擦と敵対的関係は約10年間続いた。さらに、日米など西側諸国は中国側に加担してベトナムのカンボジア侵攻を非難し、ベトナムに経済制裁を行った。これはベトナムの経済にとって大きな痛手となった。

改革開放政策の実施

毛沢東の死去（1976年）と「四人組」逮捕によって、中国は文革を終了させた。中国は「四つの現代化」により、ベトナムは「科学技術革命を要とする三つの革命（科学技術、生産関係、思想文化）の同時遂行」を方針とする「社会主義的工業化」により、両国とも20世紀末までに富国強兵国家の実現をめざしていた。そのためには、「階級闘争」や「思想文化革命」よりも生産力と労働生産性の急速な向上に役立つ「科学技術革命」の方が大事だという認識をもつ点では共通していた。そして、西側との経済・技術関係を拡大しようとしている点でも共通するようになってきた。

中国では1970年代末以降、改革開放政策がとられるようになり、それは80年代半ばには現存社会主義諸国全体の大きな潮流となった。ベトナムでは79年に「新経済政策」を採り入れ、81年には農家請負制が部分的に導入された。86年の第6回党大会以降、本格的な改革開放政策であるドイモイ（刷新）政策が採用され、多様な経済セクターの容認、市場メカニズムの積極的利用、資本主義国を含めた外資の導入などがはかられた。90年代に入ると、ベトナム経済は順調に発展し、91〜95年では国内総生産の平均成長率は8.2％と高い経済成長率を達成している。96年の第8回党大会では、「社会主義志向市場経済」の下で現代化・工

業化を推進し，2020年までに工業国をめざすことが謳われた。

　1989年初に中国との国境が開放され，中国製品が大量にベトナムに入ってくるようになった。91年の中越の国交正常化以降，中国との経済関係はますます重要性をもつようになってきている。88年から98年末までの対越投資累計額は，台湾が約42億7198万ドル（投資国中2位），香港が27億3588万ドル（同5位），中国が1億1229万ドル（同19位）となっている。しかしながら99年頃から中国の企業関係者のベトナム訪問が急増しており，99年の二国間の貿易額は前年比5割増の約15億ドルに達している。今世紀に入って，二国間貿易は飛躍的に伸び，2013年には中国からの輸入は約370億ドル，輸出は約133億ドルと，中国はベトナム最大の貿易相手となっている。

中越国交正常化：接近と警戒

　1979年の中越戦争以降，両国関係は冷え込んでいた。ベトナム軍のカンボジア進駐はベトナムの経済発展にとって足かせになっていた。80年代初頭，ベトナムはカンボジアの親ベトナム政権を支えるため，華僑の経済力を活用するようになった。89年にベトナム軍がカンボジアから完全撤退し，カンボジア和平問題が解決に向かうのと並行して，中国との関係正常化が進んだ。80年代末から90年代初頭のソ連・東欧社会主義国の崩壊，中国の天安門事件などによりベトナムでも「和平演変」への警戒が高まった。ベトナム共産党が90年3月に，政治的多元主義の導入を拒否し，共産党一党独裁を堅持する道を選択したことは，ベトナムのドイモイと中国の改革開放の共通性をより強めた。中国は「中国的特色のある社会主義」を標榜するようになっているが，ベトナムにおいても「ベトナムの実情にあった社会主義」がいわれるようになっており，91年に開催された第7回党大会で

は，マルクス・レーニン主義とならんで「ホーチミン思想」が党の思想基盤として付け加えられた。

　1991年11月の中越関係正常化にあたって発表されたベトナム・中国の共同声明は，平和五原則の論理による善隣友好関係の発展をうたっており，「社会主義」という言葉は使用していない。これは90年代以降の中越関係が，50～60年代のような「社会主義兄弟国」の関係とは異なっていることを示している。その後両国関係のあり方を規定する基本方針としては，99年2月の「16字の指導方針」，2002年2月の「四つのよい」が出されている。これらでは，「善隣友好」や「よき隣人」といった項目が盛り込まれている。さらに08年11月には「全面的戦略協力パートナーシップ」の原則が加えられている。一方，中国は1992年に領海法を制定し，南シナ海に積極的に展開しようとしており，ベトナムを含む東南アジア諸国にとって安全保障上の脅威になってきている。過去には74年1月に南シナ海のパラセル諸島（中国名，西沙群島）で中国軍と当時の南ベトナム政府軍が交戦し，88年3月にはスプラトリー諸島（中国名，南沙群島）で中国海軍とベトナム海軍が衝突している。95年，ベトナムは東南アジア諸国連合（ASEAN）の正式なメンバーになり，東南アジアとの関係を強化した。さらに同年，アメリカとの国交樹立を果たした。これらの動きは，中国との対立は望まないものの，中国の圧力に対する牽制力を確保したいというベトナムの考えに基づいている。ベトナムは70年代末から自国の「東南アジア性」を強調するようになったが，80年代後半からは「儒教文化圏経済発展論」にも関心を示すようになり，さらに90年代に入り「残存社会主義国同盟論」も一部では唱えるようになってきている。今後，ベトナムは東南アジアと東アジアの結節点としてみずからの位置を活か

す方向をめざしていくのではないかと思われる。

読書案内

栗原浩英「ベトナムと旧同盟諸国――対中国・対ロシア関係の現在」『東亜』535号，2012年。現在のベトナムの対中・対露関係の現状を簡明に解説したもの。

桜井由躬雄・石沢良昭『東南アジア現代史Ⅲ』第2版，山川出版社，1988年。ベトナム，カンボジア，ラオス3カ国の近現代史を叙述したもっとも標準的な通史の本。

佐藤考一「中国と『辺疆』：海洋国境――南シナ海の地図上のＵ字線をめぐる問題」『境界研究』1号，2010年。南シナ海問題の歴史的経緯を知るのに有益な論文。

朱建栄『毛沢東のベトナム戦争』東京大学出版会，2001年。中国のベトナム戦争への介入過程およびベトナム戦争が中国の内政・外交に与えた影響についての研究。

日本孫文研究会編『孫文とアジア』汲古書院，1993年。孫文とアジアとの関係についての論文集。「孫中山と潘佩珠」と題する論文も収録されている。

古田元夫『ベトナムの世界史』東京大学出版会，1995年。ベトナムが自己の位置づけを，中華世界から東南アジアへ求めていることを歴史的に検討したもの。

古田元夫「ベトナムから見た中国外交」『中国21』7号，1999年。1991年の関係正常化以降の中国とベトナムの関係をベトナム側の認識に即して検討したもの。

満鉄東亜経済調査局『インドシナにおける華僑』南方資料叢書5，青史社，1986年（原本は1939年発行）。戦前の満鉄東亜経済調査局による「南洋華僑研究」のうちのインドシナ編。

三尾忠志「中越関係50年史」『国際情勢』54，1982年。中越関係50年史を五つの時期に区分し，各時期の特徴を考察し，対立の背景と展望をさぐった論文。

山本達郎編『ベトナム中国関係史　曲氏の抬頭から清仏戦争まで』
山川出版社，1975年。ベトナムに独立王朝が誕生した10世紀から19世紀末のフランス植民地化までのベトナム中国関係史の通史。

———————今井昭夫●

第6章 中国史に見る周辺化の契機と展開

方法・制度・政策

➡中国近現代史をグローバルに考えることがますます必要になっている。これは、中国史のみならず、東アジア史、アジア史、ユーラシア史、などの上位地域史を考えるうえでも、同時に、華南・沿海中国・開港場など、これまで国内の下位地域史と位置づけられたローカルな地方を考えるうえでも、グローバルヒストリーの視野が求められている。これは、周辺から中国をどのように見るかということを通して、国家や民族という、19世紀以来のアジアの国家ならびにナショナリズムが依拠してきた求心力と根拠を問い直す視点でもある。周辺とは、これまでのような中心に従属する周辺ではなく、新たな歴史主体として開放され、そして、他地域・他文化の周辺と交流するグローバルなフロンティアとしての周辺である。本章は、移民・華僑・海洋・沿海など、いわゆるこれまでの周辺、すなわち中心から見てきた周辺を、他域にまたがる公共領域という視点をもちながら考えてみたい。➡

> はじめに

現代世界とりわけ東アジアの変化を検討しようとするとき、従来は、19世紀以降の国家と国家の関係を表す「国際関係」の枠組みと、そして、それを遡り、はるかに長期にわたった歴史的な「華夷秩序」または朝貢の枠組みの二つが主要な方法であった。そして、19世紀以前には、おもに華夷秩序関係が適用され、19世紀を中心とする西洋のアジア進出以降には国際関係の枠組みが適用された。しかし、これら両者は、決して時代の先後関係としてあったのではなく、両者を歴史的な宗主権と主権との相互交代の関係として見るとき、華夷秩序を中心とした時代にあってもそのなかに主権やナショナリズムの登場を見ることが可能であり、同時に、さらに重要であると思われることは、主権を中心とした時代にあっても、宗主権の役割は消滅してはいないということである。

19世紀中葉は、この東アジアから東南アジアにかけておよそ明清両王朝500年にわたった宗主権によるゆるやかな地域統治が、周辺朝貢国が主張した主権によって挑戦をうけた時代である（濱下, 1997）。従来は、この時期は、西洋からの衝撃の時代として捉えられたのであるが、地域統治という東アジア地政論の考え方から見るならば、周辺諸国が西洋の主権概念を積極的に導入しながらそれまでの中華に異を唱えた時期であると特徴づけられる。なぜなら、主権はそれ自身において成り立ったのではなく、ヨーロッパにおいてもアジアにおいても広域統治を誇った宗主権統治のなかから生まれた地域関係の一部であったからである。清末の知識人魏源はこの宗主権の変化を、「海国」という国家概念、主権概念を用いて表そうとした。彼は海洋という「地域」を主権のもとにおいて見ようとしている（魏, 1842）。

この変動過程を分析する有力なアプローチとして、「中心と周

辺」という関係から，地域統治を検討する方法がある。地域はそれ自体均質ではなく，かつまた地域間関係においても権力の性格は一様ではないからである。さらには，中心と周辺とは固定した関係ではなく，相互に交代しうるものである。とりわけ，時代の変動局面においては，「周辺」という視角が，統治政策の変化を理解するうえで重要であり，本章もこの主旨に基づいて構成されている。そのため，従来の"中心"からの中国近現代史の叙述に比して，事系列や時系列が異なっていることに留意しておきたい。

周辺研究は，近年さまざまな角度から検討がなされている。そして，その大部分は，現代のグローバリゼーションの動きのなかで，近代以降の国家形成と国際関係をどのように再検討するのか，という問題関心に支えられているといえよう。そして，この再検討は，近代世界が蓄積してきた富の形成と配分・再配分に対して，また，その世界秩序の中心を担った体制や制度，さらには慣行に対しても向けられている（横山ほか編，2002；フランク，2000）。

このなかで，中国は，1979年から，それまでの社会主義経済体制から，市場経済を取り込んだ改革・開放政策に転換し，東南沿海部に経済特別区を設置して急速な経済発展を進めてきた。特徴的なことは，この過程においては，さまざまな歴史的な統治モデルの諸形態が時系列を越えて呼び起こされている点である。なかでも，開放政策のなかで対応せねばならない周縁のまた近隣の諸地域とどのような関係を取り結ぶのかという点をめぐっては，歴史的な周辺対策を現代において思い起こさせるような動きが見られる。それらは，外交関係という中央からの政策遂行のかたちを取ってはいるものの，華僑・華人移民など周縁地域との固有の歴史的な関係が，積極的に活用されているといえる（Wade ed., 2009）。

1　周辺と海域世界

周辺研究と中国近現代史

　清朝の辺疆政策は三つの項目から成り立っていた。第一は辺境の防衛である。これはいわゆる異民族の侵入の歴史が北方諸地域で繰り返されたことから，それを防衛するために屯田兵などを置くことによって防衛を行った。また，第二は辺境諸地域の民族政策である。これは清朝中心部の経済的豊かさにひき寄せられるかたちで周辺に多くの異民族をかかえており，とくに周辺地域はその他の地域との交易を担う中央アジアのイスラム系諸民族や雲南・貴州一帯の諸民族を中心に成り立っていた。彼らに対しては，みずからの"統治"を維持させながら，族長を清朝官吏に任用するという土司土官制度を採用し，この周辺民族を羈縻政策や改土帰流政策のもとに手なずけていたが，中心の権力が衰える場合には，これら周辺民族はそれを利して中心に迫り，時には旧王権に取って替わる勢いをしめした。第三は，交易・商業関係を近隣諸地域と行うための交易市場の開設と管理である。近隣朝貢国との間で行われる現在で言う"国境貿易"であるということができる。ただしこれは，国境線を前提として存在するというより，近隣地域との出入り口ともみなすことができ，関税による財源の確保や特許請負商人からの収入が見込まれた。また，朝貢貿易体制の一部に互市国という交易関係を旨とする諸国・諸地域があり，彼らはこの交易地においても取引を行った。このようにして明清両王朝の辺疆政策は，一方では防衛でありながら，同時に開墾を通した辺疆地帯経営という漢人の居住範囲の拡大を意味し，周辺

諸民族との間の関係は緊張関係のもとに置かれることになった（馬・成主編，1998）。

他方，華南から東南部沿海一帯では，17世紀以降，東インド会社の時代のいわゆる広東十三行による特許広東貿易が行われ，これは海防あるいは海域管理の問題と密接に関係していた。アヘン戦争以降の南京条約や北京条約も沿海をめぐる辺疆政策の一部であり，またあくまでも周辺問題という特徴をもっていた。このような辺疆防衛に変化が現れたときは「辺境の危機」が叫ばれ，辺疆政策の転換がもたらされた。内陸の辺疆政策としては，イギリスがチベットに影響を及ぼし，1871年回民（西北ムスリム）の反乱を機にロシアが新疆に影響を及ぼそうとするにいたって，イリ条約の交渉が行われた。これは内陸北辺の辺疆防衛である。塞防政策と海防政策の間には競合関係が見られ，こののち北辺と南辺の防衛が強化されるようになった。まず，シベリア沿海州を割譲させたロシアは，ついでイリ地方すなわち新疆をめぐって，清朝と1881年にイリ条約（サンクト・ペテルブルグ条約）を結んだ。これに遡るロシアとの条約は，華夷秩序から見るとより対等な関係に近い互市関係であった。

1880年代に入り，中仏戦争を経てフランスとの間にベトナムをめぐる，さらには雲南をめぐる条約が結ばれる。中仏戦争後の天津条約（1885年）は，ベトナムにおけるフランスの統治を認め，中国商人はわずかの通商特権をそれと引き換えに受けるにとどまっている。ついで朝鮮の危機となる。これは日清戦争をめぐる日本と清朝との関係の変化をともない，清朝の朝貢国である朝鮮に対する影響力をめぐって日本と清朝が軍事的に衝突した。青島の海戦につづいて黄海の海戦が起こり，清朝は軍事的に後退し，下関条約で台湾と遼東半島を割譲するにいたる。これらが19世紀

における辺境の危機であり，広東貿易をめぐるアヘン戦争，ベトナムをめぐる清仏戦争，さらに台湾・朝鮮をめぐる日清戦争が位置づけられる（坂野，1970）。

ここで用語について確認しておきたい。周縁やさらには辺境などと表現される周辺概念は，西洋に見られる自他を区別する境界概念とは異なり，中国史における疆域概念も重層的である。

中心に対する周辺という関係において用いられる「周辺」概念に対して，辺境は，境界をより強く意識した概念であるが，領域を画する国境概念ほど明確ではなく，辺境地帯や境域を指している。これらは華夷秩序観に基づく朝貢関係にみられる辺疆政策に現われている。「辺疆」概念は，華夷秩序下に包摂された周縁地域における異民族維持政策であり，屯田などの漢人移民政策や，境界地帯における交易政策を含んでおり，たんなる地理的な空間概念ではない。強いて言うならば，本文に用いる「周縁」という相対的に独自の地位を表現する概念が辺疆概念に近いということができる。したがって，本文中にみられる「周辺」ならびに「周縁」はともに「辺疆」を表す異なる表現であるということができるが，「周辺」は中心との関係を強く意識していることに対して，「周縁」は，当該地域や地帯の相対的な独自性に比重を置いた表現であるといえよう。

周辺研究としての海域研究

海域研究は，周辺研究の重要な課題である。東アジア・東南アジアという地域も，それらを東シナ海・南シナ海によって形づくられている海域世界であると考えることによって，よりいっそう歴史的なアジアの海域システムならびにアジア諸地域を理解することにつながると考えられる。そこで機能する海域世界は，決してたんに陸地と対置された水面の平板な広がりを指すもので

はなく，以下の三要素の複合として構成されている。第一は，沿海地域と呼ばれる海と陸が交錯し交渉する地域＝沿海海域である。清朝初期に，海に拠って反清活動を行った鄭成功の影響力から沿海住民を引き離そうとした康熙帝の「遷界令（遷海令）」などは，この沿海地域が固有な海域世界の構成要因であったことを表している。

　第二は，この沿海の海域地域を構成要素とし，海をまたいで形づくられる環海と呼べる海域世界である。そこでは海域を中心として，その周縁に交易港，交易都市が形づくられる。これらの交易港は，内陸後背地から海への出口としてあるというよりも，海域世界相互を結びつける結節点として存在している。たとえば，歴史的に見て，中国の沿海海域地帯に属する寧波の商人は，内陸との交易においてよりも，沿海域ならびに海域にまたがった交易によって財富を築いたと見なすことができよう。とりわけ長崎交易において寧波商人は重要な役割を果たしている。この環海問題は現在，環日本海や環黄海の構想として再登場していることも注目される。

　第三の海域を構成する要因は，海域と海域とを連鎖する役割をもって形成された港湾都市による連海という機能である。たとえば，東シナ海と南シナ海とを媒介し，相互に海域を連動させ，より多角的かつ広域的に海域世界を機能させる役割をもった琉球の那覇，広州やマカオ，また19世紀に入ってこれらに代替した香港などを挙げることができる。また，南シナ海とベンガル湾とを媒介する交易都市としてのマラッカや，後にそれを代替したシンガポール，さらにインドネシアのアチェなどを数えることができる。これら，沿海・環海・連海の三者によって成り立つ海域世界は，陸とは異なる，多元的で多様性・包摂性をもつ開放的多文化

システムの世界であったといえよう（濱下編，1999）。

　また，島嶼について見ると，たとえば，沖縄といい，沖縄諸島といい，あたかも単一の島や沖縄本島がすべてであるかのような表現であるが，海洋アジアの観点から見るならば，実際には，島々の構造はそれぞれに地政的な分業関係をもつ統一体であるとともに，近隣の奄美・九州へとつながり，南には台湾やフィリピンへと続く南北関係を中継し，また西太平洋と東シナ海，さらには南シナ海をも中継するという海域のネットワークを構成していた。

朝貢と交易ネットワーク

朝貢関係は，ユーラシア大陸東部において皇帝権の下に，より広域地域を含む権威的な統治を行うなかで形成された。この皇帝権を中心として，その周辺に同心円的に地方，土司・土官，藩部，朝貢国，互市国など，周辺にゆくにしたがって統治関係がゆるやかとなる秩序関係を形成していた（図5-1参照）。この華夷朝貢秩序は20世紀はじめの辛亥革命（1911年）を経た中華民国において，制度的には廃止されるのであるが，広域秩序理念に基づいた宗主権的な統治は東アジアの朝貢国のなかにおいても共有され，また分有された。なかでも朝鮮や日本などが中華を唱え華夷秩序の華の位置にみずからを立たせようとした歴史的なプロセスも特徴的である。したがって広域秩序理念としての朝貢関係は歴史的な朝貢というのみならず，広域秩序を統治するひとつの地域秩序モデルとしてそれを考えることが可能である（濱下，1990）。

　14世紀末から500年間近くにわたり中国と朝貢＝冊封関係にあった琉球王朝を特徴づけたものは，東シナ海および南シナ海をめぐる交易と明清両朝にわたった中国との朝貢貿易である。とりわけ，琉球には産しない胡椒や蘇木を東南アジア交易によって入

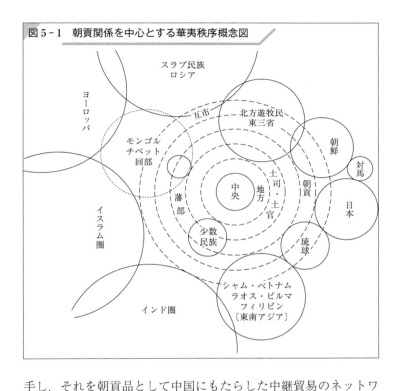

図5-1 朝貢関係を中心とする華夷秩序概念図

手し，それを朝貢品として中国にもたらした中継貿易のネットワークは，東シナ海対岸の入貢地福州との関係をいっそう緊密にすると同時に，中国華南から九州・琉球・台湾・東南アジアにかけた福建華僑の移民ネットワークとも深くかかわったものであった。

このような，朝貢体制を最大限に利用した琉球王朝の対外関係が実現された歴史的根拠も，東アジアから東南アジアをめぐる海域の地政的条件に拠っていたといえる。そこでは，地域間関係をその横への広がりにおいて，より広く包み込もうとするネットワークが形成された。また，このネットワークを利用してさまざまな王権が貿易や移民にたずさわり，また貿易港や移民都市を建設

して，地域統治の拠点とした（豊見山編，2003；濱下編，1999）。

　とりわけ，海をめぐる交易と移民のネットワークの特徴を南北比較で見ると，北の土地を根拠とした集権的かつ排他的な権力ではなく，むしろ外に開かれ，地域・海域間関係を広げるという方向をもっていた。そこでは，地域間ネットワーク・モデルを考えることによって，これまで国家間関係では前面に登場しなかった琉球・沖縄の歴史，壱岐・対馬の歴史，広州やマラッカそして19世紀後半以降の香港やシンガポールの歴史が地域間の結びつきをいっそう強める仲介的役割を果たした重要なネットワーク・センターとして機能したことが理解できる。

　同時にこの琉球の環海のネットワークが九州の薩摩藩と結びつき，中国の生糸買いつけの出先機関としても機能していた。そこでは，北海道からの海産物よりなる俵物を薩摩藩を通して入手し，それを中国にもたらして生糸の決済手段としていた。

　このように，海域を利用した交易ネットワークは，沿海交易や長距離の環海ルートを通り，朝貢貿易による免税の特恵を利用して主要な交易港を多角的に結びつけていた。そして，この官貿易は，膨大な民間の海域活動を利用しつつ，同時に海域への影響力を拡大する政策がとられた。それらは，図5-2に見るように5層におよぶ海域への重層的な統治として概括できる。

| 海域社会の官民5層の結びつき |

　先に見たような，沿海・環海・連海の三つの構成要因によって成り立った海域世界は，どのような理念によって組織され経営されてきたのだろうか。また海域世界をめぐる政治・経済・文化的要因はどのようなものであろうか。まず，海域世界をゆるやかに統合した歴史的理念として，中国を中心として唐代以降清代に至るまで機能した華夷理念，朝貢関係を見ることができる。

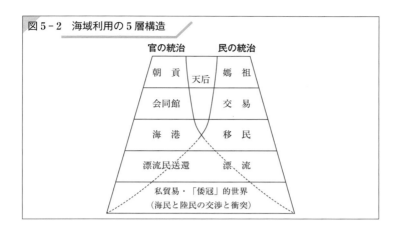

図5-2 海域利用の5層構造

これは，中国中心主義というよりも，朝鮮，日本，越南なども小中華を主張し，華と夷としての自他認識をもち，徳治的な位階秩序で成り立っていた中華世界であった。また，これまで朝貢関係は中心（中華）の側から見ることが一般的であったが，実際には，周辺における，また海洋をめぐる諸活動のなかに多くの特徴が集約されているといえよう。

そこでは海をまたいだ朝貢＝冊封関係が営まれており，朝貢国はそれぞれに規定された入港地を経由して貢使を定期的に北京に派遣し，中国皇帝は朝貢国の国王の代替わりに際しては，冊封使を派遣し，国王を認知するかたちをとった。この朝貢関係は，政治関係であると同時に経済関係・文化関係でもあった。朝貢使節は，みずからが携行する貢品を皇帝からの絹織物を中心とした回賜品と交換する以外に，特許商人の一団を同行させて，北京会同館で取引を行った。また，これらに十数倍する商人団が国境または入港地に至って交易を行った。これを海域経営の視点から見ると，琉球国の朝貢使節の航路は，決して未知の海を行くのではな

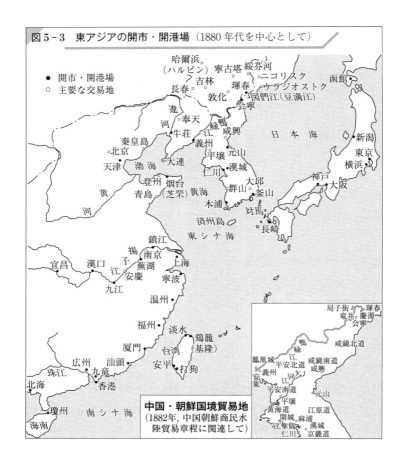

図5-3 東アジアの開市・開港場（1880年代を中心として）

く，方角および目印が地理的にも確定された"定期航路"を往来していたといえる。海域は，季節風を利用し，海岸線や天文の計測によって航海図が作成されていた（濱下，2000）。

この朝貢貿易には，東アジア・東南アジアの華人系商人グループのみならず，インド商人，イスラム商人，さらにはヨーロッパ商人も参加しており，このことからも海域の連鎖が確認される。

海域はこのように,朝貢圏でありまた交易圏であった。そして,より一般的には,人が移動する移民圏でもあった。日本では漂流譚(漂流物語)として海の無秩序性や,陸を離れた場合の恐怖が語られるが,じつは漂流民といえども,ひとたび発見されたならば,朝貢のルートに沿って相手国の負担で本国に送還されることになっていた。またこれを私貿易船が利用して,海岸近くで恣意的に難破して漂流船を主張し,役人が到着する前に,瞬時に取引を行ったことも沿海一帯で散見される。

　このように,ものやひとの動きが組織されていた海域は,自然の働きに沿った海域社会であったが,自然そのものを管理しようとはせず,そこには海の守り神であるさまざまな海神が登場することになる。アジアの海域で広く見られる海神は福建省莆田県眉州に起源をもつ媽祖である。マカオの意味も媽祖を祀る廟である媽閣に由来する。

　媽祖は宋代初期,眉州の民間の女性の海難救助にまつわる故事が伝説化されたものであったが,興味深いことには,海域統治に政治力がかかわるときに,この媽祖に皇帝が爵位を与え,天后・天妃として格上げし,皇帝の徳治が上位に覆い被るかたちで重なったことである。そこでは,海神信仰圏としての海域に対しても皇帝の名の下に威徳統治が行われ,海域圏の秩序を維持すべき官と民の利害の一致を見たことになる。かくして「沿海」「環海」「連海」によって構成される海域は,ひとつの海域社会として運営され,朝貢秩序はそれをゆるやかに統合するものとなった。そこは,陸とは異なる交易圏・移民圏・信仰圏であった。

2　清朝による朝貢政策の転換

「華夷秩序から近代民族国家へ」という言説

　17～19世紀のアジアでは，清朝が東アジア・東南アジア・中央アジアにまたがり，ムガール帝国は南アジアに，オスマン帝国は西アジアにまたがって影響力を行使していた。これら歴史的に形成された広域地域秩序とその変化のダイナミズムは，いわゆる「近代」という時代を考えるときにも，それぞれの地域を歴史内在的・歴史継起的に捉えることが必要であろう。この点から考えると，従来の東アジアにおいては西洋の衝撃によって開始されたアヘン戦争という，いわば「アヘン戦争史観」ともいうべき歴史観に代表される従来の"外的"かつ"受動的"なアジア近代史像を再検討する課題が浮かんでくる。東アジア地域のダイナミズムに参画した清朝それ自身が，どのような変化を試みたかという点は，これまで"外圧論"の陰に隠れており検討されることはなかった。

　1839年5月7日（道光19年3月），道光帝の上諭が下った。「これまで越南国は二年一貢，四年ごとに使節を一回北京に派遣した。この二つが平行しておこなわれていた琉球国は二年一貢，暹羅国は三年一貢であった。各々の国は誠意をつくして服従しており，あえて労苦をいとわなかった。遠い道のりをやって来て，季節の悪い時もそれをのりこえ，すこぶる貢献するところがあり，十分に誠意を表した。今後，越南・琉球・暹羅はすべて四年〔一貢〕に改めて使節を派遣し，朝貢を行う。これによって藩属の志を表すこととせよ」（『宣宗実録』巻320）。これは清朝が，これま

で朝鮮を除いて政治的に最も近いと考えた越南，また米を定期的に輸出していた暹羅，そして二年一貢を行っていた琉球に対して，それまでの朝貢ならびに朝貢貿易の比重を下げようとする大きな転換を図ったものであった。

> **アヘン戦争史観の再検討**

この上諭にみられる朝貢政策の転換は何に起因し，何を目的としたものであろうか。とりわけその年代が1839年5月という，アヘン戦争の開始直前であるところに意味がある。なぜならば，これまでアヘン戦争はもっぱらイギリス，アメリカ側のアヘンをはじめとする貿易利益を貫徹するために，閉鎖的なアジアを開放するための戦争として理解されてきたからである。しかし，この朝貢政策の転換に見られるように，むしろ清朝が朝貢関係をそれ以前よりも緩やかにし，広東をはじめとする華南地域に勃興しつつあった商人勢力に対して，新たに中央直轄の重商主義政策をとろうとしていたことがうかがえる。すなわち，朝貢政策を転換させることによって，清朝中央が急増する広東貿易からの関税収入の掌握によりいっそう力を注ぎ，より多くの財源をそこから吸収しようとしたということである。

同時にこのことは，広東の地方主義への挑戦であり，広東十三行の商人たちが外国商人と密接な交易関係を結んでいたことに対する干渉でもあった。広東貿易の利益を拡大しつつあった華南地域の地方官や商人はこれに抵抗し，中央の新たな貿易管理政策に抵抗した。

清朝中央は重商政策に移行しようとし，そのために，独自の利益を追求する華南地域の動きを，林則徐（1785〜1850年）を派遣することによって華南商人と西洋商人の結びつきを中断しようとした。その意味ではアヘン焼却事件を，広東貿易の利益をめぐる

中央と地方の衝突,北と南の対立として見ることも可能であろう。清朝は,華南沿海地方各省が力をもちつつある朝貢体制を改変し,より強力な重商主義政策を採用することによって中央財政の巻き返しを図っており,中央と地方との関税収入をめぐる競争のなかで東南沿海地方の台頭が始まっていた。

　清朝影響下の周縁地域では,当時ベトナムで内紛が起こっており,またシャムと南掌(カンボジア)の争いも起こっている。そしてこれらの政争にヨーロッパがからんでおり,ヨーロッパを内部に引き込むことによって,みずからの勢力を拡大しようとするなど,周縁朝貢国における清朝からの離脱の様相も見えてくる。清朝が朝貢政策を転換したという動きは,朝貢システム全体の内在的な変化への"中心"からの巻き返しの動きであり,アヘン戦争を外圧からまた国家レベルからのみ捉える従来の視点の転換を迫っているといえよう。

華夷秩序下のナショナリズム　また周辺の問題としては,ビルマの内紛に対して道光帝は,地方の土司(民族グループの首長で清朝の官吏に任命された者)を派遣して鎮圧するという案も考えているが,土司が越境して外域に赴くことは必ずしもよくないとしている。朝貢関係が緩んだために周辺の政治的緊張が高まり,とりわけ周辺の内紛が清朝内部に影響することを恐れたともいえるであろう。とりわけ軍事力にかかわってはなおさらであった。当時辺境の防備(辺防)を強めよという警告が何回も出されていることもこの点をうかがわせる。

　地域間関係としての朝貢関係を貢期を長くするというかたちで変更したことに対して,琉球は強く反発し,越南は次第に回数を減じていき,シャムは1852年太平天国軍に襲撃されたことを口

実に朝貢使節派遣を停止するにいたる。清朝の政策転換，中央・地方関係ならびに周辺問題の登場という華夷秩序の内在的変化を，いわゆる「アヘン戦争」はより顕在化させるという役割を担ったにすぎない。

　江戸幕府が1853年に「開国」したことによって，明治政府も東アジアの清朝を中心とした歴史的国際秩序である朝貢秩序に基づいた華夷体制への対応が問われることになった。明治政府は西洋化というナショナリズムの表現をとって，華夷秩序への参入を行わずむしろそれを打破する政策を採用したが，これは福沢諭吉によって脱亜と比喩的に表現された。

　東アジアから東南アジアにかけて形成された歴史的な広域地域秩序である朝貢システムは，中国が海に向かって開くときに，周縁地域は中国からの影響力の増大に対して，広義のナショナリズムを高揚させてみずからを求心化し集権化することによって対抗しようとした。明治政府が採用したナショナリズムは，当初は民族主義というかたちをとらず，西洋化・近代化・工業化という表現をとったところに特徴が見られる。これらは，必ずしもその実現が自己目的化されたのではなく，ナショナリズムを表現する手段として選び採られた政策であったが，その後両者は区別されることなく渾然一体となり，実際には手段にとどまっていたものが，近代化という普遍的な価値をもつものへと拡大解釈され，同時に目的化されることになった。

3　朝貢から海関へ

● 海関による海域管理

朝貢貿易から海関関税協定へ

条約関係は、それがヨーロッパとアジア諸国の間であれ、アジア域内相互の間であれ、二国間関係を中心として締結されたものである。しかしそれらを総体として見ると、朝貢貿易の長期にわたる歴史的蓄積を背景として開港場相互間が多角的な関係で結ばれることになった。1842年に締結された英清南京条約や44年の清仏黄埔条約などは、それぞれ二国間において結ばれたものであったが、それらが53年日米和親条約や83年米朝修好通商条約へと広がる過程において、いわゆる最恵国待遇条項を相互に享受しており、東アジアすべての開港場への乗り入れが可能となっていた。欧米の対アジア条約関係は、当時、通商関係がもっとも強く求められていたことも手伝って、アジア対アジアの、すなわちアジア域内の開港場間関係の拡大へと展開していったと特徴づけることができる。清国商人ならびに洋行（外国商社）は競ってアジア交易に参入し、開港場に拠点を築き、開港場間の交易ネットワークを形づくった。

清国・朝鮮間の条約

このような動きは、決してヨーロッパからの動因のみに基づいて行われてはいない。アジア内部においても、朝貢貿易方式とは異なり、相互に通商条約あるいは修好条約が結ばれはじめた。それらは、1876年の日韓修交条約、82年の中国朝鮮商民水陸貿易章程、85年の日清天津条約の締結などである。この東アジア内部に結ばれた通商条約は、それ以前の朝貢貿易時代に見られた管理貿易の枠を取り

外し，新たな関税協定に基づく交易を促進し，沿海交易港の商人が開港場間交易に大量に参入しはじめた。

　もちろん，アジア内部の条約関係の締結は，形式としては西洋との間の条約を模したものであったが，その意図と運営においては，それぞれ狙いが異なっていた。時には宗藩関係の維持が公然と表明され，また時には，アジアを構成する歴史的文脈であった朝貢関係に見られる地政関係に引きつけながら，実質的な交易目的を達成しようとした。この動きは，いわば"朝貢関係の近代的展開"とも呼ぶことも可能である。この過程では，アジア各国が欧米から法律・外交顧問を招きいれ，彼らの意見や提案に基づいて交渉を進めている。東アジア域内相互間の条約という形式に注目するならば，開港場時代を特徴づけたものとして中国朝鮮商民水陸貿易章程をあげることができ，そこでは朝貢貿易時代の交易方式は変更されている。朝貢貿易で行ったような交易品への免税措置は停止され，海関税則に基づく課税がなされた。また朝貢国の商人の中国内地通商の自由も禁止された。ただし，総体関係としての宗藩関係は維持された。

海関税務司制度と朝鮮海関

　開港場間関係を制度的に"保証"したものとして，清国において1860年代から開始された開港場における税関（海関）制度およびそれを管理運営する外国人税務司制度をあげることができる。南京条約による五港（広州・厦門・福州・寧波・上海）開港以後，税関は清朝の地方官が監督することになったが，1853年の上海小刀会の乱によって県城が占拠され，税関を管理していた上海道台は避難を余儀なくされた。そこで英米仏三国領事は共同で海関税の代理徴収を申し入れ，それによって太平天国が支配する地域と取引する欧米商人の管理を強化しようと試みた。その

後，清朝政府はこの方法を他の開港場にも拡大し，各開港場に外国人税務司（foreign inspectorate of customs）が，また北京に総税務司が任命された。中国側海関監督と同格ではあったが，実質的な運営は外国人税務司が管轄した。

　清朝中央財政を強化する目的をもって開始されたこの海関制度は，当然，周縁の藩属国に対しても影響を及ぼすことになった。朝鮮に対しては清国の海関制度が適用され，1880年代に入ると天津海関のムレンドルフ（P. G. von Möllendorff, 穆麟德）が朝鮮海関税務司として派遣された。そこで発生した議論は，清国の開港場に立ち寄った武器輸送船が朝鮮の港に入港したときには，どのような関税を支払うべきかという問題であった。すなわち，英清通商章程に規定された，清国のいずれかの開港場で従価5%の輸入税を支払った外国船が朝鮮の開港場に入港したときには，はたして2.5%の子口半税（清国内移出税）のみの徴収でよいのか，あるいは清国とは異なる国が輸入したものと見なして，あらためて5%の輸入税を徴収するのかという問題である。背後にある認識には，当時清仏戦争という事態のなかで武器輸送に対する警戒が行われていたことと，後述するように朝鮮が清国の藩属国であることにより，あるいは独立国であると見なすかによって対応が異なっていたからである。

朝鮮海関をめぐる宗藩関係と条約関係

1883年10月3日（光緒9年9月13日），北京の海関総税務司ロバート・ハート（Robert Hart）は，当時の武器の輸送状況を報告した（『清季中日韓関係資料』1204頁）。武器の移動は厳重に監視されており，とくに上海を経由して朝鮮に転送されたことにハートは注目した。同年7月7日に大砲4門と砲弾54発がイギリスの宝生汽船によって香港から上海に運びこまれ，怡和洋

行（Jardine, Matheson & Co.）が税関に報告し，同日イギリスの南潯汽船によって朝鮮に転送された。武器の輸送に注目していたハートは，今回それが上海経由で朝鮮にもたらされたことから，関税上の問題を見つけ，次のように述べている。

> 朝鮮が中華の属国であることを承知はしているが，朝鮮を外国と見なすか，あるいは中国の各省と同じであると見なすかによって，関税の取扱いが異なってくる。もし朝鮮が中国の各省と同様であるならば，外国品が転送されるときには輸入税支払証明あるいは以後の免税証明を受け取り，同時に商品の一覧表を発給すればよい。しかし，もし朝鮮を外国と見なすのであれば，ただ条約に照らして受取証のみを発給すればよく，商品一覧を記す必要はない。朝鮮の地位をどのように定めるかは中外の大局に大きく関係するのであって，総税務司一人が判断できるものではない（同前，1213-14 頁）。

このようにしてハートは，海関の関税手続きという具体的問題を通して，朝鮮が歴史的に中国の属国として認識されていることは，現実的には何を包摂するのか，その範囲を確定するための解答を求めたといえよう。すなわち，関税の取り扱い問題を通して，東アジアの朝貢関係が海関制度に対してもつ有効性を問いただしたことになる。李鴻章はハートの質問に対して10月9日に次のように答えている。

> 中国の海関で輸入税を納めた外国商品が，その後朝鮮に移送された場合，中国商人・外国商人の区別なく，外国へ運搬したものとし，朝鮮の海関則例に則って輸入税を支払う。中国品の輸出の場合は，中国における納税は外国商人と中国・朝鮮商人とでは異なるが，輸出税を支払った後は自らが処理する。船税（トン税）については，中国入港のとき支払い，朝鮮入港のときは改めて支払う。中国の海関通行章程と中国朝鮮貿易章程とは並行して実施

するようにする。……中国が属邦を優待することは，欧米各国が属地を省に見なすこととは異なっており，この点は以降さらに詳しく検討する（同前，同頁）。

　先にハートが属邦問題を外交関係のなかに置きなおそうと試みたことに対して，李鴻章は，朝鮮は内政外交においては自主であると唱いながら，欧米の属地（植民地）と区別し，属邦問題はそれらを超越した歴史的関係であるとしている。その後1889年に李鴻章に面会したハートは，ひき続いて属国問題に触れ，朝鮮が中国の属国でないとするならば，属国か否かという議論自体をやめるべきであると述べた。そして，もし属国であるとするならば，議論している内容は十分に意味をもっているとは思われないが，機会あるたびに外国にこの旨を知らせ，また朝鮮にもこれを認めさせるようにすべきである（同前，2489-90頁），と問題を継続させている。属地を植民地と見なすハートに対して，李鴻章は回答を保留し，属地であるならばそれに見あった関税手続きが必要であると主張するハートに対して，李鴻章は明快に朝鮮は内政・外交において自主であり，外国であると答えている。ここには，属邦・属地に関する両者の認識が重なり合いながらかつすれ違っている。また，海関管理では，先の82年の中国朝鮮商民水陸貿易章程に規定された内陸の開市・開港場は除外している。清国と朝鮮との国境貿易は，属邦との間の朝貢的な問題として位置づけられていた清朝から見れば国家間関係に基づく条約原理ではなく，宗藩関係に基づく朝貢原理による関係であった。

東アジア開港と清国商人　この朝鮮海関における徴税問題に見られるように，新たな条約港・開港場問題は，東アジアにおける歴史的な華夷秩序・宗藩関係・朝貢関係の存在に直面した。別の角度からこれを見るな

らば，形式としての条約港が開港した場合にも，その位置づけや認識さらには運営は，宗藩関係など歴史的な東アジア世界の地域秩序論理が適用されたことが問題となったと見なすことができる。したがって，開港場それ自身の歴史的背景を考えなければならない。まず第一に，開港場は必ずしも新しく築港をともなって開港したのではなく，東南沿海の五港をはじめとして，開港場のすべてが古くからの交易港としての歴史をもち，広東十三公行貿易システム，南北の沿海交易や華南と東南アジアの交易などにおいて，朝貢貿易のもとで長い交易活動を行っている。そこでは，商人ギルドが組織され，独自の商圏をもち，商業ネットワークが形づくられていた。欧米諸国は，開港場に居住権を得た後，商権を競いながら，この清国商人の商業ネットワークに参入するという経過をたどっている。

朝鮮海関における海関税の徴収と支出方法

1876年の対日開港から各港税務司が整備される83年までは，入港税のみが徴収されていた。しかし，欧米との通商条約に協定関税の徴収が明記され，83年中に仁川・元山・釜山の各開港場に海関が設置され監理署・税務司が整備されると，徴収業務はすべて海関税務司に移管された。

朝鮮海関税務司のムレンドルフの下に，各開港場における関税業務は各港外国人税務司の仕事であったが，朝鮮政府は開港場における諸業務を担当する官庁として各港に監理署を設置し，朝鮮人官吏による運営を進めていた。この時期に朝鮮政府は海関税という新たな財源を活用し，教育や経済活動などの近代化政策を積極的に行っている（須川，1994，188頁）。

入港船舶から税を徴収し，その現金を保管する業務にかんして，日本の第一銀行と中国の招商局が業務請負を願い出たが，1884

年2月に総税務司と第一銀行の間で契約が結ばれ,第一銀行が出納窓口となった。

　この請負契約と同時に,メキシコ銀2万4000ドルの貸付契約が結ばれている。貸付契約では,三港合計で月4000ドルを限度として第一銀行から引き出してよいものとし,1年契約とした。請負契約に付属してメキシコ銀貸付契約が結ばれた理由は,海関税収入として期待される貨幣が当時の東アジアにおける国際通貨メキシコ銀であるにもかかわらず,海関で徴収することが定められていた貨幣が朝鮮銅銭・日本円銀・メキシコ銀の三種であったことがそのひとつであり,さらには朝鮮銅銭の対銀価格下落による海関税収入の目減りを補うことがもうひとつの理由であったとされる。朝鮮政府がメキシコ銀入手を欲していたことは,海関税収入が対外的支払いに充てられる唯一の外貨収入であったからである。

　1884年の請負契約は,2年契約であったため,86年12月に同様の請負契約が結ばれている。前回の契約との相違点は,輸出入税の収入が各港監理の第一銀行口座に振り込まれ,監理が自由に引き出せるようになったこと,徴収貨幣がメキシコ銀・円銀・第一銀行発行紙幣になり,朝鮮銅銭が排除されるかわりに第一銀行紙幣が認められたこと,取扱い手数料が0.5％に引き上げられたことである。朝鮮政府による引き出しが簡略化されると同時に日本人商人と第一銀行に有利になったといえよう(須川,1994,174-76頁)。

朝貢貿易から海関経営への転換

　開港場間交易は,中国のそれにとどまることはなく,条約関係を経由して海域をまたいだ東アジア各国の開港場にも広げられた。朝鮮・日本へ進出した中国商人によって担われる一方,

清国は朝鮮に対して,自国の開港場における海関制度を,また外国人税務司制度を適用したことにより,開港場間交易を関税制度を通して東アジア各国が管理運営することを可能とさせた。この時期朝鮮政府は三度にわたって関税交渉の使節を日本に派遣している(北原,2004)。朝鮮政府が求めた高い関税率は実現しなかったが,東アジアの中国・朝鮮・日本が関税制度を通して貿易を管理するようになった。

19世紀後半期,琉球は日本に組み込まれ,朝貢貿易は停止された。シャムは清朝とは条約関係をもたずに米の輸出を継続しており,朝貢貿易圏は税関管理によるアジア貿易圏への移行過程にあった。

4 東アジア市場と地域経営策

日清戦争の地域環境と清国の朝鮮経営

日清戦争から日露戦争に至る19世紀から20世紀にまたがる時期は,1875年の江華島事件から顕在化する東アジアの政治過程において,宗主権と国家主権との間の交渉および衝突による地域関係の変動と再編成であったと捉えられる。このことは,19世紀後半の東アジアを等質の国家関係であったと捉えその後のナショナリズムの動きに直結させること,さらに,ヨーロッパのアジア進出とアジアへの衝撃としてのみ捉えることに対して再検討を迫っている。

日清戦争期の中国は,李鴻章や袁世凱に見られるように,朝鮮政策については,清朝側はすでに1890年代の初頭から日本との衝突を予期しており(孔,2001),南北関係から見ると北からの

また伝統的な朝貢国との関係を通して，朝鮮側の軍隊出動の「要請」に応じた。同時にこれとは異なり，上海ならびに華南など南からの経済活動を強化しようとする盛宣懐の動きは対称的である。

清朝にあっては，朝鮮に関して，1894年7月4日に言有章（1865-1907，常熟人。1891年貢生。各地知県を歴任の後直隷州候補）が盛宣懐に宛てた手紙には，

> 高麗（朝鮮）は，長い間昏弱しており，もし日本人が退いたならば，生存が難しいかも知れない。……もし商業によって農業を助け，両者が興るならば，現在の支出も将来には取り戻すことができると期待される（陳等主編，1990，21-23頁）。

という朝鮮経営論も存在しており，必ずしも日本の朝鮮主権論と大きく異なるものではないといえる。

他方，当時の大局のなかでは，主戦派と和戦派の争いとしても描かれる。李鴻章は和戦派であり，幼児であった光緒帝に代わって執権した慈嬉皇太后は，主戦派と和戦派に見方は別れるが，むしろ伝統的な華夷徳治的な紛争処理の方式が見られる。日清戦争時期，李鴻章の側近の一人として北洋水師営務処総弁であった羅豊禄は，『羅豊禄信稿』のなかで，家人にあてた戦時観察を述べている。

> 日本が台湾を侵したとき，沈葆楨（欽差大臣として台湾問題に対処）は，林則徐が（アヘン戦争において）戦端を開いて辺境を騒がせた二の舞を演じないために，敢えて討伐することをせず，50万両を支払った。この結果，琉球・越南・緬甸が滅び，残るところは西蔵と朝鮮のみとなった。1881年に朝鮮において，海禁を開くという議論がたまたま興ったとき，李鴻章はこれに乗じて諸国と通商させて，ロシアを牽制しようと考えた。また，朝鮮を「局外の邦」としようと考えた（孔，2001）。

また李鴻章が，威海衛の守備軍が敗北し，天津に日本軍が上陸しても，海戦を行わないように考えていたこと，その後，戦後の論功行賞において，羅豊禄は1896年の李鴻章の訪欧に随行し，同年11月23日英国赴任の命を受け，翌年4月19日には正式に駐英公使に任命された。このように，和戦派の戦争外交とも呼べる方策は，戦争の勝利か敗北かを択一にするものというより，むしろロシアと日本の双方を牽制しつつ，またアメリカをむしろ"導入"することにより，その焦点にある朝鮮への圧力を均衡させ，そのなかでいかにしてみずからの影響力を回復させるのか，という点に関心が置かれていた。そして，その背後には，歴史的な朝貢関係が存在していたことはいうまでもない。

　では，李鴻章が，歴史的にもっとも古く，またもっとも影響力を行使しえた朝鮮を何故「局外の邦」として位置づけようとしたのであろうか。そこには，李鴻章の東アジア地域経営策が存在していたと考えられる。国家や国権・国益を主張する日本に対して，朝鮮半島の経営を，日本とロシアを互いに牽制させつつ朝鮮にかかわらせながらも，決定的な影響力を行使させないようにし，同時に朝鮮をアメリカならびにヨーロッパに対して開放させながら，経済的ならびに財政的に自強をうながしつつより立ち入って経営していこうとする，地政的な多角的地域均衡経営策であったということができるであろう。結果的には，この地域均衡経営策は実現することはなかったのではあるが，朝貢的地域政策以降の，欧米をも引き込んだ東アジア地域政策論として，きわめて現実的な構想であったということができるのではないであろうか。

　その条件として，19世紀後半には，綿製品工業化を背景とする国際的な市場の登場と，それに積極的にかかわっている中国と日本とインドの市場が存在しており，この国際的な貿易を金融的

に促進する役割を果たした世界金融市場における銀価下落現象が起こっていた。当時朝鮮は清末から金の産地として知られ，下落する銀貨に対して購買力が増加していると見なすことができ，綿製品の購買市場として，また米の貿易を通した東アジア米市場の出現が見込まれた。このような，世界市場ならびに朝貢貿易以降の東アジア市場のあり方を李鴻章が想定し，そこに海関税収による中央財政の強化を企図したものということができる。

そして，それを担う経済主体が，「官弁民営」(官が管理し，民間資本が経営する) 方式で設立された航運会社「輪船招商局」であった。「輪船招商局」は，1872年に当時淮軍后路営務処会弁 (副長官) であった盛宣懐が李鴻章に建議した計画であった。盛宣懐は後に日本における渋沢栄一に匹敵するほど数多くの工業企業・運輸通信業を興している。彼は，徐潤，唐景星という広東省香山県出身で，上海で活躍していた大商人の経営参加を出発点とし，その後，鄭官応・朱其昂などの実力のある経営者を迎え，東アジア沿海各港から，さらに香港・シンガポールにのびる航路や，揚子江など国内河川の航路にも参入し，日本・欧米の航運会社と競争を繰り広げている。

「輪船招商局」は朝鮮政府への借款も行っており，それは中国朝鮮商民水陸貿易章程が成立した翌年の1883年から始まっている。99年の記録によると，朝鮮政府への借款とその返済の一部は以下のようである。

> 1884年曹平銀20万両。……袁世凱道台が裕増祥を通して送った手形4万6800両のうち，1890年に3万両返済。……1891年朝鮮翻訳官の洪正柱が袁世凱道台と往来文で，馮溝営が上海本店の手形で規銀11万6400両を貸付。……(『輪船招商局』755-57頁)。

ここでは，上海・天津・ソウル（漢城）の3地間を結び，銭荘や票号のネットワークを利用して借款の送金と返済の受け取りを行っている。そこには清朝政府の意向が加わっていたが，方法はあくまでも民間の商業的な関係に基づいた影響力の行使が行われ，その担保としては，清朝の外国借款の場合と同じく，朝鮮海関収入が充当されたと想定される。

東アジアと世界市場

　日清戦争を機に朝鮮との朝貢貿易のなかでは禁止されていた清国から朝鮮への米の輸出が認められるようになった。そして，この米の輸出は朝貢国であるという恩恵的な名目ではあったが，現実には市場を通して，朝鮮から米が大阪・神戸市場に輸出され，それに連動して揚子江下流一帯からあるいは南方からの米が仁川に輸入された。

　また，この過程で上海を貿易決済の中心地として，仁川・釜山・大阪・神戸・長崎・上海をめぐる貿易と金融のネットワークが形成された。上海の山西票号（山西省出身の全国規模の金融業者）である合盛元票号の支店が20世紀初頭に仁川と神戸に作られたことはそのよい例である（杉山・グローブ編，1999，84頁）。

東アジア・東北アジアと国際電信網

　これらのアジア市場が登場する背景には，電信網の整備による地域間の情報網がよりいっそう密度高く形成されたという事態がある。19世紀中葉以降，欧米諸国を中心として国際的な電信網が形成され，1870年代初頭には東アジアへも到達するにいたった。まず71年6月3日（同治10年4月16日），イギリス企業の手で敷設が進められていたインドからの海底電信線が香港まで開通した。一方，当時ウラジオストクまで到達していたロシアの電信線に接続させて，デンマーク籍の大北電信会社（The Great Northern Telegraph Co.）によりウラジオストク～長崎～上

図5-4 19世紀末〜20世紀初頭の中国・東アジアの電信網

―――― 電報総局線
------- 国際海底線
（単独の地名は，各省官電局が置かれた都市）

（出所）　千葉，2006，92-93頁，より編集作成。

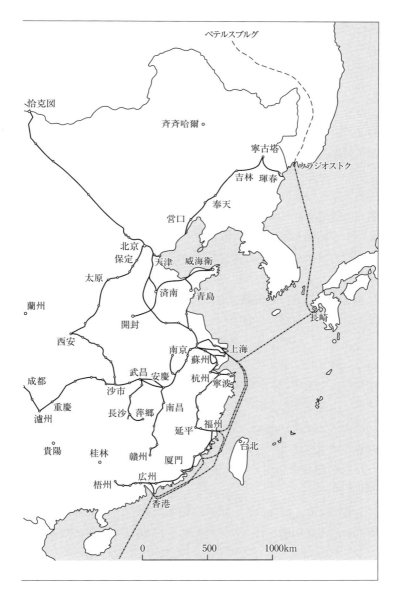

海〜香港間の海底電信線敷設も計画され,同年4月18日(2月29日)にまず上海〜香港間が開通した。残る上海〜長崎〜ウラジオストク間も追って敷設され,翌72年1月1日(同治10年11月21日)を期して正式に全線が開通した(図5-4参照)。

こうして中国に到達した電信線は,当初水中ケーブルで上海租界までいたっていたが,1873(同治12)年に呉淞より上海まで陸上線に切り替えられたことで,初めてその存在が清朝側に知られるにいたった。清朝政府は当初その早急な撤去を要求するなど,電信を自らの通信手段として用いる構想はもたず,まず外国人税務司組織である海関により,中国とヨーロッパとを結ぶ電信情報ネットワークが活用され,国内でも天津〜上海線が設立された。清末海関組織を代表する海関総税務司ロバート・ハートは,関税業務にとどまらず当時の中国と欧米諸国とのさまざまな交渉事務に幅広く関与し,その遂行のために67(同治6)年以降,中国海関のロンドン事務所を開設した。ハートとロンドン事務所との間での連絡は,船便による手紙とともに,電報も早い段階で使用された。通常北京で職務に当たるハートからは,上海,または清露国境の恰克図(ハクト)のロシア側電報局より電報が発せられ,ロンドン事務所に伝達された。少なくともロンドン事務所の二代目主任キャンベル(James Duncan Campbell)が就任した74(同治13)年の時点では電信は用いられており,海関組織によって中国とヨーロッパとの間での電信による情報伝達体制が確立された(千葉,2006, 56-58頁)。

これにより,ロンドンの銀価の変動に関する市場情報が直接に香港・上海に伝達され,アジア各地の主要な金融市場の変動もロンドンに直結した。1872年からの国際的な銀価下落も,この連動と無関係ではなかった。また国内的には,1880年代初めの清

仏戦争の際には天津の北洋大臣李鴻章は電信を使用している。

金融日本の宣言と華僑送金資金

1911年，天津の出版社大宝報館が，中国語による日本国紹介書として，『華瀛宝典』を刊行した。「大日本国皇帝陛下」以下7点の写真，「御詠」，山県有朋以下27人の「揮毫」，後藤新平以下14人の序文が並んだ後，「日清の国交」にはじまる「総論」「日清交渉史」「対清策論」「日本の国体」「日本の行政」「日本の風景」「朝鮮・台湾・樺太・関東州」があり，その後に，日本の経済が紹介される。

ここでは，国体をはじめとして，新たに成立した中華民国との間ではなく清国との外交関係が国家間関係を律するものとして前面に出されている。そして，外務省の領事報告である『通商彙纂』が，貿易通商を中心とした経済経営こそ日本のおもな任務であることを謳い刊行されている。

同書には日本経済の特徴として，「銀行及金融」が挙げられ，日本が清国に提供できる重要な業種として，銀行をはじめとする金融業が紹介されている。ついで，「鉱業」「外国貿易」「海運及船舶」「水産」「取引及仲買業」「鉄路・土木」と続いた後，はじめて「工業」「農業」が紹介されている。清国向けとはいえ，日本経済の特徴が「金融」「鉱業」「外国貿易」の順序で紹介されている点は，当時の中国・アジアへの展望を示すものとして特徴的である。

このアジア金融の展望の根拠ともなる動きとして，19世紀末から20世紀初頭にかけた中国華南から東南アジアに向けた大規模な華僑移民の動きが見られる。そこでは，華僑の本国送金に表された資金移動と，その資金をより有利に運用するための為替取組が，華僑の移民先の東南アジア各地域と東アジアとりわけ中国

華南との間で緊密となる。後に,「華僑送金ニ関スル報告」(興亜院華中連絡部,1939)は以下のように述べる。

> 送金依頼人は出稼ぎ地に於ける各郷里団体の信局（Letter shop）に行き其土地の通貨を払い其換貨を郷里に於いて支払方依頼をする。信局は之等少額の申込を集め銀行（蒋政権は中国,中央,交通等の国家銀行へ申込み外貨を獲得する様宣伝している）へ申込,相場の差を利得する。其送金手形額は香港通貨が主であるが上海弗も時にはある。
>
> 1931年英国の金融調査委員が来港し香港の貨幣制度を銀本位に維持すべきか金本位に変えるべきかを調査し,其後者の否なる理由として此の華僑送金を挙げている。理由とするところは「若も香港が金本位に変るならば,香港に著いて更にそこで銀本位貨に替えられるダブルエキスチェンジをせずに華僑送金は申込地で直接上海弗に替えて送金せられ,従って香港は外貨を吸収し得ざるのみならず上海に其地位を奪われることとなる」と。

華僑送金は,資金の面から見るならば,その流れや投資先が重要となる。1930年代末から日本の各金融機関は,この華僑送金によって動く資金をどのように活用するかを問題とし始めている。台湾総督府は台湾拓殖会社や海南島への投資を企図し,満鉄は上海や華中地区への資金吸収を企図していた。これに対して外務省は,華南地域の管轄を台湾総督府に重ねながら,中国と東南アジアとの結びつきによる中国の政治力の増大を危惧した。この時期の華僑送金問題に介入した日本の国策会社・金融機関は,華僑送金問題をめぐって南洋統治問題・華僑問題をはじめ,多面的な政治的経済的問題に直面した。それまで中国の周辺に位置した華僑問題・華僑送金問題が,1940年代初頭には日本の対アジア政策の重要な焦点のひとつとなった。

5 　周縁から見る現代中国

<一国二制度下の香港>　歴史的に見て香港は，北京から見るならば一貫して「周辺」であった。第二次世界大戦後，東西冷戦の状況下にイギリスはアジアで元の植民地に復帰した。そのなかで香港は 1997 年 6 月までイギリスの植民地であった。84 年にイギリスのサッチャー首相が中国を訪問し，香港返還の意思を伝えたことから，香港住民の頭越しに交渉が開始された。この事態をまえに，香港の主体性，香港人アイデンティティの論議が盛んとなり，香港史研究も，香港人の香港史として，これまでのイギリスか中国かという 2 種類の歴史とは異なった香港史が追求された。1990 年代を通して，「植民地史学」でもなく，「愛国史学」でもない「香港本位の歴史学」が主張された（蔡，2001）。これは歴史論における植民地史の境界の変化を示しており，マカオ・台湾など周縁地域において共通した特徴が見られた。

　香港は，イギリスの植民地である香港島と九龍半島南端部に加え，1898 年からの租借地である新界から成り立っており，香港史はすなわちイギリス植民地統治史として描かれてきた。他方，中国は一貫して香港が植民地であることを否定し，中国の一部であると主張してきたことから，また事実歴史的に九龍城地区は中国の主権が直接及んでいた場所でもあったことから，そして香港の住民はほぼすべて漢族中国人系であったことから，香港史は中国史の一部として，また広東省や中国との関係史としても捉えられてきた。また，イギリス植民地政庁は，社会・教育問題には基

本的には関与せず、それを民間社会に委ねていたこともあり、これらの二つの歴史は相互に補完し合っていたといえる。1990年代からの改革・開放政策の下で、1997年に香港はイギリスから中国へ返還され、一国二制度として統治され、複合的地域としての近代「中国」はあらためてその広域性、複層性、多様な地政文化を現しつつある。そして、97年の香港特別行政区の成立以降、香港はより強くグローバル都市としての特徴も現している。

開かれた中国といかにかかわるか

中国社会をどのように捉えるかという問題は、中国がどのように自己を多様に表しているかという視角と深くかかわっている。つまり、中国の自己表出の方法はひとつではないということである。今中国をその経済的な自己表出の方法から見ると、以下の領域を指摘できる。

① 計画経済の領域　政府が主導権をもって運営する領域であり、社会主義経済に相当する部分である。大規模な国有企業を中心として国家経済が営まれるなかで、中央と地方との関係が今後いかなる方向に向かうかという歴史的な課題が登場している。

② 開発経済または発展経済の領域　1979年以降の改革・開放政策によって、この領域は中国経済の変化と発展を象徴してきた。深圳の特区経済に始まり、沿海の経済開発区、さらには上海の浦東開発にいたるまでの重点的な沿海地域経済の発展政策は、現在の中国経済発展の地域的特徴を表している。

③ 民間経済の領域　改革・開放政策は、政府主導の経済政策であった以上に、民間経済のエネルギーをいかに引き出すかという政策でもあった。政府は、それ以前までの中央統治・企業管理を改め、地方的な個別的経営のエネルギーを引き出し、それに依拠することによって経済改革を実行しようとした。そこでは、

歴史的な民間経済が再登場したということができる。歴史的な地域市場のネットワーク，地域経済活動，資金調達や経営の方法に民間経済の歴史的蓄積が導入され，何度かの政策の調整はあるものの個人経営や集団経営企業が登場した。

④　民族経済の領域　　中国の国家建設は歴史的条件とその経緯から見て，民族的結集を前面に出して行われ，中国国内の統治政策の基本に，漢族と非漢族の関係の安定を優先させる政策が据えられてきた。経済的側面における民族政策に限って見ても優遇策が存在していること，たとえば回族の商業ネットワークは全国にまたがっていることなど，民族的特徴をもって輪郭づけられる経済活動の領域がある。このいわゆる"少数民族"問題も，歴史地理的に見ると，中国の周縁地域を構成していたと見なすことができる。

⑤　華僑経済の領域　　東南アジアを中心とするいわゆる華僑経済は，中国が開放政策を採るときは華南沿海経済と密接に結びつき，資金のみならず技術や情報さらに人的資源をも供給する。通常は見えざる中国経済の一領域であるが，中国側の開放政策によって吸引力が増大し，最大の在外華僑を擁する東南アジアの側の経済的・政治的条件が整った時は，両者は相乗作用によって中国沿海への投資が増大する。中国東南部の沿海地域には，1980年代以降，これに加えて先進工業国からの投資が拡大しており，これまで以上に華僑経済のネットワークが外国資本を吸引する先導的な役割を果たしている。近年の北アメリカ，アフリカにおける経済活動も注目される。

以上の5領域を概括すると，次のようになろう。すなわち中国は，①中央主導的な社会主義国家として，②広大な国内市場をもつ経済力として，③歴史的な蓄積と地方的な特徴をもつ強い民間

社会として,④多民族を包摂し,それぞれが民族的自律をもつ"多民族"国家として,⑤海外移民に対して潜在的・顕在的にみずからの「影響力」のなかに組み込みうる移民グループを配置した"広域"国家として,多様な組み合わせによる自己表出を行っているということである。

これらの要素は,主権国家や領域国家を前提としながら,さらに国家を超える要素をもっており,民間社会の強い自律的な力によって支えられている。中国はこれら多くの選択肢をもち,かつこれらを組み合わせることによってみずからの多層的・多軸的な諸活動を多目的に対応させることができる。これらの多面性は,地域間・民族間・文化間のバランスを作り出したり,変動を惹起したり,さらにそれらを超越することによって歴史広域的な周辺地域ダイナミズムを形づくってきた。

おわりに:中国の周辺地域ダイナミズム

20世紀末以降の中国の大きな動きや変化は,全国的に均質に生じているというより,沿海と華南に集中している。また,華南を地域的に広く見ると,香港・マカオ・台湾を含めたいわゆる大華南と呼ばれる周縁地域に集中している。

現在華南に集中している要素を取り出して見ると,中央政府の開放政策があり,またそれが広く民間社会の経済活動によって支えられていることもわかる。そして,東アジア・東南アジアも,この華南経済・華南市場から影響を受けている。すなわち歴史的な「閉」と「開」,「中央と地方」「中心と周辺」「官と民」「沿海と内陸」「北と南」などの歴史的な変動要因のなかで,複合的に比重が移動することによってダイナミズムが生ずる。すなわち,それぞれの対の両極の間の緊張と,対同士の相互間で生ずるダイナミズムによって,それぞれの局面における変動の方向が決定さ

れる。現在は比重が「開」「地方」「周辺」「民」「沿海」「南」に強く傾いており、これらに対応する「中央」バネの強い反作用も注目される。これらの要素に加え、歴史的には「漢と非漢」という民族間関係や、「中華とナショナリズム」など歴史的華夷秩序を表す要因も多様である。

　そこには多地域・多民族・多文化を包摂しようとするときに要求される、より抽象度が高くより包括的な統治理念が存在していた。現在の中国が「中華」人民共和国であることにもあらためて気づかされる理由であり、「一国二制度」として、中国が掲げる対香港・マカオ、対台湾政策の内容も、この歴史的な民族・国家・広域統治の相互関係を見ることによってはじめて、歴史的に位置づけられる。総じて現在は、中国が"大国化"する過程で「宗主権と主権」「広域地域と国家」という歴史的ダイナミズムに照応した動きが生じているともいえる。そしてこれらが、グローバリゼーションのなかで加速され、また拡大している。

　このように、現在生じている地域ダイナミズムは、あらためていわゆる周縁地域の問題を焦点としていることがわかる。香港・台湾・マカオなどをとってみても、それが政治・経済的また社会的に重要な役割をになっており、中心‐周縁関係のダイナミズムがある。さらに、「開放」政策や「華南」「海洋」に比重が置かれることによって、必然的に韓国・日本・東南アジアに影響が及ぶことになる。そしてそこを包み、さらに南シナ海までの影響力を行使しようとする際には、歴史的な宗主権から海洋統治さらには国連による共同解決方式まで、異なる理念や原理が重なり合っており、そこでは歴史的論理としての宗主権の主張のみならず、現代の課題としての主権の主張が重ねられている。中国の大きさとその多様な周辺関係がグローバル化する世界のなかで広域的に表

出されていると捉えることが可能である。この動きのなかでよりいっそう大切なことは，これまでのように中心から見た周辺問題ではなく，周辺が固有にもつフロンティアとしての役割の重要性，すなわち多地域間と交流・交渉し，その「場＝プラットフォーム」となるべき海域という共通の周辺を考えることである。そして，海という共通の地域資源は共同で経営され，かつ共同で取り組み作り上げていく「地域公共財」であるということである。

引用・参照文献

伊波普猷，1912，「三鳥問答──百年前の琉球儒者の農村観」『古琉球』（岩波文庫版，2000）。
河原林直人，2003，『近代アジアと台湾』世界思想社。
魏源，1842，『海国図志』（上・中・下，岳麓書社，1998 年復刊）。
北原スマ子，2004，「第三次修信使の派遣と『日朝通商章程』の改訂・課税交渉」『朝鮮学報』第 192 輯。
孔祥吉，2001，『晩清史探微』巴蜀書社。
興亜院華中連絡部，1939，「華僑送金ニ関スル報告」（『興亜華中資料』第 210 号，1940 年 6 月）。
蔡栄芳，2001，『香港人之香港史 1841-1945』Oxford University Press.
須川英徳，1994，『李朝商業政策史研究──十八・十九世紀における公権力と商業』東京大学出版会。
杉山伸也，リンダ・グローブ編，1999，『近代アジアの流通ネットワーク』創文社。
高良倉吉，1980，『琉球の時代──大いなる歴史像を求めて』筑摩書房。
千葉正史，2006，『近代交通体系と清帝国の変貌』日本経済評論社。
陳旭麓等主編，1990，『甲午中日戦争（下）』上海人民出版社。
富山一郎，1990，『近代日本社会と「沖縄人」──「日本人」になるということ』日本経済評論社。
豊見山和行編，2003，『琉球・沖縄史の世界』吉川弘文館。
馬汝珩・成崇徳主編，1998，『清代辺疆開発』山西人民出版社。
濱下武志，1990，『近代中国の国際的契機』東京大学出版会。

―――, 1997, 『朝貢システムと近代アジア』岩波書店。
―――, 2000, 『沖縄入門』筑摩書房。
―――編, 1999, 『東アジア世界の地域ネットワーク』(シリーズ国際交流 3) 山川出版社。
坂野正高, 1970, 『近代中国外交史研究』岩波書店。
フランク, A. G., 2000, 『リオリエント』山下範久訳, 藤原書店。
松浦章, 2003, 『清代中国琉球貿易史の研究』榕樹書林。
村井章介, 1993, 『中世倭人伝』岩波書店。
横山宏章・久保亨・川島真編, 2002, 『周辺から見た 20 世紀中国――日・韓・台・港・中の対話』中国書店。
游仲勲編, 2001, 『21 世紀の華人・華僑――その経済力が世界を動かす』ジャパンタイムズ。
Cartier, Carolyn, 2001, *Globalizing South China*, Blackwell.
Wade, Geoff ed., 2009, *The People's Republic of China and Southeast Asia*, Routledge.

読書案内

飯島渉・久保亨・村田雄二郎編『シリーズ 20 世紀中国史 1 中華世界と近代』東京大学出版会, 2009 年。19 世紀から 20 世紀初め, 中国は「西洋」「近代」と本格的に対面し,「伝統」体制の変容や再編を経験した。「不変」と「変」,「内」と「外」,「伝統」と「近代」が錯綜しモザイク状に入りまじる 20 世紀中国の歴史を清朝時代と接続しつつ, 長期的スパンで俯瞰する。

石川禎浩『革命とナショナリズム 1925-1945』(シリーズ中国近現代史③) 岩波新書, 2010 年。協力と対立を繰り返しながら, 日本の侵略に立ち向かい, 中国を大きく変えていった国民党と共産党の二つの政党を中心として, ソ連との関係や運動の実際などにも触れながら, 革命とナショナリズムに彩られたイデオロギーの時代を描き出す。

岡本隆司・吉澤誠一郎編『近代中国研究入門』東京大学出版会, 2012 年。坂野正高・田中正俊・衛藤瀋吉編『近代中国研究入門』

東京大学出版会，1974年。両書は同一のタイトルのもとに，40年の時間を経て，近代中国の本質に迫る学習の手引として，備えるべき研究書・工具書・史料を紹介するとともに研究上の留意点について論じながら解説する。戦後第1世代と第3世代の中国研究に対する取り組みを比較することが可能である。

岡本隆司・川島真編『中国近代外交の胎動』東京大学出版会，2009年。中国外交を捉えるためには，そこに内在する歴史的要素を広く理解する必要がある。本書は，伝統外交の文脈を踏まえた中国外交史の構築をめざし，清朝末期の「天朝」体制から中華民国期以降の「外交」関係が成立する過渡期に焦点を当て，前近代から近代への継続と断絶の諸相を描く。

川島真『近代国家への模索 1894-1925』（シリーズ中国近現代史②）岩波新書，2010年。日清戦争や義和団戦争に敗北した清朝は，変法・自強や光緒新政などの改革を試みながらも，求心力を失っていった。そして，辛亥革命により中華民国が誕生するが，混乱は深まっていく。列強による「瓜分の危機」の下で，「救国」の考えが溢れ出し，さまざまな近代国家建設の道が構想された30年を，国際関係の推移とともに描く。

久保亨『社会主義への挑戦 1945-1971』（シリーズ中国近現代史④）岩波新書，2011年。人民共和国の成立は，必ずしも社会主義政権の樹立を意味していなかった。それにもかかわらず，中国はなぜ社会主義をめざしたのか。さまざまな戦後構想が交錯するなか，政治の実権を握った中国共産党。徐々に急進化するその政策路線は，やがて文化大革命の嵐を呼び寄せてしまう。混乱と迷走の四半世紀をたどる。

久保亨・土田哲夫・高田幸男・井上久士『現代中国の歴史──両岸三地100年のあゆみ』東京大学出版会，2008年。中国が経済成長を続けるいま，隣接する日本，そして世界はどう向き合うのか。近代化の幕開けから現在にいたるまで多様性と統一性が絡み合いつつたどってきた「中国大陸・香港・台湾の100年」を政治・経済・文化・情報などさまざまな領域のつながりを意識して叙述した通史である。

坂野正高『近代中国政治外交史——ヴァスコ・ダ・ガマから五四運動まで』東京大学出版会，1973年。20年に及ぶ著者の講義経験を踏まえた近代中国史概説。厖大な根本資料，内外の研究成果をとり入れたすぐれた通史で，とくに複雑な清代政治機構の政治社会学的分析は長く近代中国外交史研究を先導している。

吉澤誠一郎『清朝と近代世界 19世紀』（シリーズ中国近現代史①）岩波新書，2010年。近代世界のなかで存亡の危機に直面しながらも，妥協と自己変革を遂げていった清朝の苦しみや迷い，努力や挑戦とはどのようなものだったのか。なにが体制の立て直しを可能にしたのか。統治の変化，社会の動向，周辺部の状況などを含め，18世紀末から日清戦争開戦前夜までの清朝の歩みを描く。

————————濱下武志●

第 II 部

テーマで捉える中国の社会と文化

第7章 歴史意識と世界像

「南越」の歴史は中国史かそれともベトナム史か

河北省石家荘（秦漢時代の真定県）に立てられた趙佗銅像

➡ 『史記』の著者として知られる司馬遷が，漢帝国の南のフロンティアに派遣されたのは，紀元前111年のことであった。この時，そのさらに彼方では「南越」という国が独自の歴史に終止符を打とうとしていた。彼が，『史記』を完成させたのは，それから約二十年後のことである。司馬遷はその際に「南越列伝」という独立した巻を設けた。以後，南越国の歴史はひとつの史実として，後世に伝えられていくことになった。

この南越国が成立したのは南の辺境の地であり，その歴史もわずか100年足らずの長さでしかない。ところが，司馬遷以来，多くの人々がこの南越国の歴史に関心を寄せ，さまざまな議論を繰り広げてきた。中国史全体から見ればあまりにも小さな存在である南越国の歴史が，なぜこれほどまでに人々の関心を集め，議論の対象となったのだろうか。⬛

南越国の興亡

1983年、中国広東省の省都広州市内で、1基の前漢時代の大型墓が発見された。発掘の結果、「帝」号を刻んだ印など大量の副葬品が出土し、紀元前120年頃に没した、南越国の第二代君主の陵墓であることが明らかとなった。南越国が拠点としたのは広州であり、その勢力基盤は今日の広東・広西の地にあった。中国歴代王朝としてそこにはじめて勢力を及ぼしたのは秦王朝である。現地民族の激しい抵抗にあいながらも、始皇帝はついにこの地を平定し、内地から官吏を派遣して秦帝国の一部として統治した。

しかし始皇帝の死とともに、中国内地には秦王朝の打倒をめざす勢力が相次いであらわれ、社会は大きく混乱した。これを受けて、今日の広東に派遣されていた官吏のなかにも、この地で自立を図ろうとする者があらわれた。それが南越国の建国者、趙佗(ちょうた)であった。

彼は今日の河北省石家荘出身の漢人で、秦朝の下で数年来この地の地方官をつとめていた。ところが中国内地が政治的混乱に陥ると、秦が派遣した南海郡(今日の広東省)の軍事長官(尉)の後を継いでみずから南海尉となり、地元の諸民族との連携を図り、ついには「(南越)武王」として自立し、この地に南越国を打ち立てたのだった。

秦末以来の混乱状況を収拾し、漢帝国を樹立したばかりの皇帝劉邦は、統一後間もない内地の状況を最優先し、あえて現状を追認するかたちで、趙佗を漢の「南越王」として封建(冊封(さくほう))した。それに対し、趙佗は周辺地域へとしだいに勢力を拡張し、劉邦の死後には、漢王朝との対立の果てに「(南越)武帝」という帝号を自称するまでにいたったのである。

趙佗はその後、漢王朝とは関係修復を図り、対外的には帝号を

広州「南越王墓」出土印章(左:「〔南越〕文帝行璽」金印／右:「〔南越〕帝印」玉印)

取り下げる姿勢を見せた。しかし実際には,南越国内では以後も帝号が用いられ続けていた。南越国とその王権は,王号と帝号の2種類の称号を使い分けるかたちで,漢王朝との外交関係を維持し,同時にその王権としての独自性を持続させたのである。

しかしこのような特異な政権構造も,やがて漢の武帝(劉徹)による漢帝国の拡張期を迎えると変更を余儀なくされる。漢王朝の圧力が強まるなかで,南越国内ではそれに反発する勢力が力を増し,政権内部に内紛が起こった。漢王朝はこれに乗じて,南越に対する総攻撃を発動し,紀元前111年,南越国は5代93年間の歴史に幕を下ろすことになったのである。

中国王朝と南越史　　その後の中国歴代王朝の立場からすれば,正統王朝である漢王朝と対峙し,最後に「反乱」まで企てた南越の歴史は,当然ながら否定的に扱われるべきものであった。中国王朝の正統史観においては,南越国とそ

の建国者である趙佗という人物は，あくまでも割拠政権としてマイナスのイメージによって語られる存在だったのである。

南の辺境に位置するこの地域では，その後も内地王朝が弱体化するたびに，自立を図ろうとする勢力があらわれた。しかし，そうした際に王朝側が必ず引き合いに出したのも，この南越王趙佗であった。割拠を図れば趙佗を模倣した者として厳しく批判され，割拠する条件がありながらあえて内地の王朝に服従する選択をした場合には，趙佗の誤ちを繰り返さなかった者として大いに称賛されたのである。

中国歴代王朝は，同時に「南越」という国号や「南越王」という称号に対しても敏感であった。南越滅亡後，中国の王朝が与えた「南越王」の称号は，死後に与える追封号以外に例がない。10世紀に広東を拠点に南漢王朝を開いた劉巖（劉龔・劉䶮）が「南越王」の封号を求めた際にも，五代後梁の末帝はそれを強く拒んでいる。また19世紀初めにベトナム阮朝（1802〜1945年）を開いた阮福映が「南越」という国号による冊封を求めた際にも，当時の清朝はこれを強く退け，妥協策として「越南」という国号を与えているのである（補論参照）。

中国の王朝下では，南越国の滅亡から二千余年の長きにわたり，その歴史を取り巻くマイナスイメージが，消え去ることなく受け継がれたことがわかる。

南越国とベトナム

南越滅亡後およそ500年後に記された『広州記』など六朝時代の史料には，南越国が今日のベトナム北部にまで支配を広げていたという記述が見える。ベトナム北部には安陽王と呼ばれた人物が統治する王国がもともとあったが，南越王趙佗がそれを征服し，独自の官吏を派遣してその地を統治したというのである。

『史記』をはじめとする中国正史には，これと対応する記述が見られない。しかしベトナムでは，一貫してこれが史実として認められ，南越の領土が中国・ベトナム両国にまたがっていたことを前提にさまざまな議論がなされてきた。そして近年，ベトナム北部で発見された出土資料のなかに，南越国の印章が含まれていることが新たに明らかになり，南越国の支配が今日のベトナムにまで及んでいたことが，実際に裏づけられることになった。

　司馬遷は，漢の武帝が南越国を滅ぼした後に9つの郡を新たに置き，その範囲が今日の広東からベトナム中部に及んだことを，『史記』のなかに記している。漢の武帝は，南越の遺産をそのまま受け継ぐことによって，今日のベトナム方面にまで一気に支配を広げることができたのである。

ベトナムの独立

　以後ベトナムの地は，唐代までの1000年もの間，一貫して中国歴代王朝の支配を受け続けた。しかし10世紀の唐末五代の時代に，今日の広東・広西を基盤に南漢という王朝が成立すると，ベトナム北部では，それを緩衝として中国の王朝からの独立をはかろうとする動きが強まった。そのような歴史的背景の下で，939年に呉権（ゴークエン）が，前述の古代安陽王が都を置いたとされる古螺（コーロア）の地で王位につき，さらに968年には丁部領（ディンボリン）が「皇帝」として即位するにいたったのである。

南の中華としてのベトナム王権

　歴史的にはこれをもってベトナムの独立と見なすのが通例だが，実際には中国皇帝から，ベトナムの地を支配する「王」として封建（冊封）を受け，歴史を通じてベトナム王朝は中国王朝との密接な関係を維持し続けた。

　中国王朝による冊封を基軸とする前近代東アジアの国際秩序を

一般に冊封体制と呼ぶ。冊封体制の下では、周辺諸国の王は中国皇帝によって冊封時に与えられた王号と国号を用いるのが原則であり、朝鮮や琉球の君主と同じく、ベトナムも中国王朝との外交関係にはそうした原則を貫いた。しかしベトナムでは国内および自国の周辺諸国に対し、冊封号とは異なる独自の皇帝号と国号を用いるという、他に例のない対応が見られた。すなわち、冊封体制に基づく中華世界においては王であるが、独自の地域世界においては「大越(ダイヴィエト)」国の皇帝として臨んでいたのである。この背景には、ベトナム王権が発展していく過程で、みずからを中国王朝や周辺の諸国・諸民族とは異なる「南の中華」=「南国」として位置づける自意識が強化されていったという点がある。そのなかで、中国皇帝を中心にすえた「中華」世界のミニチュア版ともいうべき「小中華」的な構造が生み出され、独自の皇帝号と国号が必要とされたと考えられるのである。

| ベトナム歴代王朝と南越モデル |

ところがこのような、対外的には中国王朝と冊封関係を維持し、同時にその国内と周辺世界に対しては「(皇)帝」号を自称するという王権構造は、ベトナムの独立後にはじめてあらわれたものではない。先に述べたように、古代南越国の王権構造のなかにすでにその原型が認められるのである。

ベトナムの王朝が実際にそのようなまなざしで古代南越国を見ていたことは、当時ベトナムで編纂された歴史書のなかに見て取ることができる。ベトナムの歴史書のなかで、今日その構成をうかがい知ることのできる最古のものは、1272年に完成した『大越史記』と、それにやや遅れて整理されたと見られる『(大)越史略』の2種類である。これらはいずれもベトナムの陳朝（1225～1400年）の下で、中国の元朝に対する強いナショナリズムを背

景に編纂されたものだが，注目すべきことに，そのどちらも王朝史としての叙述の起点を南越王朝と（南越）武帝趙佗に置いている。

そのうち『大越史記』の編者である黎文休(レーヴァンフウ)は，南越史と趙佗に関連して以下のようなコメントを残している。

> 趙武帝（趙佗）がわが越を開拓して，みずからその国の帝となり，漢王朝と対抗……したのは，わが越が帝王を称する礎をなすものであり，その功績は大きい。以後のわが越の地に帝となる者が，趙武帝（趙佗）にならい，領土を守り，軍備をして，隣国（中国）との外交に道徳，その地位の保全に仁義をもってすれば，長く国土は保たれ，北人（中国人）も二度と身勝手なことはできないはずだ。

この内容から，黎文休にとって，趙佗は「わが越（ベトナム）」の帝業の基礎を築いた者として称賛される存在であり，その最大の理由が，独自の「帝」として自立し，内地の中国王朝と対抗したという点にあったことがわかる。

ベトナム王朝と世界像

これ以後もベトナムの歴代王朝の下では数多くの歴史書が編纂された。それらのなかでは，前述の安陽王の歴史など，南越以前のベトナム独自の古代史が加増されていく傾向があった。しかし南越史を「ベトナム史」の一部としてとらえ，趙佗をベトナム独自の王統のなかに位置づけるという評価そのものについては，少なくとも17世紀以前において基本的に変わりがなかった。

その理由は，当時のベトナム王朝が理念的に描く世界像のあり方にあったと考えられる。黎(レー)朝（1428～1789年）の代表的な歴史家の一人である呉士連(ゴーシーリェン)が1479年に完成させた『大越史記全書』には，南越史と趙佗に対する評価とあわせ，ベトナム王朝独自の

世界像について，以下のような記述が認められる。

> 越の地に帝となる者は，険を設けて国を守り，それを失わないようにすべきである。趙佗がひとたび（今日の広東とそれ以北の中国内地とを分ける）五嶺（南嶺山嶺）の守りを失うと，国は滅び，王統は途絶え，領土は分割され，わが越はまた分裂して，（本来はひとつであるべきところが，北＝広東・広西，南＝ベトナムに分かれた）南北の形勢が成立した。後に（今日のベトナムの地には）帝王があらわれたが，（天然の要害である五嶺の）険がすでに失われていたために，（南越国の時代のように）回復するのは難しかった。……（ベトナムの）各王朝が，交州以南の地（今日のベトナム）を領有するにとどまり，二度と趙武帝（趙佗）の時代の旧勢を回復することがなかったのは，形勢がそうさせたものだったのである。

当時のベトナム王朝が理念として描く世界像のなかに，今日の広東・広西の地が含まれていたことは明らかである。こうして，南越史と趙佗の帝業は，一貫してベトナムの王統のなかに置かれつづけたのである。

ベトナム歴代王朝と南越史：18世紀以後

しかし18世紀後半になると，ベトナム王朝の下で新たな南越評価があらわれてくる。以下にあげるのは，1800年に刊行された『大越史記前編（西山本大越史記）』に残される，黎朝末期の歴史家の呉時仕（ゴーティーシー）(1726～80年)による南越史と趙佗に対する見方である。

> 南海・桂林（今日の広東・広西）の越は，交趾・九真・日南（今日のベトナム）の越と同じではない。趙佗は……ただ領土を拡大しようとして，ついにわが国を併合……したにすぎず，実際にはこの国の君主となったことはないのである。……わが国の王統を趙佗につなげるのは正しい歴史観ではない。趙佗は漢と対抗

第7章　歴史意識と世界像

し、交州(今日のベトナム)はいまだ中国内地と通じていなかったのだから、外属としてこれを扱い、(漢以後における中国王朝への)内属とは別の扱いとする。

つまり18世紀後半を生きた呉時仕にとって、いにしえの南越国はベトナムの王朝でもなければ中国の王朝でもなく、趙佗については外国の侵略者に等しい存在であったことがわかるのである。

呉時仕の批判の目は、趙佗をベトナムの王統のなかに位置づけた、かつての歴史家たちにも向けられている。

> わが交南の地(今日のベトナム)は(今日の広東とそれ以北の中国内地とを分ける)五嶺の外側にあって、はじめ趙氏(南越)に属し、趙氏が滅んだために、その後、漢に併合された。しかし五嶺はもともと交趾・九真・日南郡の地(今日のベトナム)にとっての境界ではない。趙氏が五嶺をしっかりと守ったとしても、この三郡はまた趙氏に服属したにすぎない。その後の丁・黎・李・陳朝が交州以南の地(今日のベトナム)を領有するにとどまり、趙武帝(趙佗)の時代の旧勢を回復することがなかったのは、趙氏が五嶺の険を失ったためではない。……五嶺を三郡の険とし、また丁・黎・李・陳朝が旧勢を回復できなかったことを惜しむのは誤りである。

つまり呉時仕が独自の王朝として理念的に描いた世界像は、同時代の現実の領域と重なるもので、南越の故地の残り半分である広東・広西についてはその範囲の外としてとらえられていたことがわかる。呉時仕はこうした考え方によって、前述の呉士連による考え方を批判したのである。

ベトナムにおける世界像の変容

このような変化の背景には、当時のベトナムの国土をとりまく政治環境の変化があったと考えられる。

歴代のベトナム王朝が南の占城国(チャンパ)と対抗するかたちで進めてき

た「南進」は、まさにこの黎朝後期に完成し、続く西山朝(タイソン)(1789
～1802年)を経て、ベトナム王朝の版図はついに南部のメコンデ
ルタを含むまでになった。この時期には、北の中国との国境地域
に展開していた割拠勢力も一掃され、それまで帰属が曖昧だった
土地に対する国境画定の作業も急速に進んでいった。

つまりこの黎朝後期から西山朝・阮朝にかけての時代は、ベト
ナム王朝の勢力が南へと大きく拡張することによって新たな領土
を形成し、また一方で北側の中国との国境についてもしだいにそ
れが確固たるものとなり、今日につながる国土としての枠組みが
完成へと向かった時代だったのである。しかも西山朝と阮朝は、
黎朝後期に、ベトナム中部・南部を基盤として成立した王朝であ
り、この点において、ベトナム北部を基盤としたそれまでの王朝
とは、まったく異なる歴史的背景をもっていた。

このように、ベトナムの国家像が大きく変貌し、国内の勢力地
図が塗り替えられるなかで、新たなナショナリズムと世界像が形
作られることになった。それが、この時期に南越史と趙佗に対す
る評価の変化を生み出したと考えられるのである。

大越から大南へ

1802年にベトナム全土を統一し、阮朝
を樹立した阮福暎は、新たな国家として
の体面を国号にも反映させるため、西山朝以前の「安南」という
冊封国号の踏襲を拒み、「南越」という自称国号を冊封国号とし
て新たに認めるよう、中国の清朝に申し入れる。結局、同意を得
られず、「越南」が新たな冊封国号となるが(補論参照)、阮朝は
さらに39年には、「大南」という自称国号の採用を決定するに至
る。この「大南」は、ベトナム歴代王朝の自称国号のなかで、は
じめて「越」字を排したものであった。その結果、国号の「越」
字は、中国との冊封関係において機能する「越南」という国号の

左：清朝が阮福暎の冊封に際して与えた「越南国王之印」鍍金銀印
右：阮朝第三代の紹治帝の時代に作られた「大南皇帝之璽」玉印

なかだけに残されることになったのである。

　すでに述べたように，今日の広東・広西など，中国世界に結びつく「（南）越」としての歴史意識は，これ以前にすでにその役割を終えていた。ここに見る「大南」という国号の成立は，いにしえの「（南）越」の歴史との関係をめぐり試行錯誤を繰り返してきたベトナム王朝による，「越」的世界からの離脱宣言として評価すべき出来事といえよう。

南越史と広東

　ところで，このベトナムと，かつて南越国としての一体の歴史を共有していたのが，今日の広東・広西の地であったことはすでに述べたとおりである。

　南越国を滅ぼした漢王朝による支配が始まった後も，「交州」というひとつの行政区画として，ベトナム北部と広東・広西との結びつきは維持された。三国時代には，今日の広東と広西の一部がそれまでの交州と分離されて，「広州」という新たな行政区画が設置されるが，「交広」と呼ばれるほど，この二つの地域はその後も強い結びつきを維持しつづけたのである。

> 広東の歴史意識

ベトナムの独立が決定的となった宋代に、広東から広西にまたがる範囲に、新たな行政区画として設置されたのが「広南路」である。やがてその東半が「広南東路」に区分され、ついに地域名称として「広東」の成立を見るにいたる。

　すでに述べたように、中国歴代王朝の正統史観においては、趙佗と南越という歴史的存在に対して、一貫してマイナスのイメージが与えられていた。しかし中国の王朝下でも、南越の故地である広東では、こうした中国の正統史観とも、また隣接するベトナムの正統史観とも異なる、趙佗と南越に対する独自の歴史意識が存在していた。広東で刊行された数々の文献のなかには、そうした歴史意識のあり方と、その推移をうかがわせる史料が数多く存在する。

> 広東地方志に見る趙佗像

　その一例が広東の地方志(ちほうし)である。地方志とは、各地の官吏が地元の実情を、地理・歴史・社会・経済・文化の各レベルにわたって整理した、地方ごとの百科全書的な書物のことである。宋代以後広く編纂され、とくに明清時代以後のものは今日でも数多く残されている。

　地方志編纂の目的は、王朝支配の正統性を各地の実情に即して明らかにすることにあった。そしてその一方で、職官表や人物伝の編纂を通じて、歴代の官吏や地元の名士の偉業を称揚することにも力が注がれた。地方志には王朝と地元レベルのさまざまな意識が集約されているのである。

　広東でも地方志は繰り返し編纂されたが、今日目にすることのできるもののなかで、歴史上の人物に関する巻が残っているものは、1473年に刊行された（成化）『広州志』がもっとも古い。し

かしそこに趙佗の名前は見当たらない。

ところが1527年に刊行された（嘉靖）『広州志』では、この地の歴代官吏の一覧表である職官表のなかに秦の南海郡尉として趙佗の名が確認され、また枠外の扱いではあるが、趙佗についての独立した伝記が認められる。さらに61年に刊行された（嘉靖）『広東通志』では、趙佗は歴代の各王朝のために功績をあげた「名宦（官）」の一人として、歴代の官吏と並んで伝記を立てられるにいたっているのである。

この（嘉靖）『広東通志』には、趙佗を祀る廟が1542年に地元の行政長官によって再建されたという記述も見える。こうしたことから、広東において、趙佗を中国王朝の論理によって称揚する動きが、16世紀になって高まったことがわかる。

趙佗を中国王朝の官吏（秦の南海尉）として位置づけ、南越王としての自立後の事績を含め、その詳細な伝記を記す形式は、以後この地で編纂された数多くの地方志に受け継がれていくことになった。

広東地方志と南越史：18世紀以前

人物に対する評価と並び、広東における歴史意識の変遷に関連して注目されるのは、地方志における沿革・大事紀など、この地域の歴史的な展開についての記述である。

地方志もしくはそれに類する文献として、関連する記述を今日まで残しているものとしては、1178年に完成された『嶺外代答』がもっとも古いが、そこではこの地域の歴史の起点が秦の始皇帝によるこの地の郡県化にあることが明示されている。

ところが1304年に刊行された（大徳）『南海志』では、春秋戦国時代にはるか北方の長江下流域を舞台とした越国と越系諸族（百越）の歴史的展開のなかで、広東の歴史が説明され、16世紀

の(嘉靖)『広東通志』では,より古い伝説の時代にまでさかのぼって歴史的沿革について述べられるようになっている。

この時期の広東において,趙佗が積極的な評価の対象となるのと同時に,独自の歴史を加増し,歴史的世界の拡張をめざす動きがあったことが見てとれる。

広東地方志と南越史：
19世紀以後

状況が一変するのは19世紀のことである。1822年に刊行された(道光)『広東通志』を見ると,職官表・名宦伝・大事紀の起点がいずれも秦代にまで引き下げられ,南越成立に先立つ時期の歴史上の人物についてもその信憑性が疑われるなど,百越世界のなかの広東という位置づけそのものが大きく後退している。

趙佗に対する人物評価についても,「名宦(官)」としての伝記は立てられるが,帝号を自称した後の事績は削られている。この時期の広東で,趙佗に対する評価の仕方に変化があらわれ,その世界像もまた,長江流域まで広がる百越的なものを削り落とした広東等身大のサイズへと,大幅に縮小したことが明らかとなるのである。

ベトナムと広東

広東におけるこのような変化は,先に見たベトナムの場合ときわめてよく似ている。ベトナムで南越以前の歴史が加算され,南越と趙佗に対する評価が相対的に低くなると,反対に広東ではかえってその評価が高まる傾向が認められる。そして,描き出される世界像については,それぞれの地域でまず大きく拡大し,その後ほぼ時を同じくして等身大へと縮小していることが読み取れるのである。

南越という歴史を共有する二つの地域のあいだで,趙佗をめぐる評価が,歴史像と地域像の構築のなかで揺れ動き,結果的に相似する展開を見せたことになる。

> 歴史世界としての「中国」

趙佗は秦の官吏としての経歴をもつが、のちに王号を自称し、さらには帝号までを名乗って独自の権力を確立した。しかし一方で、漢王朝の冊封を受け、恭順な藩属国としての姿勢をも見せた。その領域が象徴するように、南越は中国史とベトナム史の境界線上に位置する歴史的存在なのである。

南越国滅亡から二千余年にわたり、中国内地とベトナム、そして広東の地で、その歴史がさまざまに議論されてきたのは、南越史と趙佗がもつこうした境界性によるものである。それゆえに、時代状況や立場によって、さまざまな南越史像が形作られ、柔軟に変化をとげていったのである。そしてその過程は今なお進行中である。

南越史をめぐる以上の議論からも明らかなように、「中国史」は、今日的な「中国」を前提に歴代王朝や各地の歴史を単純に足し算しただけのものではない。

「中国史」とは、「中国」という歴史世界が、多様な地域世界の重なり合いと、歴史意識や世界像の交錯のなかで形作られてきた過程を指すのであって、今日の国境という枠組みとは無縁のものなのである。本章で取り上げた南越の歴史は、それをもっともよく物語っている。

補論

「ベトナム（越南）」国号の成立

今日私たちが一般に「ベトナム」と呼ぶ国名は、現地語表記では「Viet Nam」である。これをあえてカタカナ表記すれば「ヴィエット

ナーム」がもっとも近いが、それが本来は「越南」という漢字表記であったことは、案外知られていない点かもしれない。

　今日まで続くこの国号の歴史は、19世紀初めに阮朝を興した阮福映が、清朝に冊封を求めた際にまでさかのぼる。

　阮福映が冊封を求め、はじめて正式な使者を清朝に派遣したのは1802年のことである。国境に到着した使者が差し出した書状を受け取ったのは、地元広西の行政長官の孫玉庭(そんぎょくてい)であった。彼がその内容を確認したところ、そこには「南越国国長阮福映」の名義で、先祖代々200年余りにわたって受け継いできた「南越」という国号による冊封を請う旨が書かれていた。

　その後、孫玉庭はただちに北京の朝廷に書状を送り、その問題点を指摘した。彼はのちに当時の困惑について、「その上表文には……南越を国号とすることを請うとあったが、その名は南越趙佗と異なるところがなく、字として嫌疑があるので、(北京に)上奏する一方で、その上表文を阮福映に差し戻した」と書き記している。つまり、阮福映が求めてきた「南越」という国号を見て、孫玉庭は即座に古代南越国と趙佗の故事を思いおこしたのである。

　その知らせを受けた北京では、あわてて朝廷の高官を集めて議論させた。その結果、安南(今日のベトナム)の国土は南越全体の一角にすぎないのだから、それによって南越と自称するのはおかしい、広東・広西の地は南越の故地で、漢代以来中国の領土である、この国(ベトナム阮朝)の国号を南越としてしまうなら、名実が一致せず、体制を損なうことになる、という結論に至り、清朝はその要求を退けたのである。

　ところが阮福映はその後も孫玉庭を介して「南越」の国号を清朝に求め続けた。それを受けて、翌年4月に至って発案されたのが「越南」の国号である。清朝が残した当時の記録はこの発想について以下のように記している。「この国はまず越裳(えっしょう)(ベトナム中部・南部)の旧領地を領有し、その後に安南(ベトナム北部)全域を領有したのだ

第7章　歴史意識と世界像

から，天朝（清）が冊封するにあたって『越南』の2字を用いさせる。上の『越』字は先祖代々の領域（越裳）を，下の『南』字は新しく賜与する藩土（安南）を意味する。また百越の南に位置することでもあり，古来称するところの南越（南越国および広東・広西の地域）と混同することがない」というのである。この「越南」という新たな国号が，「南越」という国号を意識的に避けつつ，双方の妥協点として半ばこじつけに近い論理で創出されたことがわかる。

そしてその2カ月後の1803年6月，それまで中国歴代王朝との関係のなかで12世紀以来続いてきた「安南国王」という冊封号に代わり，阮福暎に「越南国王」の冊封号が与えられ，ここに「越南」という国号が正式に成立することになった。

阮福暎が当時「南越」という国号を望んだ理由については，独自の歴史をもつ新たな王朝として，伝統的な「安南」に代わる国号を必要としたためであり，趙佗の南越とは無関係であった可能性が高い。驚かされるのは，それを深読みした清朝側の「南越」という2文字に対する敏感な反応である。この一件からも，中国王朝側の南越史に対するマイナスイメージの強さと，恐れにも似た感覚の存在を見て取ることができよう。

読書案内

木村汎・グエンズイズン・古田元夫編『日本・ベトナム関係を学ぶ人のために』世界思想社，2000年。近世以後のベトナムについて，より広い視野で学ぶための論文を多数収録する。

後藤均平『ベトナム救国抗争史』新人物往来社，1975年。おもに10世紀の独立以前のベトナム史を扱う。

桜井由躬雄・桃木至朗編『ベトナムの事典』同朋舎，1999年。ベトナムに関する百科事典であると同時に，歴史分野を含む「ベトナム学」の格好の入門書といえる。

西村昌也『ベトナムの考古・古代学』同成社，2011年。先史時代から近世までのベトナム北部の歴史を，中国世界と東南アジア世界の双方に目配りしながら，遺跡と現地調査の成果に基づいて描き出した，気鋭の日本人ベトナム研究者の遺著。

根本敬編『東南アジアにとって20世紀とは何か』東京外国語大学アジア・アフリカ言語文化研究所，2004年。ベトナムを含む東南アジア各国における，近代ナショナリズムの高まりと歴史叙述の変容などをテーマとした論文集。

古田元夫『ベトナムの世界史』東京大学出版会，1995年。中華世界から東南アジア世界へと，みずからの位置づけを大きく転換させたベトナム近現代史の展開をまとめる。

桃木至朗『中世大越国家の成立と変容』大阪大学出版会，2011年。ベトナム李朝・陳朝の国家体制と地方支配の解明を主題とした研究書だが，同時代の歴史意識・世界像の変容についても，近世まで見通した歴史的評価が示されている。

吉開将人

第8章　東アジアの亀趺碑

福島県猪苗代町土津霊神之碑：会津藩初代保科正之
の神道（参道）碑。碑文を撰したのは山崎闇斎。

➡好きこのんで墓に行く人はまれだろうが，人は必ず死なねばならない。だから，親類縁者に死者が出ると，墓に出向く機会がある。そうした機会に，ふと他の墓石に目をやって，碑石があることに気づくことがある。

ここでは，その碑石のうち，ある特別の意味を付与されたものの出現と展開を概観し，その特別な意味に込められた「正統」の構造を考えてみたい。

朝鮮については，亀趺碑についての調査記録が比較的多く残されている。中国についても，ごくおおざっぱな調査記録が残され，散在する写真資料のなかに亀趺碑が写されている場合もある。関野貞をはじめとするわが国の研究者が残した足跡は，今なお参照すべきものが多い。

わが国については，調査記録と呼べるものがほとんどなく，記録として残されている場合でも，個々の墓葬についての調査やコメントがばらばらにまとめられている。そこで，筆者は全国を実地に踏査して調べてみた。以下に述べる内容は，こうした先行研究とみずからの調査，そして資料整理に基づく。⬛

亀趺碑の出現

碑石を墓前に立てることが制度として整ってきたのは中国後漢のときである。古く戦国時代の秦で石鼓文というものが作られ、太鼓状の石の側面に文字を彫りつけた。始皇帝のときには、泰山・嶧山における封禅という特別の儀式の際に、碑石が建てられた。このやりかたがすぐに一般化したわけではなかったが、後漢に下ると、有力者が墓前に碑石を立て、生前の勲功を記すようになった。

その碑の台石は多くは直方体であったが、なかには、台石やその上の碑身の下の方に、四方を司る青龍・朱雀・白虎・玄武を表現するものが出てきた。そのなかから、玄武の形、つまり亀に蛇がからみついた形を発展させたものが出現する。台石を亀、その上にのる碑身の上の方に龍を彫り出すようになるのである。こうして亀趺碑の祖形ができあがった。

三国時代の魏の時期になると、墓前の碑石や墳丘など、地上の目印を禁止する法令がだされた（薄葬令）。そうなると、地上がだめなら地下に作ってしまえ、ということになり、地下に碑石ならぬ巨大な石の板、つまり墓誌が作られるようになった。小さな墓誌は後漢の時代からあったが、それが地上の目印の消滅で巨大化したのである。

このころ、巨大な亀の甲羅のなかを四角く平らにして文字を記したものがある。これは、亀趺碑の台石が変化して墓誌となったものだろう。そうした墓誌の銘文のなかには、亀を「霊亀」と表現したものがある。この世の亀ではなく、霊妙なる力をもった亀という意味である。

やがて、地上に目印を建てるやりかたが復活してきた。そのとき、かつて有力者の墓前に建てられるという碑石の性格が変わった。復活させるのに対し、国家は身分による制限を設けた。国ご

とに多少の違いが見えるが、たとえば南朝では、亀趺碑は王、つまり皇帝の下の王だけに認められるものとしたのである。この制度が唐代に整理され、品階秩序のなかで、五品以上の者に許すという規定に落ち着いた。許すのだから、建てよということではない。建てたければどうぞということである。

この意味の亀趺碑は朝鮮半島に伝わり、新羅の王墓の墓前に建てられた。しかし、この制度はわが国には伝わらなかった。わが国では、薄葬令が施行されたばかりで、かつてのような巨大な古墳を造らなくなっており、以後鎌倉時代・室町時代を通して、有力者も質素な墓を造り続けたからである。

亀趺の首

唐中期以後は、時代を画する時期として注目されているが、このころ、亀趺碑の亀の形に変化が現れた。それまでは、霊亀と称されていても、形としてはいわゆる亀であったのだが、このころから、亀の手足にしだいに龍に似た造形が施されたりするようになる。新羅での変化はよりはなはだしいものがあり、亀の首の部分が、爬虫類のそれから獣のそれに変わっていく。ここでは、これを亀首から獣首への変化といっておこう。

この亀の形態的変化は、霊亀とされた亀趺の亀について、これを「龍の子」とする伝説が普及していくことと関係があるようである。この龍の子である亀を贔屓という。規定上は「亀趺」と記されているが、「贔屓趺」だということになる。この贔屓の話は、結構有名であるから、中国を旅行したおりに、この龍の子の説明を耳にされた方もいらっしゃるかもしれない。

さて、わが国では、この唐中期に相当するころ碑石はなかったのであるが、密教真言宗の寺院では、調度品として多宝塔など仏塔が造られるようになり、その塔の台座に亀を用いるものが出て

きた。絵画にも問題の亀が描かれたものがある。興味深いことに，その亀の首の形であるが，古い時代の亀は亀首なのに，やがて獣首のものが出てくる。

朝鮮半島では，高麗王朝の下，亀趺碑が造られるが，ほとんどが獣首である。その時代の中国はというと，少数の事例しか見あたらないが，亀首のようである。ところが朝鮮では李朝になると，中国風に復帰して亀趺碑の亀は亀首のみを用いるようになる。獣首の亀は，新羅後期から高麗朝にかけての特徴であり，その風がわが国の調度品にも及んでいるということのようだ。

江戸時代になると，わが国でも巨大な墓を造るようになった。大名家の領地が安定しだすと，国許(くにもと)に墓地を営むようになり，その一部に亀趺碑が使われた。その亀趺だが，亀首もあれば獣首もある。かつて朝鮮半島で流行した獣首の亀趺が，一部とはいえわが国で復活したわけである。豊臣秀吉の朝鮮出兵時における情報がからんでいる可能性もある。一方で，密教真言宗の寺院に残されていた亀趺塔の亀が影響を与えた可能性もある。

水戸家では，初代頼房の墓の前に亀趺碑が建てられ，その亀趺は獣首であった。その後，明朝の遺臣である朱舜水が水戸に来たり，二代光圀につかえるようになる。そのとき，中国では亀趺は獣首にしないという情報を伝えたようである。その結果光圀の墓前碑の亀趺は，父のものと同様に獣首なのだが，無理をして亀首風のポーズをとっている。水戸家の亀趺はわが国では最古の部類に属するので，わが国で亀趺碑が建てられるに当たっては，それが獣首でなければならぬという思いこみが強かったようである。

その後，日本各地に亀趺碑が建てられているが，亀首・獣首いずれも存在することになった。

| 亀趺碑を建てる条件と
| 朝鮮の正統観

　先に，中国における薄葬令のことにふれ，その効力が失われた後に建てられた亀趺碑には，一定の身分秩序が表現されたことを述べた。爵位でいえば，唐の規定では五品以上に許すというものであった。

　ところが，この規定によらず建てることを許される場合がある。それは神格を顕彰する場合である。たとえば，泰山や崇山を祭るとか，いにしえの聖人を祭るという場合である。この場合は，祭る相手が誰しもが認める特別の存在でなければならない。祭祀は国家が統制しているから，国家の意向が反映される。顕彰の意味が拡大されて，戦勝記念碑を亀趺碑にする場合もある。これも神への感謝の意を示すものであろうから，広い意味での神格顕彰といえる。

　亀趺碑を建てる条件が朝鮮半島でどううけとめられたか，またわが国でどう受けとめられたかは，とても興味ある話題を提供する。

　中国では，元による支配を脱した明のとき，復古運動が吹き荒れた。洪武帝のとき，その一環として碑石を建てる場合の規定が定められている。唐の規定を復活すると五品以上に許すことになる。しかし，洪武帝期の規定では三品以上に許すことになった。ところが，二つの規定のうち，その後定着し，明から清へと継承された規定は，五品以上に許すという規定の方だったのである。

　これに対し，朝鮮半島では明の規定を遵守するという不文律があったわけだが，二品以上のものだけが亀趺碑を建てている。これは，明の規定を朝鮮の規定として読み替えたものである。明の三品は皇帝の臣下についてのもので，李朝の王は皇帝より一等下位にあるから，朝鮮の品階としては二品以上になるということで

ある。ということになると，朝鮮で踏襲されたのは，たしかに明の規定なのだが，それは当の明朝では捨てられた方の規定だったということになる。一見明に従順なように見えて，その実本来の規定はわれにありという意思を示したものである。

この意識は，清が興ると別の形を加えてより強烈になる。二品以上に建てるという不文律は亀趺碑に特有なものだが，碑文一般のこととして，碑銘に特別の年代を記すようになるのである。この特別の年代は，明の最後の皇帝崇禎帝が死去したのち何年になるかを示したものである。清軍が朝鮮に進駐している間に建てられた顕彰碑には，清の年号が使われていたりするが，清が軍を引いたのちは，ほぼ例外なく上記の特別の年代を用いている。外交文書では清の年号を用いる。しかし，家の墓に建てる墓前碑の場合は別だということである。明の最後の皇帝をことさら強調することで，明の伝統がみずからに継承されていることを明らかにする。

そして加えて述べれば，その伝統は，亀趺碑の品階規定を通して明初にさかのぼることになる。朝鮮李朝において，亀趺の品階規定の最上位に位置するのは，清皇帝でも二代目以後の明皇帝でもなく，明の初代皇帝の太祖だけだったいうことである。

わが国江戸時代の亀趺碑

わが国の亀趺碑にも興味深い形が見えている。ひとつは，すでに述べた亀趺の首である。朝鮮半島では，高麗末から李朝になってきれいに亀首になり，獣首はなくなった。その獣首を好んで用いている。朝鮮通信使の往来もあるから，朝鮮半島ですでに中国式の亀首が用いられていることは，知識としては入っていたはずだが，これをそのまままねることはなかった。

わが国における亀趺碑建碑の条件をつめて検討してみると，そ

の条件がわが国独自のものとして論じられていたことがわかる。

　わが国でも，明の規定が重視された。だから，亀趺碑に関する規定をということになると，三品以上に許すという規定と五品以上に許すという規定の二つが問題になる。朝鮮李朝では，明の太祖を最上位において，二品以上に亀趺碑を建てた。この規定を援用すると，二品以上に建てることになり，別にあった五品以上に許すという明の規定を援用すれば，四品以上に建てることになる。ところが，わが国では，別のやり方が定着する。最上位を天皇におき，品階は江戸時代に作られた武家官位により，数値は中国のものを用いた。だから，三品以上か五品以上かということになる。

　このことに加え，やっかいな問題があった。天皇は最高の権威者ではあるが権力がなく，権力者は江戸の将軍だったということである。将軍と朝鮮国王は同等であることを示すため，将軍は「大君」と称した。天皇は権力者にしてはならぬという不文律があった。その不文律と亀趺碑の品階規定も，微妙にからまりあうことになる。江戸の最初に存在した品階は律令時代以来の律令官位であった。幕府ではこれにかわって武家の秩序を示す基準として武家官位を制定するにいたった。一品は将軍であり，二品が紀伊家と尾張家，そして三品は水戸家である。大名たちは，おおむね四品と五品に位置づけられた。

　というわけで，大名たちは，三品以上という規定では，亀趺碑は建てられないこととなる。五品以上に許すという規定なら建てられるわけだが，これを勝手に主張すると後(あと)がこわい。江戸時代の大名墓葬が確立する時期は，ちょうどキリシタン弾圧が強く進められた時期にあたる。へたな解釈は，取りつぶしのネタになりかねない。

　では，それでも建てたいと願う大名はどうしたか。彼らは，キ

リシタン弾圧の結果できあがった寺請制度を利用した。菩提寺を利用したのである。名目上は菩提寺のために建てたことにする。亀趺碑は参道の入り口などに建てられ，その近くには寺の本堂がある。その参道を登っていくと，寺にまもられた大名家の墓があるというしかけである（福井松平家，東京本郷春日の局の墓〔麟祥院内〕など）。これは，中国の亀趺碑建碑の条件のうち，神格のために建てるという条件を使ったものである。

　碑石の形態を変えてしまう場合もあった。鳥取池田家の場合は，墓前碑ではなく，墓石そのものになっている。亀趺が位牌風の碑身を背負っている。先祖を利用したものもある。山口毛利家の場合，初代元就が律令官位の三位にあった。これを利用する。そして代々建てることをせず，初代と二代以後の偶数代，それと三代以後の奇数代の墓所を分け，後者のみに亀趺碑を建てることにした。

　武家官位が天皇を最上位に置くことから，亀趺碑を建てた大名には，尊皇の意思を別に示して顕彰のための亀趺碑を建てた場合がある。水戸の徳川光圀は，楠正成を顕彰して神戸に「嗚呼忠臣楠氏之墓」という亀趺碑を建てている。熊本の菊池では，南朝の功臣菊池武光・武重兄弟のための亀趺碑が建てられた。

　将軍家を念頭において建てられた亀趺碑も出現した。島原藩の深溝松平家は，徳川家の出自とされているが，この松平家の者たちは，家康の家臣として数々の武勲をあげた。その武勲を顕彰する亀趺碑が深溝松平家の墓地（愛知県額田郡幸田の本光寺）に建てられている。愛知の安城市には，同じく家康のために武勲をあげて死んだ本多忠豊・忠高父子を顕彰する亀趺碑が建てられている。

　江戸時代の大名家がすべて亀趺碑を建てたわけではない。建てた大名はむしろ少数である。しかし，亀趺碑を通してかいま見る

ことができる大名墓葬の特異性は、他の条件を加えると、より具体性を増す。墓地をいかなる地勢のところに営むか、仏式にするか神式にするか、儒式をどのように取り入れるか、仏式の場合菩提寺とどのような位置関係の場所に造るか、墓前碑にするか墓石そのものにするか、墓前碑をどこに置くか（参道に置くか墓前に置くか、墓に対して横向きにするか前向きにするか）、墓石にどんな形式のものを取り入れるか（五輪塔にするか、宝篋印塔にするか、鎮め石にするかなど、そしてどんな形のものにするか）、墓に墳丘を造るか造らないか、その墳丘の形はどうするか、等々、独自性を作り上げる条件は多岐にわたる。すべての条件を加味して考えると、江戸時代の大名の墓葬のあり様は、ひとつとして同じものがない。その特異なあり様のなかに亀趺碑が位置づけられる。

江戸時代の大名家の墓は、個性がある。古墳時代の前方後円墳が没個性的であったのと対照的である。墓葬だけでいえば、藩は強烈に自己を意識した独立国である。しかし、その墓葬は、天皇を権威の頂点とし、将軍を権力の頂点とする幕藩体制を前提に営まれている。没個性的であるということは、中央における情報交換があったことを意味するが、ひとつとして同じものがないというのも、じつは、これも中央における情報交換のたまものである。

東アジア冊封体制と複数の中華

東アジア冊封体制は、中国皇帝を頂点とし、各国の君主を王や侯として位置づける。この体制を自明のこととして論じてしまうと、上記の朝鮮李朝やわが国江戸時代の亀趺碑のあり様は説明がつかなくなる。

第1章にまとめておいたように、東アジア冊封体制が論じられている場を検討しなおしてみると、少なからず、複数の頂点が併存していることがわかる。それぞれの頂点を正統とみなす体制が

併存するということである。漢皇帝を頂点とし，南越を王とする体制が『史記』に書かれている。その『史記』を検討しなおしてみると，南越（自称は「越」であろう）の「帝」を頂点とする体制も見えてくる。わが国の古代律令制の時代に，わが国を「中華」とみなす華夷観があったことからは，新羅などにも同様の華夷観がどう設定できるか議論する必要がある。

わが国江戸時代の亀趺碑の建て方は，古代に論じられた「中華」をあらためて論じ，天皇を頂点において品階規定を問題にしている。朝鮮李朝の場合は，明の太祖に正統の根元を求め，それによって現実に性格づけられる正統は朝鮮の地以外には存在しない，という意識を表現している。明言していないとはいえ，いわゆる「中華」を朝鮮に設定しているわけである。おそらくは，それに次ぐのが明や清であり，さらにおとる世界のなかにわが国などを位置づけているのであろう。

さかのぼっても，新羅後期から高麗における亀趺碑の建て方は特異である。この時期に上述した獣首の亀趺が作られる。この時期の亀趺碑には，いわゆる士大夫の墓に作られたものがほとんど見られない。多くを占めるのは，僧侶の墓として建てられた塔（舎利塔）のかたわらに建てる碑，すなわち塔碑である。新羅後期は禅宗僧侶のものが多く，高麗になると教宗僧侶のものがこれに加わる。

高麗の仏教界では，法階が定められていた。禅宗では下から順に大選・大徳・大師・重大師・三重大師・禅師・大禅師があり，教宗では同じく大選・大徳・大師・重大師・三重大師・首座・僧統があった。このなかで禅宗では禅師・大禅師，教宗では首座・僧統に登った者のなかから，王師（王の師）・国師（国の師）が選ばれた。これら，禅宗・教宗それぞれの八つの法階のうち，亀趺

碑を建てているのは第五の位階の大師以上の僧侶であり，10世紀の末近くになると，ほぼ王師と国師に限られるようになる。

　この建て方は，唐以来のものである「五品以上に亀趺を許す」という規定を，中国皇帝ではなく高麗王を頂点において示そうとするものである。王師と国師も，高麗王を補佐する賢人としての役割が期待されている。この高麗王を頂点として「五品」を念頭に置くやり方が，わが国の江戸時代の武家官位を用いての亀趺碑の建て方に通じること，そして李朝において「形」の上では中国皇帝を意識していたのとは異なる点に注目したい。

　宋王朝が北部を占領されて南に拠点を移した後，北部は金王朝による支配が始まるが，これに相当する時代になると，高麗において亀趺碑を建てた事例が見られなくなる。この点は，別に検討する必要があろう。

　高麗時代の建て方は規定として残されていたかどうか，いまの史料事情からは，まだわからない。だから，高麗時代の建て方を参照して，わが国の建て方がある，と断言できるわけではない。しかし，宋王朝の華夷観がどうであったかとは別に，高麗には，独自の華夷観があったことは疑いない。わが国江戸時代にも独自の華夷観があった。だから，結果としての類似に注目するにしても，独自の華夷観が時代と場を異にして存在したことの意味は，あらためて問われなければならない。

　すでに述べたように，新羅後期から高麗時代にかけての亀趺は，亀首ではなく獣首であり，同様の意匠は同時代のわが国の密教の舎利塔にも影響を与え，江戸時代の大名墓葬のものにも獣首のものが少なからず認められる。影響関係があることは疑いないところであろう。

　かくして，亀趺碑の建て方を品階規定や首の形などに注目しつ

つ整理し,東アジア冊封体制のなかに位置づけてみると,これまで見にくかった点が見えてくる。朝鮮諸王朝にも,そしてわが国江戸時代にも,それぞれ独自の華夷観があり,みずからを「中華」として位置づける論理をもっていた,ということである。東アジアには,複数の中華があり,それぞれに位置づけが異なっていた,ということである。

[注記]

本章では,朝鮮・中国に関する調査と先行研究,そしてわが国の個々の墓葬について残された資料に加え,筆者自身が全国を実地に踏査して得られた知見をもとに,東アジア世界の亀趺碑のあり方を検討してみた。

その建て方を,品階規定や墓葬の性格などを通して比較検討してみると,いわゆる東アジア冊封体制が中国皇帝を頂点とする体制として規定されるだけでなく,朝鮮諸王朝やわが国において,それぞれを頂点とする華夷観が形成され,独自の秩序が構想されていたことがわかる。

ただ,江戸時代墓葬に関する筆者の調査は全国に及ぶものだったとはいえ,十全であるとはいえない。虱潰しに潰していくということは事実上不可能であったから,抜け落ちは随所にあるだろう。また,朝鮮歴代の墓葬についても,李朝官僚の墓葬について,とくに北部地域の様子がわからぬところが多い。中国については,戦前になされた調査以外,まとまった調査がなされておらず,個々の亀趺碑のあり様については,不明なところだらけである。宋・遼・金の各王朝などの亀趺碑の実態もほとんどわからない。明朝・清朝の官僚の墓葬の実態も,まったくといっていいほどわからない。幸いにして,明朝・清朝の亀趺碑については,歴代のものとともに品階規定が残されていたし,概要を知るための調査はなされていたので,それと朝鮮・わが国の調査結果を対照させ,本文にまとめた次第である。

加えて,検討を進める過程では,筆者の不慣れな分野にわたる場合が少なくなく,多くの方の助力をあおぐことで,それをしのいできた。それだけに,肝腎のところでの抜け落ちがないか,と自問することしきりである。ここに擱筆するにあたり,最後に本論の基礎をなす部分についての危うさをのべることにした。

引用・参照文献

関野貞『支那碑碣形式の変遷』座右宝刊行会，1935，『支那の建築と芸術』岩波書店，1938，『支那文化史跡』（常磐大定との共著）法蔵館，1939 等に多くの亀趺碑が扱われ，その起源についての考察がある。

仁井田陞『唐令拾遺』（とくに葬送令を参照）東方文化学院東京研究所，1933；東京大学出版会，1964 等。この書については，議論を深めるうえで，中村裕一『大唐六典の唐令研究──「開元七年令」説の検討』汲古書院，2014 を参照。

平勢隆郎「日本近世の亀趺碑──中国および朝鮮半島の歴代亀趺碑との比較を通して」，「──同続」『東洋文化研究所紀要』121，122 号，1993。亀趺碑に関連する研究や亀趺碑の写真を納める文献は，この二つに分けた論文に一覧にしてある。筆者が各地で撮影した亀趺碑の写真も収めた。脱稿後，平勢隆郎『亀の碑と正統──領域国家の正統主張と複数の東アジア冊封体制観』白帝社，2004 を刊行した。また，平勢隆郎『「八紘」とは何か』東京大学東洋文化研究所・汲古書院，2012 の第一章第二節に亀趺碑出現時の四神とのかかわりを論じた。あわせ参照されたい。

───────平勢隆郎●

第9章 儒教とその真理性

音楽と暦と数理

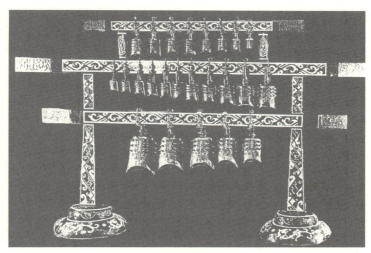

編 鐘

▶ 近年,中国において考古学的発掘がさかんになってきたなか,「編鐘」という古代の楽器が,各地からいくつか発掘されてきた。

編鐘は,だいたい春秋時代後期から戦国時代の製作で,これらの編鐘の音程は「三分損益法」という数理理論によって調律されていた。

この三分損益法が春秋後期から戦国期以降に存在していた事実は,その時期に音楽を数理としてとらえる思惟があらわれていたことを示す。やがてこうした音楽的・数理的思惟は天文暦法とも結びつき,世界を数理的に説明する方向に向かう。そしてその数理体系はこの宇宙のすべてを説明しうるものとされ,その真理性はまた儒教の真理性を根底において担保するものとされることになるのである。◪

呪術の園　マックス・ウェーバーは，儒教思想を中心に営まれていた近代以前の中国を「呪術の園」と呼んだ。であるとすると，古代の殷周時代といえば人々の生活は呪術だらけだったということになるだろう。だがその生活の実態は呪術ということばから思われるほどにおどろおどろしいものでなかった。それは『書経』や『史記』の記事からも（潤色はあるだろうが）うかがわれる。呪術におおわれているといっても，そこにはそれなりの合理性があった。ウェーバーは中国を呪術の園と規定し，さらに「呪術の園を維持してゆくことは儒教倫理のもっとも内奥に宿していた」と規定したうえで，「儒教的合理主義」という語をもちこみ，呪術の園内にもそれなりの合理性があったことを認めている。

　そして，そのような前近代的，あるいは呪術的理性においても，また今日の近代的理性においても，何といっても了解されやすいのは，数理的な合理性であろう。1と1をくわえると2になるということは，おそらく古代の呪術的理性においても，また近代の理性においても，まったくおなじく了解されるものであろう。それゆえ数による合理性（数理）は，いってみれば普遍性を指向するものであった。あるいは数理（数理的方法）における事柄の表現には，普遍に向かう意識（あるいは深層意識）がよこたわっている。各時代時代の人々が，それぞれになにごとかを数理的方法を用いて表現しようとするとき，そこには多かれ少なかれ普遍性への指向があったといえる。そして古代中国において，数理的方法にもっとも適する事柄は，天文暦法と音楽であった。これらはその数理性において，古代的知性にとって，いずれも合理的であり普遍性・真理性をそなえるものととらえられた。

　しかし，ともに数理性に適するものとはいえ，天文暦法と音楽

とは，もともとその由来はことなっている。それらは歴史の上にはまったく別々にあらわれたが，その数理性からしだいに通じあい，一体的にとらえられていくことになるものであった。

暦と生産と支配

暦は季節の運行に即しつつ，人々が毎日毎日の日常の生活を送っていくための基盤となっているものである。そしてそれは農業という生産システムにおいて，生産性の確実な維持のための基盤となるものであった。生産は社会経営において必須の基盤であり，暦はその生産を規定する。ならば社会経営をするもの，すなわち支配者にとっては，暦は支配のための決定的武器となる。それゆえ暦の管理は支配者にとって最重要項目だったといえる。そしてその支配者の暦にしたがって生産に従事し，生活していくことは，支配者の支配を正当と認めることにつながる。暦は生産から支配関係までを貫く重要な道具であった。

一方，暦は1年・12カ月という数値を基準に作られる数理システムである。そのシステムは，また一方で日月蝕，惑星運行などに対応し，呪術・占術のために合理的基盤を提供しうる。それゆえ呪術・占術によって神政・祭政的政治を行う支配者にとって，生産による経済上のメリットと同じか，あるいはそれ以上に決定的な支配用具であった。

殷代の卜占に用いられた甲骨文字には干支が記されていることから，中国においては殷代にすでにかなり成熟した暦意識が存在していたことがわかる。それ以前は，今のところ正確にはよくわからない。しかし暦というものの性格上，殷以前から存在していたことは確かだろう。

だから殷以前の夏の時代から暦が存在していたという推定は古くからあり，それは「夏正」と呼ばれていた。また，殷の暦は

「殷正」であり、周の暦は「周正」であった。夏正・殷正・周正は、戦国中期以降に成立する「四分暦」（後述）という暦法と基本数値はまったく同じで、ただ暦元（暦の最初の開始日・起算点）を異なった日に置くだけのものと考えられていた。だから暦は夏以来存在していたというのが、従来のいわば学問的常識であった。

観象授時暦

だが、夏の暦が戦国中期以降に成立する四分暦の夏正であるというのはやはりおかしいことである。とはいえ夏の時代に暦が存在していたという想定自体は成り立ちうる。そして戦国中期以前の暦は四分暦ではなく、実際に天象を観察し、その天象にしたがって暦日を決めていくというちょっと粗雑な方法が用いられていたことは、すでに20世紀前半に天文学史の研究によって知られていた（新城，1928；飯島，1930）。この天象観察によって暦を得る方法を「観象授時」といい、その暦を「観象授時暦」という。そして20世紀末には、その観象授時の方法によって、さまざまな記録にのこる中国の紀年が整序できることがほぼ立証された（平勢，1996）。西周期も殷も、また夏も、さらにそれ以前も（暦が存在したとすれば）当然そうであったろうし、観象授時であった可能性は高い。

1年は約365.25日である。月のみちかけの周期は約29.5日である。月が12回みちかけすると、約354日になる。354日は、1年の365.25日に比べると11.25日たりない。この11日ほどを、3年分つみかさねると、33.75日になる。そこで3年ごとに1回、閏月を設けて暦を調整するが、そうすると今度は3日強ほどのあまりが生まれる。それが10年分ほどつみかさなると1カ月分（30日）になるが、これもそのつみかさなった時点で調整する。こうした調整は法則的になされるのではなく、その時々に天象の観測と整合させようと行われたもので、戦国中期以後の四分暦の

ように，厳密な数値と法則に基づく計算による算出というわけではなかった。だから観象授時暦は，四分暦よりのちの数理的法則性を基盤にする暦法と比べると粗略なものだった。しかしそれにもかかわらず，そこには1年365.25日と，12カ月354日との日数の差異を解消して，暦と天象との整合性を維持しようとする，すなわち1年・12カ月という数値を維持しようとする，営みが存在した。1年・12カ月という基本数値が決定的に支配していたのである。その意味で観象授時暦にもプリミティブな数理意識は流れていた。

四分暦の登場　観象授時暦は，観測から帰納するという不安定性があったが，四分暦はそれを脱し，暦の基本定数を算出したのちにその数値に基づいて暦全体を組み上げていくという，数理的整合性と，それゆえ全体として統一された合理的システムをもっていた。その四分暦の基本定数は1カ月＝29日と1/4日（29.25日）が算出されていた。四分暦という名称はこの4分の1日の剰余からきている。この基本数値によると1年は351日となる。1年365.25日に14日ほどたりない。そこで何年かごとの閏月を，17年間で7回置くものとした（17年7閏法）。四分暦のこうした数値は，こんにちの暦数と比べても，かなりの精度のものであった。戦国中期という早い時期に，29日と1/4日という単純な数値をもとにすぐれた暦を得ていたわけである。

　四分暦の数理は，観象授時暦がいちいち暦日を決めていくことに比べると，非常に簡潔であった。つまり合理的であった。したがって観象授時暦から四分暦への転換は，全中国的にかなりすみやかだった。『春秋』の時代の後半期がまさにその移行期だった。

　29日と1/4日という四分暦の数値自体はソリッドなものであ

ったが，それは暦の起算点，大小月の配列，正月・閏月を置く時期その他の変更によって，さまざまなバリエーションが可能な暦であった。また暦は，支配者の権力を象徴するものであった。そこで戦国諸侯はみずからの支配力を顕示するために，それぞれに暦を制定した。そこにさまざまの呼び名をもつ四分暦が行われることになった。魯暦，顓頊（せんぎょく）暦，夏暦，殷暦，周暦，黄帝暦，あるいは使用国名から魏暦，斉暦，趙暦，韓暦，秦暦等々であった。四分暦の数理は，こうして戦国中期以降，中国域内に定着したのであった。

音楽の発生と音律の成立

音楽が発生したのはいつごろのことかは，正確にはよくわからないが，石器時代にはすでに骨笛というものが存在していたという。3万年から4万年以前である。ただ楽器以前に，人間が歌うということはあっただろう。狩りや収穫の喜びの声，儀式のときの呪文のようなものも存在したであろう。楽器としてはなにかものをたたく打楽器が単純素朴であり，人間が自分の体をたたく手拍子や腹拍子も，もっとも素朴な打楽器である。『史記』五帝本紀に記される「鼓腹撃壌（腹をたたき，地面をたたく）」などはかなり正しい推測だろう。弦楽器と吹奏楽器は，人声や打楽器よりも遅れて現れたものであろう。

さて，人声と楽器によって音楽が形成されるとき，そこにはリズムとメロディと和音が成立する。とくに和音は，宴会や儀式などで人々がたくさん集まる際，単純な単旋律が歌われただろうが，そういったところに和音が現れてくる。すなわちそういった人々の「中」に音程にむとんちゃくな人が何人かいると，その合唱は雑音的なものになってしまう。だがその雑音的状況でしばらく歌いつづけていくと，その合唱の音程は自然に完全5度音程の二声

の和音に分かれ，行き着いていくのである。

　われわれは，このようなことは今日でもしばしば経験する。たとえばお葬式の読経の際，参列者が一斉に唱和するとき，はじめはそれぞれが勝手な音程で唱和しはじめるが，しばらく続けているうちに，自然に5度音程の二声におちついてくる。そしてこの5度音程和音におちついたそのとき，読経の声は一段と力強さを増して聞こえる。ときにはまるでお堂そのものを揺り動かすかのようにパワフルに響きわたる。この音響パワーこそが5度音程和音のもつ特性であり，すごさである。

　この5度音程和音のすごさは，もちろん古代の人々も知っていたであろう。強力なこの5度音程は，じつはきわめて合理的な数理的関係にある2つの振動体の共振動によって起こるものであった。こうした5度音程のもっているパワーを中国の人々が気づいたのはいつ頃のことであったろうか。

　完全5度の音程関係は，振動体の3対2の単純な数理関係によって起こる。具体的にいえば，1の長さの振動体（弦や笛）の振動に対して，その3分の2の振動体の振動をあわせたときに，5度音程和音が生まれる。そして3分の2の振動体のさらにその3分の2の振動体は，5度の上の5度，すなわちはじめの1の振動体からすると9度，それをオクターブ下げて2度の音程の音律を生む。さらにその3分の2でははじめの1に対して6度音程，その次の3分の2は3度音程というふうに，次々に音律を生む。そして，この3対2の比率をそのまま続けていくと，音楽に必要な12音律がすべてそろうのである。そしてさらに12音そののちに（つまり最後に），最初の1の音律に復帰するのである。3対2の単純な数理によって，音楽に必要な12の音律が得られて，しかも最後にはもとの音に復帰するという，閉じて循環し，かつ完

璧な美しい体系がそこには存在している。完全5度音程には，ひとつの数理によって完璧な全体を形成していくというコスモスが存在していたのである。暦法の基本定数が，法則的にすべてを形成していくのとよく似たシステムであったともいえる。

最近の研究によると，中国人がこのように12音を体系だって作り出すにいたったのは春秋後期以降のことだったようである。冒頭で説明した「三分損益法」とは，この3対2の数理関係から次々に音律を生成していく方法のことであった。そして近年いくつか出土した春秋後期以降の編鐘を修復・復元する作業が行われた結果，鐘の音程もはっきりとし，調律がほぼ三分損益の数値に対応していることが確認されたのである。そしてこの三分損益法に基づき，音楽の数理が暦の数理に接近していくのは，戦国中期以降のことになる。

数理と合理の開花　戦国中期を画期として，数理と合理を中核に置く思惟が一気に開花する。天文暦法と音楽における数理性こそ，この時期，中国内においてももっとも重要な核心に据えられたものである。これに加えて，この時期は陰陽思想や五行思想などの中国の典型的な数理的思想（術数思想）が出そろう時期でもあった。中国の古代的な数理・合理思想が花開く時代だったのである。

そのなかにあって，この時期の数理的合理性において中核的基底となるのは，やはり天文暦法と音楽であった。そして陰陽や五行は，天文や音楽の物理的・数理的真理性を核心にして，その周囲からそれを覆い込むように存在していたといえるだろう。戦国期の術数的世界の構造的外観はこれであった。

天文暦法と音楽は，戦国中期以降の中核的数理観を担うものだったといえるが，それでは実際のところはどちらがより合理的で

あり、また真理的であったのかというと、やはり音楽の方が合理性という面ではソリッドであるといわなければならないだろう。音の完全5度の協和は、時代や場所がいくら変わろうとも、不変に成立する事態だからである。完全5度は、殷代でも現代でも未来でもまったく同様に堂々と響きわたるだろう。地球上のみならず、宇宙においても音を伝える媒質さえあれば堂々と響きわたるだろう。

　一方、天文暦法には大の月や小の月、あるいは閏月を置くという不確定的要素が多かった。天象と暦面の不一致という事態も古来繰り返されてきた。そもそも暦の物理的原点を地球の自転に置く以上、天文暦法は不安定性をまぬがれないものだった。したがって音楽の5度系の方が合理性・真理性という角度から見たとき、天文暦法よりもはるかにソリッドなものであったといえるだろう。ただ、当時の人々が音楽の合理性について、それがそれほどにも強力なものであるということについて、自覚的に了解していたかどうかは、もちろんわからない。けれども、音楽の5度系の数理、すなわち3対2の比率（これは音律生成における最初の主要3音を整数値として得るために、9対6に転換されて用いられることの方が多かったが）が展開していく数理は、この頃から文化のあらゆる事象に浸透していき、天文暦法はもちろんのこと宇宙／世界の構造分析はこの数理・数値にいきつき、また宇宙／世界はこの数理・数値において構築されているとする思想が加速度的に進展することになるのである。

9と6

音律の数理3対2（9対6）は普遍的絶対的なものだった。したがって戦国中・末期を通じて、宇宙内のあらゆる事象・現象にはこの数理が根本を規定しているという考えは揺るぎないものとなっていった。それ

にともなって，さまざまな文化的事象もそうした数理的法則性の下にあるという考え方も広がっていった。音楽の数理それ自体は絶対的・普遍的なものとして揺るぎなく存在しているものであった。だがただその周辺をとりかこむさまざまな数理的事態，すなわち陰陽・五行をはじめ，それらにからみついて存在していた呪術的占筮（せんぜい）や予言なども，音楽の数理，すなわち9対6の数理系にからみつきながらその度を進め，展開していったのである。

　9対6の数理の呪術的世界への浸透の典型例は易であった。易はいうまでもなく『易経』として，儒教経典の筆頭に置かれる，呪術的な占筮を中心目的とする書であるが，占筮結果を示す卦に付された解釈文を通じて儒教経典とされている。『易経』は，陽の爻（こう）━と陰の爻━━とを用いる演算によって吉凶を証示する卦を求めるものであるが，その場合，陽の爻を「九」と呼び，陰の爻を「六」と呼ぶ。陽爻は見たとおり一の形である。まっすぐな棒の形である。まっすぐなものは堅い。したがってこれは剛である。陰爻━━の形は，古いテキストである『帛書周易』では八の形をしており，さらにさかのぼって『阜陽漢簡周易』では∧の形となっている（饒，1983）。この∧の形は折れまがった棒の形である。まがっているのは柔らかいからで，柔である。つまり易爻の━と∧は，その本来の形象的意味からすれば，剛と柔だった。剛・柔は陰陽思想では陽・陰に対応する。そしてこの━と∧の形は，またちょうど古代漢数字の一と六の形に対応していた。したがって易の陰陽は本来，「一」と「六」で表されるのが妥当のはずであった。ところが戦国中期以降漢初にかけて，易爻の陽は「九」で表されるようになってくる。

　易爻の陽が「一」から「九」へ変換されるにあたり，関鍵になったのは，陰・柔・偶数として「六」が措定されていたことだろ

う。この六を転換の基軸に、そこに九・六関係を導き入れることにより、陽・剛に対応する奇数の長である「九」が浮上し、九が陽爻として表されるようになったのではないだろうか。そしてその結果、陰陽は九・六の数理・演算関係に置き換えられることになる。易がそういう演算方式を用いることになれば、呪術的占筮・予言の世界においては、数理的な方法論・意識の発展が促進されることになった、ということなのであろう。

以上は易における、陰陽と九六の関係のことであったが、陰陽のみならず五行においてもこのような数理関係への置き換えは行われうるものだった。たとえば、『尚書』洪範篇の「水」から始まる五行は音律を媒介にして数に置き換えると、五―六―七―八―九の数値に配当することができる（堀池、2002）。音律の基音と副基音の数値は九と六である。そして音列的に基音と副基音の外側にはみだすものは切りすてて、あいだの4音だけを取り上げると、数列は六と九を両端とする六―七―八―九になる。

武帝の受命改制

戦国末期から秦漢期にかけて、音楽と同様、根源的数理的事態と把握されていた天文暦法に、ひとつの困難が発見された。それは四分暦の暦数が、音楽の3対2（9対6）の数理に適合的ではないことがわかってきてしまったことである。もともと四分暦の4と、3と2とでは相性が悪かったというのも確かであった。しかし、天文と音楽はたがいに呼応しあって、宇宙が数理的合理性において成り立ち、その合理性が真理であることを担保するものでなければならなかった。そうであってこそ、呪術的占筮・予言などをふくむ周辺的数理現象も、すべて真理であることが担保されうるからである。数理的な世界把握は、天文暦法と音楽の統一的把握という根本が完璧になっていなければ、それらの真理性は画餅にすぎないのであ

る。

　漢の武帝の太初年間，儒教の政治理念として受命改制という思想が喧伝されはじめた。新たに天命を受けて王朝を樹立した帝王は，天命にしたがって国家制度を一新するという思想である。漢は建国以来その頃まで，草創の多忙にまぎれて秦の諸制度をそのまま利用しており，改制して天命受命の正統性を天下に広める機会をもてないでいた。武帝の時に至りようやく新しい王朝にふさわしい制度を新調しようとの機運が盛り上がってきたのである。制度の改正は服色（身分制度）の一新をはじめ，多方面に及んだが，とりわけ天命を受けたことを証示するために，天の運行を掌握していることを示す改暦は最重要事業であった。しかも武帝の当時，秦以来襲用してきた四分暦に暦面と天象との離齬がめだちはじめ，改暦はまさに喫緊のものとされていたのである。

　そこで武帝のもとに暦数に詳しい天文学者が集められ，新暦作成が開始された。その結果，従来の四分暦を捨て暦の基本定数を1カ月を29日と81分の43日とする八十一分暦が採用されることになった。八十一分暦は，太初年間に制定された暦であるから，太初暦とも呼ばれる。

八十一分暦　　この太初暦の作者たち（さらにおそらくは武帝）の暦作製の意識の根底に流れていた共通の思想は，じつは音楽と暦とを数理的に統一しようということであった。八十一分暦の基本定数である29日と81分の43日という数値は，天文観測の技術向上によって，より精度の高い数値を導き出したものではなかった。というよりも，八十一分暦の基本定数は，四分暦よりも精度のおちる数値であったのである。多くの天文学者が糾合されたにもかかわらず，純科学的見地からすれば，改悪が行われたのである。改悪を承知でこれが実

施されたのには，もちろんわけがあった。じつは八十一分暦の81という数値設定に，天文暦法と音楽の統一という企図が組み込まれていたのである。

81という数は9の2乗であり，3の4乗であって，すなわち3と9が基軸となっている。いうまでもなく，易の九・六の九であり，三分損益の三であって，本来的に音律の基本数値である。暦法の基準値にこの81が取り入れられることにより，音楽と天文暦法の数理は，根本において通底することが確定的なものとされることになる。音楽の数理が，天文暦法の根幹を貫くことになるのである。天文暦法と音楽の統一的把握はこれによって完璧に可能となる。したがってこの宇宙内のあらゆる事柄はこの統一的法則においてすべて把握可能ということになる。

太初暦はかくしてたんなる改暦ではなかった。天文暦法と音楽を骨幹として，あらゆる事態にわたって統一的解釈を打ち出す，新しい世界解釈の文法ともいうべきものであった。

そして太初暦の文法によってまず行われたのが，度量衡の統一であった。度量衡は，世界を計測的にとらえるための基準であり，また生産・流通などの基準である。その方法はこうであった。

音律の基本となる基音を「黄鐘」という。基音とは，ドレミファソラシドでいえば「ド」のこと，音律生成の基幹となる音のことである。その基音「黄鐘」の音程を生む笛（律管という）が，まずすべての基礎になる。度（長さ）はその黄鐘管の長さを基準とする。量（かさ）は黄鐘の律管にクロキビ（キビの一種）をつめてえるそのかさである。衡（重さ）はやはり律管につめたクロキビの重さである。クロキビというやや不安定要素が介在するが，すべては黄鐘律管から発生する。社会経済を統括する現実の基準である度量衡はかくして音律が基準となる。

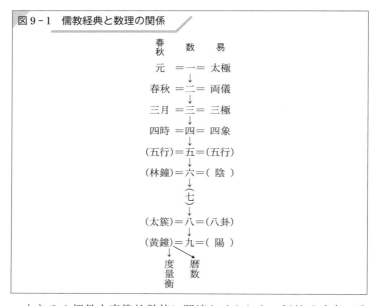

図9-1 儒教経典と数理の関係

　もちろん儒教も音律的数値に関連させられた。儒教は武帝の時に国家の主要教学とされたのだが，たとえば太初暦の9と6は易の九六につながるし，それを基盤に音律は経書との結合が進められる。前漢末頃の劉歆（りゅうきん）は，音律の数値は儒教を根底において支えるものであることを強く打ち出す「三統暦」を作った。彼は音律の数9を主軸に『易』と『春秋』の主要概念の数理的結合を構築し，経書と音律の数値との密接な結合を示したのであった（図9-1）。そして後漢の楊雄（ようゆう）に至ると，『易経』を3と9の数理で徹底的に書きかえ，それを貫き通した『太玄』を著すことになる（辛，2002）。

儒教の真理性を担保するもの　さて，従来の漢代思想史は，基本的に儒教史観において解釈されてきた。前漢は，儒教解釈の一方法である「今文学」がさ

かんな時代, 後漢は, やはり儒教解釈の一方法「古文学」がさかんになった時期とされた。つまり漢代思想史は, 今文学と古文学という儒教解釈学の展開史としてとらえられ, そしてそれが儒教を国家的思想に位置づけるための学問的営為とされてきた。

儒教がこうした営為によって国家の思想的基盤にすえられてきたのはそのとおりである。今文学と古文学の展開もそのとおりである。ただここで大事なことは, その儒教が何故に国家の学として正統たりうると認められ, 実際「国教化」といわれるほどの独尊体制にもちこめたのかという点である。これについて従来の漢代思想史は, さらに次のような答を用意していた。

漢代初期から中期への政治状況は, しだいに儒教を適用するにふさわしい方向に向かっていたこと, 武帝が儒教を好みこれを尊んでいたこと, おもにこの2点である。

政治状況も皇帝の好尚も確かに儒教独尊体制にとって重要なファクターである。もちろん前後漢を通じての儒教の解釈学的な学問営為も重要なものであった。ただそうしたことを越えて, なぜ儒教が一尊なのか, 社会全体をまきこんで, それが真理であると誰もが納得する(せざるをえない)真理性というものが示されなければならないはずである。つまり, 儒教は真理であるということが合理的に弁証されなければならないのである。

真理性の弁証において, 一般的にもっとも効果的な方法のひとつは数理による弁証である。しかもその数理が具体的世界のありようとシンクロしているならば, これにまさるものはない。物理法則といえるからである。そして音律はこの条件にぴたりとかなっていた。戦国期以来, 整備が進んできていた音楽理論は, 漢に至って天文暦法との緊密な結合のもと, 儒教理念を根底から保証するものとして, あるいは全宇宙的真理を担保する根源的物理的

事実として，措定されることになったといえる。

　漢代思想史における従来の儒教史観による解釈は正当であったし，まさに時代の現象的展開をみごとにとらえ，説明してきた。それは現象的展開を追ったものであるから，そこには多様ではなやかな（政治思想や倫理思想の）展開が見出された。後世の学者たちの目がそこにそそがれつづけてきたのも無理はなかった。しかもなにしろそれは，歴史的事実以外の何物でもなかったのである。ただそうした現象的事実の深層において，この時代の思想的方向の真理性を規定していたものは，音楽と暦の数理であった。その音楽と暦の数理思想を「律暦思想」という。律暦思想は漢代を通じて宇宙の真理として確立・定着したのであった。それは儒教が宇宙を通貫する真理であることを保証し，さらにはのっぴきならない数理的・物理的事実に基づいて，儒教の真理性を根源から担保するものであった。その事実を今に伝える資料が『漢書』律暦志である。『漢書』律暦志の「律をもって暦を起こす」ということばはその思想史的意味を一言によって表明するものであった。儒教的世界の支配の象徴である暦は，音律から生まれてくる。儒教の根底を揺るぎなく支えているのは，数理的・物理的絶対性をそなえる音律だったということであった。

　『漢書』ののち，中国のほとんどの正史には律暦志が設けられ，音楽と天文暦法は儒教思想の基底を支え，形作るものであるとの認識が，ずっと引き継がれることになるのである。

飯島忠夫，1930，『支那暦法起源考』岡書院。

饒宗頤, 1983, 「阜陽漢簡簡介」『文物』1983年第2期。
辛賢, 2002, 『漢易術数論研究』汲古書院。
新城新蔵, 1928, 『東洋天文学史研究』弘文堂。
平勢隆郎, 1996, 『中国古代紀年の研究――天文と暦の検討から』汲古書院。
堀池信夫, 1988, 『漢魏思想史研究』明治書院。
―――, 2002, 「陰陽五行」『事典・哲学の木』講談社。

読書案内

ウェーバー, マックス『音楽社会学』安藤英治ほか訳, 創文社, 1967年。現在, 世界中の音楽はほとんどすべてが機能和声(いわゆるドミソ)を基盤にして作られ演奏されている。モーツァルトもベートーベンもビートルズもAKB48も, すべてが機能和声のもとに存在できている。その機能和声を可能にしている音律組織が平均律である。平均律の形成は近代科学文明と同様, ヨーロッパ以外ではありえなかったことを, ウェーバーが証明しようとしたものが本書である。ウェーバーの試みは成功しているのか?

辛賢編『宇宙を駆ける知』(知のユーラシア4)明治書院, 2014年。本書には普通あまり取りあげられない中国の古典的な数理論・楽律論に関する論文がいくつか載る。儒教, あるいは儒教を中心とする中国思想史において, 数理論・楽律論はその根底を支えているものであるが, やや非文系的な要素をもつ領域なのでなかなか研究は進んでいない。そんななかで本書は貴重である。

田辺尚雄『東洋音楽史』(東洋史講座13)雄山閣, 1930年。少々古いものであるが, 中国を中心とする東洋の音楽史を見通すために押さえておくべき基本的文献である。東洋という限定された地域のなかの, 音楽という芸術と数学の狭間にある分野を, バランスよく書いている。

――――――堀池信夫

第10章 都市と農村

蘇州の城門（盤門，1990）

→ 中国語（漢語）では，都市は城壁で囲まれた町を表す「城市」と呼ばれる。現在，多くの都市で城壁が撤去されたが，以前は城壁は都市と農村を分ける重要な目印であった。もうひとつ，都市と農村を分けるものに，「戸口管理制度」がある。これは中華人民共和国成立後の1958年に施行されたもので，人々を「都市戸籍」と「農村戸籍」で分けて，農村戸籍の人の都市への移住を制限しようとしたものである。中国では多くの開発途上国のように急速に都市人口が拡大することは避けられたが，「戸籍」がどちらかによって，就職，社会福祉など多くの面で都市と農村との格差が存在するようになった。この戸籍制度は中華人民共和国になって生まれたものであるが，中国の都市と農村の関係を表すひとつの象徴的事柄であると思われる。中国の都市と農村とのあいだに，どのような関係と格差があったかを見てみたい。→

城壁の都市

古代の中国の都市は城壁に囲まれていたが、宋代以降商工業の発展にともない城壁をもたない市場町も出現した。首都、州・路・省などの中心地である大都市から末端の県に至るまで、衙門（がもん）（役所）が置かれる都市はだいたいは城壁に囲まれていた。こうした都市は、点在する農村にそびえたつ、政治的・軍事的中心であり、首都の玉座に君臨する皇帝を頂点とする中国の歴代王朝の地方支配の末端であり、城壁は権力の象徴でもあったといえる。

首都や地方の重要な都市は城壁も一重ではなく、二重、三重の城壁をもつものもあった。城壁のなかには衙門があり、そこには知県などの中央から派遣された官僚と、実際の事務などを行う胥吏・差役といった人々が政治を司り、中央の命令を周囲の農村に伝え、農村から税糧を徴収する行政の中心であった。

中国の都市は基本的に行政都市、軍事都市であったが、官吏とその家族が住み、彼らの便宜のための人が住み、便利さと治安を求めて都市には人が集まり、商業、そして手工業も行われ、商業都市としても発展した。政治的中心と経済的中心とは必ずしも一致しないが、多くの城壁をもつ都市は周囲の鎮市よりも人口が多く、商工業が発達した地方の中心市場となっていた。清代華北の小都市滋陽県の不完全な戸籍簿を見ると675戸のなかで、読書人・胥吏も105戸を占め行政都市の機能が見られるが、一方商業関係が319戸、手工業関係が64戸と3分の2弱を占めている。また城内に約50戸の農民も居住し、農村的色彩ももっていたのも中国の都市の一面をあらわしている（山根，1995）。

都市の変化

中国の都市は、唐後半から宋代にかけてその形態を大きく変化させたといわれる。唐代までは、城内は南北、東西の大通りによっていくつかの坊と

いうブロックに区切られ、坊の通りに面した部分は高い牆壁で囲まれ、高位の官僚など一部の人を除いては大通りに直接門を設けることはできなかった。坊の入口には門が設けられ、夜間は閉じられ、人の出入りも禁止されていた。

　唐の都長安は、東西約9.7キロ、南北約8.2キロ、高さ約5.3メートルの城壁に囲まれ、そのなかは東西14本、南北11本の幅70メートルから150メートルの大路で、皇宮のほかは整然と碁盤の目のように区切られた110の坊に分かれていた。坊には東西に1本、あるいは東西南北に2本の巷と呼ばれる通りがあり、大路に接する所には坊門が建てられていた。商店は一辺が約900メートルの東市と西市という二つの市に集められ、それ以外の場所で営業することは禁止されていた。商人は市籍という商人の戸籍に入れられ、同業者が固まって店を出すなどと規制を受けた。西市には西方のシルクロードを通ってきた珍しいものが売られ、胡姫が舞う胡旋舞が見られるなど賑わいを見せたが、夜には坊門は閉ざされ、外出するものもなく、大通りは夜回りだけの寂しいものであったといわれる。他の都市も同様で、商店は県城に設けられた公設の市に集められ、他の場所で営業することは禁止され、市でも長安と同様に坊内の通りに面してしか店を出すことはできず、また夜間の営業も認められていなかった。

　宋代以降、「重農抑商」という理念は時として強調されるが、商業に対する規制は緩やかに、かつ柔軟なものになっていった。市制、坊制が崩れ、商店は「市」という特別な区域に限定されることはなく、自由に大通りに面して店を出すことができるようになった。都市も広がりを見せ、民家や商店は城内から出て城門の外にも広がり、城門付近の交通の要衝にも繁華街が出現した。夜も営業を行い、酒楼、妓楼や芝居小屋が軒を連ねる「瓦市」と呼

ばれる歓楽街も発展した。

　商工業は,明代末から清代にかけていっそう発展し,それにつれて都市も繁栄した。これらの都市は農村の市場町村市―鎮市―県城などの中心市場町―地方都市―大都市―地域都市―地方首都―首都,さらに海外に伸びる市場の網のなかに位置し,上下・水平の相互的つながりをもっていった。市場網をつなぐ「客商」と呼ばれる遠隔地交易の商人の活動も活発になり,山西商人,安徽省南部の新安商人,陝西商人,江西商人などの商人たちが活躍した。彼らは同郷や同業の絆をもとに会館,公所を組織して,ネットワークを形成していった。明末から清代にかけての商工業の発展は,都市化の進展と商工業者の組織化を促進したが,会館・公所の指導者は多く官の保護と功名を求めて「官職」を保持した紳商であり,官僚機構から独立した存在ではなかった。また,清代広州の対外貿易を独占した「広東十三行」の公行のような特権商人も存在し,官によるさまざまな規制,収奪があり,中国の都市は王朝権力の行政中心としての性格を強くもっていた。

農村の「自治」

　農村の形態は,都市に比べて多種多様で,地域によっても,時代によっても異なっている。田地に家々が散在する散村もあれば,クリークや街路に沿って細長く延びた村もあり,都市とまごうほどの家が密集した集村もあった。福建省南部から広東省東部の客家(はっか)が多くいる地方では土塁をめぐらした環型や方型の集合集落もあり,治安が悪い地域や時期には周りを柵や濠で囲った寨(さい)や塢(う)と呼ばれる砦も見られる。また南方では一村に一姓の同族村落が多く,華北ではいくつかの姓が雑居する村が多いといわれる。

　こうした農村のなかに,行政都市がそびえ農村を支配していた。中央の首都から階層的に官僚の網が張られ,最末端の県に及ぶが,

江南の農村（蘇州・東永昌，1990）

中央から派遣される官僚は県までであった。南北朝以前は，郡の太守，県の県令・県長を補佐する官に地方の有力者が郷官として任命されたが，隋以降はそれも中央から派遣されるようになった。しかし，その数は学校の教員を含めても数名で，行政は胥吏，差役といった下級役人，知県の私設秘書の幕友等が担当した。県の長官である知県の仕事は「地方官の仕事は銭穀（税糧の徴収）と刑名（裁判）をもってもっとも重きとする」と清代の官僚のマニュアル書である『福恵全書』に書かれているように，中央へ上納する税糧の徴収と，裁判を通じて地方秩序を守ることであり，中央王朝の維持のためのものであった。郷村の実際の事柄は，郷村の自治にほぼ任されていた。とくに宋代以降，国家の地域への関与，規制は緩やかに柔軟になり，水利などの生産保障，橋や道路というインフラの整備，災害時の救済，治安ということは拡大家族である宗族や郷党によって担われた。

宋代以降は科挙という官吏登用試験を通じて，農村の有力者が官僚に吸収されて中央の王朝につながりをもつとともに，官の身分取得を通じて郷村での支配権を強めるという相互関係にあった。清末の広西省では団練という治安組織が作られたが，賀県という県の郷村の130名の団練指導者を見ると貢生9名，生員46名，監生（金銭を出して取得）29名，童生（科挙に合格していない受験生）1名，武生6名，官職の肩書をもつもの（これも金で取得と思われる）34名，軍功3名，職員2名であった。科挙という試験，あるいは金銭や軍功で科挙や官職の身分を取得したものがほとんどを占めている（『調署平楽府賀県造送査明郷社表冊』筑波大学蔵）。在地の有力者のステイタスは王朝権力の官僚機構と密接に結びついていたのである。被治者である農民でも，科挙に合格すれば王朝権力に連なる治者になり，政治的・社会的・経済的優者になることができた。科挙の特権は一代きりであり，均分相続制度によって個々の地主・有力者の興隆衰退を繰り返して新陳代謝が行われるが，全体として彼らを王朝のなかに取り込むことができたのである。清末を例にとるとわずか1300程度の県，1県4人として5000人程度の末端の官僚で人口4億人余りの広大な中国農村を統治できたのには，農村の有力者を科挙体制で支配のなかに組み入れたことにあると思われる。

農村における商品経済の浸透

　都市において，市制，坊制がくずれ，商店が自由に夜間も営業できるようになったと同時期に農村でも変化が生まれた。非合法の市，粗末な市であった農村の草市がしだいに村市としてあちこちに形成され，これらのなかからさらに集落，商店が集まった鎮市という市場町が形成された。これらは集，店，市，鎮，墟（きょ）などと地域によって呼び名が異なるが，農村での商品作物の栽

鎮市（広西貴県新墟，1990）

培，副業などの商品生産の発展にともない，農村のなかに広まっていった。市場において，おもに農村の日常的な生活の需要品や生産物販売を行ったが，最初は定期市として，10日，12日に何回かのサイクルで市が開かれ，一部は店が恒常的に設置されるようになった。その市場圏は，人口密度によって異なるが，だいたい農民が歩いてゆける距離であったという（スキナー，1979）。

　明末から清代にかけて，農村での商品作物栽培，副業としての商品生産はさらに広まり，それに依存する割合も高くなっていった。こうした農産物の商品化をもとに，家内副業も発展し，都市での手工業と相まって，さまざまな商品の特産地ができ，村市から鎮市，さらに普通県城がその役割を果たす中心市場から府・省という大きな地域，全国に結びつけられた。19世紀半ばに太平天国鎮圧のために鎮市や都市の市場での交易，商品運搬にかけら

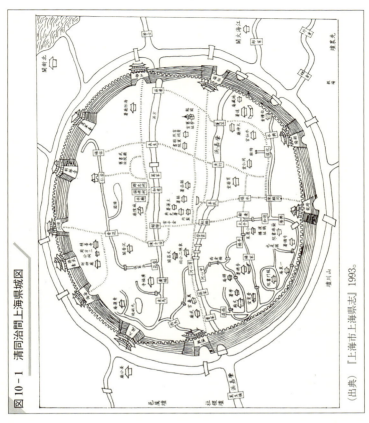

図10-1 清同治間上海県城図

(出典)『上海市上海県志』1993。

れる「厘金(りきん)」という税が創出されるが,こうした農村での商品生産・流通を対象としたものである。地主が鎮市や県城へ移住することがしだいに進み,彼らの土地への関与が弱まり,寄生地主化が進行した。彼らはまた鎮市や都市の商人である場合も多く,官職身分も取得して,多角的な経営を行い,旧中国のいわゆる地主・官僚・商人(高利貸し)という「三位一体」の存在が成立した。

こうして農村は村市，鎮市を通じて，県城の都市，さらにその上位の都市と相互依存の関係をもち，全国に結びつけられ，遠く「雲の上の首都」ともつながっていた。しかし，中国全体を見れば，いくつかの経済的な中心をもつブロックに分かれ，そのなかでもまたいくつかのブロックに分かれ，そのひとつが一定期間外部と断絶されても，すぐには崩壊せず自立できる構造になっていた。近代に入ってもこの情況は弱まりながらも維持され，清末や民国時期に会党等の反乱勢力や小軍閥が地方に割拠できたり，中国共産党が内陸部農村地域にソヴェト政権を形成できたのもこのためであると思われる。

　このように，近代以前の城壁のある都市は王朝の張りめぐらした支配の網の目にあたり，周囲の農村から税や徭役を徴収する行政の中心であり，また中心市場として，周辺の鎮市より上位の市場を形成したが，都市と農村との違いは質的なものというより，量的なものであった。城壁に囲まれたなかにも農民がおり，空き地では農業も行われており，都市と農村に居住する人々のあいだに大きな社会的・文化的差異はなかったといえる。

近代の都市の発達

　1842年アヘン戦争で清朝が敗北し，その結果としてイギリスとの間に南京条約が締結された。それ以後，中国はアロー戦争，日清戦争，義和団戦争などの戦争で敗れるたびにさらに苛酷な不平等条約を押しつけられ，それからの脱却に1世紀を費やすことになる。しかし，南京条約から始まる外国との交易は中国にそれまでと異なる新しい都市を出現させた。条約による交易港，鉄道などの交通の要衝，鉱山や工業地帯において新しい都市が出現した。華北の場合を見ると，天津，青島，煙台などの貿易港，石家荘，鄭州などの鉄道敷設による交通の要衝，唐山などの炭鉱の都市が発達した反面，

昔からの名城の保定,洛陽などの地位が低下し人口が減少するなどの変化が見られる。

　とくに交易港の発展は目覚ましいものがあった。広州の南方の小さな漁業と海賊の島であった香港は,南京条約でイギリスの植民地となり,その後1860年には対岸の九龍半島の先端を,1898年には九龍半島全体と周りのランタオ島などを組み入れ,イギリスの極東の根拠地,近代的植民地都市として発展した。中国国内でも上海,天津,広州,漢口,青島などの都市は海外交易をもとに人口が集中し,近代的都市へと変わっていった。

　これらの都市が発展していくひとつの核となったのは,皮肉にも不平等条約に規定された条項であった。上海は宋代に海外貿易を司る提挙市舶司が置かれ,元代の1290年には県に昇格し,清代にも江海関が置かれた。周囲約6キロの円形の城壁をもち黄浦江への港につながる東門,南門付近は人口が稠密で,県全体では1850年代に50万人を超える規模をもっていたが,近代都市への発展は開港から始まるといえる。南京条約の結果,県城の北に租界が作られた。蘇州河の北にアメリカ租界,河の南にイギリス租界（のちにこの二つは共同租界となる）,県城のすぐ北側にフランス租界が作られた。最初は「華夷雑居」（中国人と外国人の雑居）を嫌う清朝当局の思惑もあって,外国人がもっぱら居住・通商するためとして租界が作られた。

　1853年には上海小刀会が上海県城を約1年間占領し,さらに60年には太平天国軍が揚子江デルタ地帯へ進攻した。これをきっかけに大勢の江浙の紳士,商人等が安全を求めて流れ込み,租界は「華夷雑居」の地となった。これと並行して租界の行政組織も整備され,行政権,徴税権をもった市政府にあたる市政参議会と行政機関の工部局が作られた。租界は何度も「越界路」を築い

て拡大し，上海に居住する外国人で組織された工部局（のちには中国人も参加）によって，道路，電気，ガスなどのインフラが整備され，「国中の国」として「華界」と呼ばれた中国の行政地区とは異なる発展をとげた。租界のセキュリティとインフラや生きるための糧を求めて，また中国官僚の統制を嫌い，多くの郷紳（科挙の身分を有するもの，あるいは引退した官僚などの有力者を指す），商人，そして周辺の地域の農民，貧民が上海へ集まってきて，上海の人口は，20世紀初めに100万人を超え，1930年代には300万人を超える大都市に発展した（高橋・古厩編，1995）。天津などの他の都市の場合もほぼ同様であった。これらの都市では，中国政府や郷紳たちも租界の存在を意識した近代的都市建設・都市行政を行い，しだいに近代的都市は租界から「華界」へ，さらにその周辺や他の都市へと広がっていった。

上海，天津，漢口，広州，青島などの近代的大都市は，新たな航路や鉄道の開設など，旧来の交通網の衰退などによって再編を余儀なくされたが，基本的に明末清初からの農村市場を基礎とする市場網の大集中点であり，再編されたネットワークを通じて農村まで結びつけられていた。外国製品や国内の工場などで作られた「洋貨」が市場網を通じて山奥の村にも入っていき，農村で作られた農産物も大都市，さらに海外に運ばれた。1930年に江西省の南部で広東・福建省に境を接する山間部の小都市尋烏を調査した毛沢東は，尋烏県城で歯磨き粉，歯ブラシ，ゴム底靴など131種類の「洋貨」が売られていたと記している（毛，1982）。

農村部まで経済的影響を受けるようになったのは，とくに19世紀末の日清戦争以降のことであった。商品作物も，茶，生糸，絹織物，落花生，綿花などの輸出作物や，沿海部の中国国内の近代工業の発展にともなって，その原料として広がりを見せた。タ

バコ，綿花などでは在来種に代わって，新種の導入などが行われた。農村部の商品生産は，開港場，鉄道沿線に広がっていった。綿織物では従来の手紡ぎの「土紗」に代わって輸入や中国国内の機械製の「洋紗」を使った「新土布」という手織の布の生産がさかんになるなどの変化が起きた。尋烏県でも南隣の広東省の新土布の産地興寧県から多く流入している。

都市と農村の近代化の差異

アヘン戦争以降，中国でも近代的都市が出現し，近代的工場が造られ，近代的交通網がしだいに整備され，経済的，政治的，社会的近代化は進行したが，その近代化の度合いには都市と農村で大きな差異があったし，地域によっても大きく異なった。このため，アヘン戦争以後に都市と農村との格差が広がっていった。

ひとつは都市と農村の社会的・文化的一体性がしだいに失われていたことである。近代以前，府城・県城，大鎮市，中小鎮市とそれぞれ居住する地主，郷紳に緩い段差があったが，農村でも，都市でも彼らは儒学を学び科挙を通じて，王朝の官僚という「治者」になることができたし，また科挙身分を取得して周囲の同族，郷党に影響を行使することができた。都市，農村を問わず，文化・思想的には一体性をもっており，それゆえに1300程度の県で王朝権力は地方を支配できたのである。

アヘン戦争・アロー戦争という「外患」と太平天国などの国内の反清蜂起によって，1860年代に入ると旧中国の伝統的体制を維持できないことが明白になり，洋務運動，変法運動，革命運動と中国の近代化を模索する動きが起こってくる。また，欧米の商品とともに，外国の新しい文化，技術，制度なども中国のなかに流入してきた。それは，まず開港場の租界，そして華界，周辺の

都市，地方の大都市，中小都市へと広がっていった。中国の近代工業の分布を見ると，きわめてアンバランスで，交通，電気，水道等のインフラが整備され，中国政府からの干渉を受けない上海，天津等の租界をもつ都市やその周辺都市に多く設置された。上海では，現在でも「外灘(ワイタン)」と呼ばれる黄浦江沿い地区に1920〜30年代に建築された当時の流行の近代建築が見られる。上海は中国の他の都市とは異なる風景を呈し，近代的工商業，金融の都市として，アジア有数の都市となった。

そこには外国商社，企業の買弁や商工業を営む資本家，郷紳・官僚，学生，熟練・未熟練の労働者，また周辺の農村から破産した農民等が流入し，巨大な都市を形成した。農村から流入した農民たちの大部分は苦力(クーリー)，人力車夫等の都市雑業に就き，彼らの住むスラムも形成された。このうち資本家，学生，労働者などは，それまでの中国の都市にいた官僚・郷紳や会館・公所の有力者とは異なった新しい階層であり，彼らのなかから西洋文化を受容した新しい思想・文化が生まれていった。清末から民国初めにかけて，新式の学校が作られ，新聞・雑誌が次々に発刊された。しかしこうした動きは，開港場や近代的工商業都市で活発であり，農村部への波及はきわめて緩慢であった。

近代化，新しい文化・思想の波及にはきわめて大きな地域差が存在した。たとえば，新式学校を見ると，1905年に科挙が廃止され，新式の学校が創設されたが，上海に近い蘇州では10年には97カ所の小学堂，10カ所の女学堂が設置されていたという（蘇州市地方志編纂委員会編，1995）。少し内陸の安徽省での08年の報告書を見ると，60州県全体で483カ所の小中学堂があり，そのうち女学堂はわずか3カ所にすぎない（『安徽巡撫部院兼提督銜造送光緒参拾肆年分安徽省州県正署各官年歳履歴事実考語等級表

冊』天理大学蔵)。1県平均8カ所で，その半分は県城の内外に設置されており，分布のアンバランスが見られる。内陸部の山西省霊石県では，清末には書院を改めた高等小学堂が1校だけで，儒教の経典のほかに，古文・珠算・体育を加えたものにすぎず，その他の初等学堂と名前が付けられたものも，旧来の義塾と変わらなかったという（山西省霊石県志編纂委員会編，1992）。40年代になっても，華北の農村の教育はさまざまで，条件のあるところでは小学校が置かれたが，ないところでは旧式の私塾が教育を行い，国民党の教育政策も十分に農村まで浸透したとは言い難かった（三谷ほか，2000）。

また都市の近代化は一定程度農村からの富の移転というかたちで進められていったため，農村部では近代的投資はほとんど行われなかった。清末から農会が作られ，民国に入り農事試験場なども作られたが，財政的問題もありあまり機能しなかった。国民政府成立後，とくに1930年以降に世界恐慌による農村の危機を救うために，品種改良，農業倉庫，合作社などの措置が講じられたが，大きな効果を上げる前に日本の侵略を受けて挫折した。蘇州などの江南では20年代から機械による灌漑が行われたのが農業の近代化の数少ない成果であった。

地主・郷紳の都市への移住

明末清初以来，郷紳が都市に移住し，寄生地主化する傾向は進行していたが，近代に入りその度合いはいっそう加速された。蘇州などの江南では，寄生地主となり小作地と小作人への掌握を弱めた地主に代わって，小作地の管理や小作料の徴収，土地税の納入を行う組織である租桟が盛行するようになった。都市の租桟の郷紳たちが官権力を動員して，強制的に滞納する小作人から小作料を徴収する収租局などの「官・地主一体」の体制が作ら

れた。租桟地主たちの組織も作られるようになり，辛亥革命前後の社団が作られた時期には，租桟地主の業界団体として田業会が結成され，地方政府に働きかけ地主の利益の確保を図っていった。これは蘇州城内などの都市の有力郷紳たちによって推し進められ，郷村や鎮市の地主とは一部対立する場合もあったが，それを排除して行われていった。1920年代には蘇州の田地の7割，あるいは6割は租桟の地主の管業地で，自作農や郷村の中小地主のみずから収租する自業地は3，4割であったといわれ，地主が都市や大鎮市に移住し，土地が都市の地主に集中するようになり，それにつれて農村の自治的機能にも変化が生じたと思われる。

郷紳や地主の都市への移住にともなって，農村では小作人のみ，あるいは小作人と少量の土地を所有している自作農で構成されるようになり，小作暴動などの農民運動は「連圩結甲」という小農民が住む郷村が連合して行う形態が多くなった。これらの暴動のなかには村の廟などに代表が集まって謀議する計画的なものもあった。

小さな県城や鎮市に居住する郷紳や有力者は，清末から県や市郷での郷董，区董などとなり，官僚や大都市の郷紳と連携・対立しながら，郷村での地方自治や近代化などを担っていくのであるが，しだいに彼らと農村に住む農民たちとのあいだの乖離が進んでいったように思われる。彼らが地域エリートとして地域の政治へ積極関与していったが，それは彼らが地域や市場での利益を図るものであり，彼らが推進した学堂，自治公所，警察署などはえてして農民たちの襲撃の対象となった。清末から民国時期の蘇州での民衆暴動を見ると，農民が蘇州城内に来て打ち壊すことはほとんどなく，郷村や鎮市の郷董，地主が襲撃されている。抗租（小作争議）の場合は催甲という租桟の農村の管理者が対象にな

る。また国家統合を行おうとする国民政府はそれまで緩い自治にあった農村に対して、保甲制・新県制などを導入して支配の浸透を図るが、郷紳たちが行う独自の利益の追求は、農民を収奪し国家統合を妨げるものと認識されて、彼らの一部は「土豪劣紳」と見なされるようになった。

都市と農村の運動の差異

都市部に有力郷紳が移住し、資本家、学生、労働者などの新しい階層が生まれ、彼らの一部は近代的学校教育を受けたり、海外に留学したりして、欧米の思想・文化の影響を受けて、都市、地域、さらに中国の近代化の実現を模索していく。農村でもしだいに学校が作られ、都市の中学校や上級学校に進学するものも出て徐々に新しい思想・文化は浸透していったが、その過程は緩慢で伝統的価値観が色濃く残っていた。このため、都市・郷村の郷紳（士大夫）を通じて存在していた思想・文化的一体性は、都市の近代化の進展と、新思想・文化の受容によって失われ、運動の面においてもそれぞれ別の動きを行っていくようになる。

都市では、従来の紳士の団体のほかに、新しい社団が作られ、彼らによって都市の整備やナショナリズムに基づく運動が展開されていった。20世紀から中国のナショナリズムが高揚し、外国商品のボイコット、国産品奨励、工場・商店・学校のストライキ、デモ行進などの各種の愛国運動が展開されるが、この組織を担ったのが新しく生まれた社団であった。たとえば五四運動では、総商会（商業聯合会）、各馬路聯合会などの新興の商人・資本家や各街路の商店街の組織、学生聯合会という学生の組織、総工会（工団聯合会）という労働者の組織、女界聯合会という女性組織、その他各業の団体、同郷団体や救国会などの組織がもとになり、都市ごとに工商学聯合会、各界聯合会の連合組織を結成した。各団

体やそれらが連合した全国組織が作られ，運動は一都市のみならず全国で展開された。

中国の大都市では一部市民というべき階層が生まれ，ナショナリズムに基づく愛国運動や民主主義を求める運動が展開されたが，しかし，それらの農村部への影響は少なかった。国民革命期に，浙江省蕭山県衙前や広東省海豊県で農民協会が作られ一定の近代的農民運動が展開されたが，それらは沈定一（しんていいち），彭湃（ほうはい）などの個人的な影響によることが多かった。

都市において近代化を図る知識人と農民との意識の乖離をよく示すと思われるのが，国民政府成立後，展開された「迷信打破運動」とそれに対する民衆の反発・暴動である。「迷信」の「罠」に陥った無知な農民を覚醒，救済するために，国民党の地方党部・学生たちによって廟宇の破壊，祭の禁止，占い師などの職業の禁止などが行われたが，民衆の反発は激しく，江蘇省塩城県では，収入を断たれた道士，党部によって民衆への指導力を脅かされた「劣紳」が指導する暴動が起きるまでになっている（三谷，1978）。

1927年の国共合作の崩壊によって前衛となるべき都市のプロレタリアから切り離された中国共産党は，都市の地主・郷紳の土地や市場を通じての収奪や，国民政府や地方軍閥の土地税やその他の重税負担に苦しめられ，近代化の恩恵にあずかることの少ない農村，とくに内陸部の農村の農民を組織し，勢力を拡大することになった。共産党はその理念に基づき，「土豪劣紳」の打倒，土地分配や抗日時期の減租減息などの政策を行い農民の経済的負担の軽減や土地への渇望を満たそうとした。また農民への教育を行い，貧農・雇農に依拠して農村での革命運動を行っていくが，その際伝統的農民運動のあり方，非「マルクス主義」・非「都市」

的要素も共産党のなかに入り込んでくることになり，独特な革命が展開されるのである。帝国主義に隷属して十全なかたちで近代都市へ発展できなかったとはいえ，租界を中心に近代的都市空間が生まれ，西洋的近代思想を受け入れ，ナショナリズムに基づく愛国運動を展開した都市とは違った空間において，中国共産党による革命は遂行された。「農村が都市を包囲」する中国革命は，中国が外国の侵略を受け，その近代化がいわゆる「半植民地・半封建社会」として，都市に比べて近代化の恩恵を受けず，むしろ都市化した郷紳・政府の収奪を受け，都市との格差を拡大させた農村を基盤とするものであった。

都市と農村，沿海と内陸の間に近代化の程度と，新しい文化の受容に大きな差が生じた。また農村から都市へという地域の自治を担う郷紳，有力者の移住は，都市と農村の一体性を崩し，格差を広げる役割を果たし，それが中国革命のあり方にも影響したと思われる。

現代中国の都市と農村

近年目覚ましい経済発展をとげる中国では，都市化率は急速に高まっている。しかし2010年のセンサスによると，なお農村人口は約5割を占めている。農村の近代化，富裕化なしに中国全体の近代化は不可能である。1978年以降の改革開放後，沿岸部に経済特区を設置し，さらに2000年から内陸部開発として西部大開発が行われ，都市・農村とも大きな変化が起こっている。これによって個別の地区の農村では郷鎮企業や農村部の個体企業が発達し，経済的に豊かな地区も出現している。しかし，もっとも豊かな上海と貧しい貴州省とではその1人あたりの収入は5倍以上の格差がある。文革後の改革開放以来，都市と農村の格差，農村の間の地域格差は拡大する傾向にある。

中華人民共和国成立後，農村部では土地改革が行われ，地主階級は消滅し，男女平等を定めた婚姻法も施行されるなど一定の民主化も行われた。しかし，共産党政府は，建国後の工業化や冷戦体制の下での国防の近代化を図るための資金を農村から求めざるをえなかった。農村から穀物を安価に徴収し，都市の政府職員，技術者，労働者を養い，余剰資金を近代化にまわすというものであった。このために，都市と農村の現状を固定化し，農村部における自給を高める政策をとった。生産を高める方策として集団化も急がれ，人民公社が作られた。中華人民共和国成立以前および成立初期には，農村から都市に流れ込んだり，華北から東北に出稼ぎするなど，都市と農村の間，各地方間の人的移動は行われていた。1958年「戸口登記条例」が出され，「都市戸籍」「農村戸籍」の管理が厳重になると，政府の管理のなかでしか移動はできなくなり，農村と都市の交流は経済的関係を含めて制限された。都市と農村の格差は，中華人民共和国成立後に固定化され，拡大されたといえる。農村でも集団化・人民公社の設置により，村落は耕地もまとめられ内部に閉鎖的になり，それまでの開放性が減少したという。

　改革開放以後，沿海部の経済発展にともない，沿海部の都市の成長はいちじるしく，急速にその様相を変えている。それにともない周辺の農村も豊かになり，真新しい家が次々に建てられるようになった。経済的に発展した江南などでは，都市の膨張により，農村風景が姿を消している。一方，内陸部の農村は依然として貧しく，農村から出稼ぎ労働者が都市に流れ込み，「農民工」として躍進する中国経済を支え，農村部の購買力を生み出している。その反面，農村での開発にともなう農地の強制収用，働き手の出稼ぎによる農地の荒廃，留守児童問題，都市部での「農民工」へ

の差別問題など，新たな課題が生じている。現在テレビが農村まで行き渡り，インターネットも普及し，世界の動きが伝わり，人の動きも活発になり，商品生産もさかんになり，ふたたび農村市場も活況になっている。政治的にも農村から村民委民会等の選挙が始まるなどの民主化の動きが始まった。都市と農村は以前のように隔絶したものではなくなってきており，また近頃人口抑制策である「一人っ子制」（独生子女）の緩和とともに，「都市戸籍」「農村戸籍」の段階的解消の方向も出されており，今後の中国の農村がどう変わり，さまざまなかたちで見られる「都市・農村格差」がどのようになっていくか注目される。

引用・参照文献

山西省霊石県志編纂委員会編，1992，『霊石県志』中国社会出版社。
斯波義信，2002，『中国都市史』東京大学出版会。
上海市上海県県志編纂委員会編，1993，『上海市上海県志』上海人民出版社。
スキナー，G. W. 1979，『中国農村の市場・社会構造』今井清一ほか訳，法律文化社。
蘇州市地方志編纂委員会編，1995，『蘇州市志』江蘇人民出版社。
高橋孝助・古厩忠夫編，1995，『上海史』東方書店。
田原史起，2008，『二十世紀中国の革命と農村』（世界史リブレット）山川出版社。
三谷孝，1978，「南京政権と『迷信打破運動』（1928〜1929）」『歴史学研究』455 号（のち，『現代中国秘密結社研究』汲古書院，2013，所収）。
三谷孝ほか，2000，『村から中国を読む』青木書店。
毛沢東，1982，『毛沢東農村調査文集』人民出版社。
山根幸夫，1995，『明清華北定期市の研究』汲古書院。

――――――――夏井春喜●

第11章 女性史の視点

➡一般に歴史が綴られるとき，主な史料となる文献は男性によって記されたものがそのほとんどを占めている。たとえば楊貴妃（719～756年）という女性を歴史の文脈に表そうとする際，史家は五代や北宋の史料（後晋・劉昫撰『旧唐書』后妃伝や宋・楽史撰『楊太真外伝』など）に依拠し，各時代の知に基づく男性の視点で記された文献に根拠を求めることになる。つまりわれわれは楊貴妃という女性について五代・北宋の男性史家の解釈を読んでいるのである。こうした事情から，王宮の女性描写といえばたいていの場合，美女や虐后の伝説といった代物になってしまう。歴史には女性を主体にした視点も考えなければならないはずであるのに，これまでの歴史の記述はそのほとんどが男性主導の視点で記録された文献によって書かれたものなのである。

　そこで歴史の新しい視点を模索する試みとして，女性自身の手で書かれた文献，純粋な女性文献がどのくらい残存しているのか調査する必要が出てくる。また同時に，女性の視点を導入して歴史の記述を再検討する，という課題も残されていることに気づく。⬆

わが国における中国の女性史研究の多くは清末以後を扱っており，それ以前の女性文献を通時的に分析した研究はまだほとんど行われていない。それでは中国本土でこれまで女性史はどのように研究されてきたのであろうか。中国で刊行された女性史の研究書を一瞥してみると，婦女生活史・婚姻史・女子教育史・娼妓史・婦女文学史といったテーマ史として書かれたものが多く，女性史一般として書かれたものがほとんどないことに気づく。そこで，本章ではこうした中国における研究をテーマ別に紹介しながら，中国女性史の諸問題について概観することにしたい。

　それではまず歴代の女性の動向をさぐる手がかりとなる文献にはどのようなものがあるのだろうか。女性に関する史料文献を分類してみると，おおむね女訓書・史伝・詩文集の3分野に区分することができるが，こうした文献を読む場合，あらかじめ以下のような各種文献の性格について予備知識をもつことも必要である。

女訓書

　「女訓書」と呼ばれる女性教育書には女性と男性の著作があって，いうまでもなく，これらは視点と意図する方向がかなり違うため，二者は根本的に文献の性格を異にしている。まず女性の手になる代表的な女訓書には，『後漢書』列女伝の班昭（曹世叔妻，48?～120?年）の伝に見える『女誡』や唐代に編まれた『女論語』等があり，前者の『女誡』が女性撰者の女訓書としては初出文献である。一方，女訓書の嚆矢としては前漢の劉向（前77～前6年）の編纂した『列女伝』があげられるが，その体裁は儒教の文脈に沿った婦徳（母儀・賢明・仁智・貞順・節義・弁通・孼嬖^{げっぺい}）を説話形式で著したものである。

史伝

　史伝類は，理想女性の典型として描かれたものではなく，正史に見える后妃伝や

第11章　女性史の視点　　245

列女伝, 稗史小説の類, さらに地方志といったノンフィクションの記事である。しかしながら, 女訓書と史伝類の記事を比較してみると, 女訓説話に描かれた女性と史伝類のそれとの区別はかなり困難な部分もあり, 実像との距離という問題が生じていることは否めない。志怪や伝奇と呼ばれる小説に近い文献も多く, つねに虚構が含まれる可能性を考慮する必要がある。

詩文集

文学関係の文献は, さらに慎重を期す必要がある。これまで女性が書き残したと考えられてきた詩文にも, じつは真作と偽託とが混在していることを知っておかなければならない。たとえば宋代の代表的な女性詩人朱淑真（生卒年不詳）の詩詞を集めた『断腸集』には,「私が武林へ赴いた際, 好事家がしばしば朱淑真の詞を口ずさんでいて, これに耳を傾けているとなかなか斬新な表現で含蓄があり, 巧みに人の心理をとらえていて, 凡人が作れるような作品ではない。そこで筆をとってこれを写した」という編者の序がある。つまり現存する朱淑真の詩集とは, じつは口承によるテキストなのである。一般読者を想定した文学を書く, という意識で女性が記したと考えられる詩文集を求めるとなると, 元の時代を待たねばならない。

婚姻史

さて旧中国の歴史を女性の側から見る視点のひとつに, 婚姻制度をあげることができる。ここではまず婚姻の歴史を追いながら, 女性史上の問題を考えてみよう。

いかなる民族も通過したと考えられる「乱婚」の時代は, 人智が進むにつれて同族内に限定した「集団婚」に変化するが, 群婚の時代はその社会形態から「母系社会」ともいわれる。これは, 族内集団婚においては子の母親だけが明確である点からそう呼ば

れるのである。秦の呂不韋（前290?〜前235年）が編纂した『呂氏春秋』恃君覧に見える「其の民，聚生群処し，母を知るも父を知らず」といった記事からもそれはうかがうことができる。母系社会では一定の領域内で同年齢の同等の男女が結合することになるが，妻の産んだ子はすべて兄弟姉妹として扱われ，これが旧中国で婚姻に輩行（排行）が重視された理由であるといわれる。

> 掠奪婚から聘娶婚へ

こうした母系社会も実質は乱婚の域を出るものとはいいがたく，殷代末期より「父系社会」といわれる族外婚時代へと移行するが，この父系社会の初めにあらわれた婚姻形式は一般に「掠奪婚」と呼ばれる。たとえば後漢の許慎（生卒年不詳）が書いた中国最古の字典『説文解字』には「婚」字について「礼，婦を娶るには昏時を以てす」と説明し，これは黄昏時という婦家が油断している時間帯をねらって女性を奪うという族外掠奪婚の名残りであるといわれる。ところがこうした掠奪の行使は時に報復・奪回といった危険をともなうものであるため，しだいに有償的方法へと移行することになる。それが財物を与えて嫁を買い取るという「売買婚」の始まりである。『儀礼』士昏礼篇にみえる六礼のひとつ「納徴」は，文献によって「納幣」と書かれることも多く，これは明らかに売買婚の痕跡である。しかし儒教における礼制としての婚姻は「聘娶婚」と呼ばれ，男家の側から礼物や金銭を女家に贈り，女家の側でその「幣」を受け取れば婚約が成立するというものであって，これはいわゆる売買婚とは区別される。聘娶婚の特徴は「媵」と呼ばれる特殊な役割を担う女性を介在させる一夫一妻多妾制にあって，16〜18世紀に中国を訪れたカトリック宣教師の記録等によれば，それが明清時代まで続いていたことがわかるのである。ただしこの時代になると，婚姻制そのものが聘娶婚をベースとし

ながらも婚約（「許嫁」）をきわめて早く行う契約婚がさかんになっており，元代以降，女性の籠居や纏足といった奇習も一般化するようになる。元明時代の女性は「内」と呼ばれる奥の間（婦人専用の部屋）に隔離されて生活していたのである。

貞節観と情史

明清は早婚の傾向が強くなり，婚姻についての論議も高まった時代といえるが，それは女性の側からすれば抑圧と虐待を受けた時代の象徴であり，女性にとってこの時代は中国全史のなかでもっとも劣悪な環境であった。劉向の『列女伝』で賞賛された貞節観念が朱子学のフィルターを通って以後，新興宗教の戒律のごとく執拗に強調され，実社会のうえに無数の貞女や節婦，烈女，烈婦が現れては露と消えていったのである。ここにいう「貞女」とは死亡した婚約者への節操を守った未婚女性をいい，「節婦」とは亡き夫に対する節操を貫いた既婚女性をいう。「烈女」「烈婦」の「烈」とは己の生命を犠牲にして節操を守り通した女性に冠する称号で，暴力によって貞操が奪われそうになったときに自害したり，または抵抗して殺されたりして命を落とした女性，さらに婚約者や夫が亡くなった際に後追い自殺した殉身の女性をさす。こうした貞節観念の蔓延した状況下にあった明清の女性は，再婚（「改嫁」）を不徳としてとがめられることも多く，現代においてもそうした価値観が女性文学批評の場にもちだされることさえある。こうした貞節観を信仰する風潮から，後述する明代の女訓書のほか，貞女や節婦・烈婦を称えた詩文が男性文人の手で無数に書かれ，それは馮夢龍（1574〜1645年）が撰した『情史』のような女性の「情」を重視する文人の目を育て，やがて『紅楼夢』のような文学を生む原動力ともなってゆく。またここで女性の側に視点を移してみると，夫の後を追って自殺した明の薄少君（沈承の妻，生卒年不

詳）が遺した『嫠泣集（悼亡詩百首）』のような烈婦の心情を吐露した女性文献も史料として重要であることがわかる。明末より清朝にかけて女性崇拝の思想が起こり、また女弟子をとる男性文人が出現したのも、こうした事実と無関係ではない。

女性教育書

それでは旧中国において女性教育がいかに行われたのか、その痕跡を追いかけてみよう。女訓書の起源は先にも述べたように、前漢時代に劉向によって書かれた『列女伝』と、後漢の女性班昭の撰述した『女誡』とが後世の女訓書の典型となっている。こうした女訓書の体裁を見ると、『女誡』はきわめて家訓に近い内容の教説型の女訓書で、一方『列女伝』は説話を項目別に分類して並べたものである。また『女誡』にしばしば引かれる、現在には伝わらない『女憲』が四言の韻文であることから、漢代より韻文型の女訓書も存在していたことが確認できる。したがって、中国の女訓書はおおむね教説型・説話型・韻文型の3類型に分けることができよう。後代になると『女論語』のような韻文型の女訓書も多く編まれ、それは元以降の女性文学の題材にもなっている。

ここでは後世「女四書」と称される女訓書を取り上げてみる。まず『女誡』は曹大家と呼ばれた班昭が女たちのために婦礼をしたためた誡めの書、という設定で記されている。俗に「女孝経」とも呼ばれたこの『女誡』は、卑弱・夫婦・敬慎・婦行・専心・曲従・和叔妹の7章からなり、各章題からもわかるように、その内容は新婦の心得を記したものである。とくにその夫婦章に、男性と同等の知育の必要性が説かれていることは大事な点であろう。

次に『女論語』は一般に唐の宋若莘撰・宋若昭伝註と伝えられるが、現存の『女論語』は編者未詳の書であって、じつは『女論語』の原本は亡んでいて伝わらない。その体裁は『女誡』

に同じく、曹大家（班昭）が新婦に向かって語りかけるという設定で、立身・学作・学礼・早起・事父母・事舅姑・事夫・訓男女・営家・待客・和柔・守節の12章からなり、序文より一貫して四言の韻文形式で綴られている。章題からも明らかなように、唐代の女訓書では『女誡』に見えるような新婦の心得に加え、家内の経営や接客、貞節観にまで言及するようになる。また本書の存在により、曹大家班昭が女教（じょきょう）の聖人として神格化されていく経緯がうかがえる点は非常に興味深い。

　残る二書は明代のもので、まず『内訓』は成祖朱棣の皇后、仁孝文（じんこうぶん）（徐氏、1361～1407年）の手になる書物で、内容は徳性・修身・慎言・謹行・勤励・警戒・節倹・積善・遷善・崇聖訓・景賢姫・事父母・事君・事舅姑・奉祭祀・母儀・睦親・慈幼・逮下・待外戚の20章からなる教説型の女訓書である。序には「独り女教いまだ全書あらず、世にただ范曄（はんよう）の『後漢書』に曹大家の『女誡』を取りて訓と為すも、恒（つね）にその略を病ふ（うれ）」という本書を草した理由が説かれており、仁孝文皇后が孝慈高皇后（こうじこう）（馬氏、1331～1382年）より授けられた教誡が下敷きになっていることがわかる。とくにその「逮下章」に衆妾との協調を暗示している点には留意が必要である。

　最後の『女範捷録』は「女四書」の注釈を書いた王相（おうしょう）の母劉氏（王節婦）の撰述とされるが、じつはこの劉氏についても、その子王相についてもよくわからない。内容は統論・后徳・母儀・孝行・貞烈・忠義・慈愛・秉礼（へいれい）・智慧・勤倹・才徳の11章に分けられ、従来の女訓書に見える教説や女訓説話の概略を記した短文を羅列した体裁となっており、歴代女訓の集成版といった書である。

妻と妾

こうした旧中国においては、女性はおおむね「妻」と「妾」の階級に二分され、婚姻儀礼の文脈上では純粋な性概念としての「男」に対する「女」に始まり、これに礼教上の役割（婦礼）が与えられるようになると、それが「婦」「姑」のように旁として女偏に加えられてゆく。また媵制にも明らかなように、「姉」と「姪」「娣」とではすでに輩行のなかで格差があって、成人以前の段階でその位置づけが決定されているのである。宗法制の下では「女」は生家からはある意味で排除されるが、「妻」として婦礼の手続きを経て夫家に迎えられると夫と一体の存在（「夫妻一体」）となり、祖先祭祀および財産相続の権利が与えられる。たとえば武則天（武曌、624〜705年）の政権は、この礼教のシステムのうち、「妻（姑）」の権限を最大限に利用して国政の実権を掌握した例である。また中国の婚姻制や女性教育においてもこの「妻」の立場が中心に語られており、歴代の女訓書はすべて宗法社会における宗家の女に対する教訓を説いた、いわば姑の教誡として書かれている点に留意が必要である。「妻」の周辺に存在する姆や女祝、媵、御といった妾の教育についてはほとんどわかっていない。その呼称も「媵」が「媵妾」と記される点から見て、嫡妻以外の女性を総称して「妾」と呼んでいたことがわかるのである。

妓女史

さて旧中国の社会にはこうした儒教の文脈に登場する女性のほかに、「妓女」と呼ばれる女性たちがいる。経学の字典として書かれた『説文解字』には「妓」字は見当たらず、通説では「妓」は「伎」字が変化したものといわれる。これは六朝時代以後多く現れた妓女の起源を暗示するものとも考えられるが、その起源についても異説があって定かではない。「妓女」は「娼妓」と書かれることも多く、

Column⑤ 媵と御

　婚姻儀礼（六礼）における「親迎」の儀節以降，「媵」と呼ばれる女（新妻）の従者と，「御」と呼ばれる婿の従者が登場する。媵とは嫡妻に子がないときに代行して子を産む役割の女性を指し，これは一般の妾よりも地位が高い。古代の婚姻儀礼では嫡男の正妻として嫁ぐ場合には必ず媵（新妻の姪娣）が随行し，従嫁として男家に入るのである。一方，御は古くは「迓」と書かれ，これは男家にいる女性で，婚姻儀礼において嫡妻と媵を迎えて男家のしきたりなどを教える者をいう。『儀礼』士昏礼篇に付けられた漢儒の注釈には「婚姻儀礼が終了した後，媵は主人の残したものを餕べ，御は婦の残したものを餕べる」とあって，媵も御も新郎新婦と同じ牢肉を食しているのである。また「夫婦は接したばかりで廉恥心をもっているので，媵と御が互いの主人に対して代わるがわる導く」とあり，さらに『春秋公羊伝』成公十年の注釈に見える「周の制度では，天子が后を娶る場合，三国よりおのおの三人ずつ媵をさし出すことになっていた」という記事を引く。

「妓」も「娼」も元来は「伎」「倡」と記されていたものが，いつからか女偏になったものである。これらの字の旁「支」「昌」に注目すると，もとは音楽歌舞の技芸を身につけた女芸人を指していたものと推測できる。妓女の起源について，中国では古代の「女楽」を起源とする説（王書奴『中国娼妓史』1971年刊）が有力で，前漢の武帝以来「公娼」の制度が設けられたことが契機となり，妓女がもっぱら技芸を行っていた時代（魏晋南北朝期）が出現し，色・芸を兼ねる時代（隋唐宋元時期）を経て，売淫を主とする時代（明清以降）へ進んだものと見ている。

妓女の呼称　妓女の活動については唐の孫棨撰『北里志』，宋の張邦撰『侍児小名録』，元の夏庭芝撰『青楼集』，明の余懐撰『板橋雑記』，清の趙慶楨撰『青楼小名録』など多くの記録が残っている。こうした文献に現

れた妓女の呼称は、筆者がこれまで目にしたものだけでも、内人（皇帝私設の妓院に所属する妓女）、飲妓（酒を勧める妓女）、花娘（歌舞をよくする妓女）、御妓（宮中の楽妓）、風声賤人（歌唱力のある女性）、女校書（唐の薛濤の呼称が後世妓女の呼称となったもの）、表子（婦女をあらわす宋代の市語）、十家（格別に皇帝の恩寵を受けている妓女）、劄客（下等の歌姫）、売客（往来に向かって客を呼び入れる妓女）など92種があって、妓女の住む妓院の呼称も青楼、狭斜、青廊、娼家、妓館など25種を数える。

　従来の研究ではこうした煩瑣な呼称で文献に現れる妓女を、その属性から「宮妓」「官妓」「家妓」「民妓」等に分けて呼ぶことも多い。「宮妓」は後宮に属する妓女で、皇帝の享楽に供される者をいう。「官妓」とはもともと公立の酒楼に属する妓女を指していたが、軍営の管轄下に置かれて地方に単身赴任した官僚に仕える妓女を「営妓」というのに対し、府や州の管轄下に置かれ、地方官僚や土地の有力者の享楽に供される妓女を「官妓」と呼ぶこともあって、識別がなかなかむずかしい。「家妓」は資産家が所有する妓女で、古くは高官や貴族の家に置かれていたものが、後世になると商人や富農の家でも妓女をもつ例があって、主人の寵愛を受けた場合には妾と変わらなくなってしまう。「民妓」は「私妓」とも呼ばれる民間の妓館にいた私有の妓女で、下級官僚から一般庶民にいたるまでの享楽の相手をつとめた者を指している。

女性文学史

　以上のようにさまざまな呼称をもつ中国の女性たちは、自分たちの立場をどう認識し、どのような思考をもって男性と対峙していたのであろうか。その精神の履歴をさぐるうえでも、やはり文学の変遷を見てゆくことは欠かせない視点であることがわかる。それでは時代を追っ

て残存文献に見える主題や題材を見てゆくことにしよう。

　漢　まず儒教が国教化した漢代では，前述のように班昭によって『女誡』が書かれ，これがその後の女性教育や文学の典型となっている。これまで"男尊女卑"の象徴のように解釈されてきたこの『女誡』も，近年の研究では従来のように「女性の主体性や自由を奪う書」と決めつけてしまうのではなく，旧中国の礼教の文脈における女性の位置や処世術を示した書として再評価されるようになった。嫁を送り出す際に父母が女(むすめ)に与える教戒は，『儀礼』士昏礼篇に付された『士昏記』のなかの「昏辞」に簡略な例文が見えるだけで，それは到底完備されたものとはいいがたい。班昭はその婦礼の内容をより明瞭にして処世訓を盛り込み，かつ女性文学の基礎を確立したと見ることもできる。

　六朝　魏晋時代の文学サロンで活躍した女性の多くは門閥が重視された当時の貴族社会における名門出身者が多く，滑稽と機知に富んだ文学が好まれている。しかし，そうした開放的な生活の裏では暗澹たる政変や戦乱が展開しており，晋の蘇蕙(そけい)（生卒年不詳）の『回文詩』(かいぶんし)のような特殊な文学も生まれた。回文詩は「璇璣図」(せんきず)とも呼ばれ，841字を錦に織り込んで夫に贈ったものである。その読み方には3800通りがあり，唐の武則天の『蘇氏織錦廻文記』や宋の朱淑真の『璇璣図記』等にその説が見える。また南朝の文学には，長い間純粋な女性の心情描写として受け取られてきた「閨怨詩」(けいえんし)と呼ばれる一群の作品が見られるが，これは男性が女性の立場を借りて「ある女が己のもとを離れて訪れない薄情な男を怨む」という，倒錯した，超現実的な情景を詠んだ虚構の文学である。陳の徐陵(じょりょう)（507〜583年）が編纂した『玉台新詠』に始まる閨怨詩の系譜は唐代まで連綿として受け継がれ，こうした題材は妓女が客人をもてなす場面で詠じられることも多か

った。しかしながら、閨怨という題材が元来男性によって創り出された虚構の文学である点には留意が必要である。

唐　宋　さて7世紀中葉における武則天の政策下に女性知識階層が増加し、これ以後女性が積極的に詩文に目を向ける機会が多くなり、文学に強い関心をもつようになる。前代までの女性詩人が各王朝に数人ずつ記録される程度であったのに対し、『全唐詩』には126人の女性詩人が記載されていることからもそれは明らかである。また晋代より盛んになったといわれる道教寺院における婦女教育、さらに平康里を代表とする花柳界の発達とともに、文人学士と交流する必要から詩作に秀でた妓女が輩出するようになっていたことも、唐代に女性文学が盛んになった要因と考えられる。

　女性文学史のなかで留意すべき点のひとつは、唐代の薛濤（768～831年）や魚玄機（844?～868?年）といった妓女を中心とした文学から、宋以後、中流の資産家に嫁いだ貴人女性の文学が主流となる点である。幼少時より高度な教育を受けた女性が、成人して他家に嫁いでからその精神的はけ口として詩文の世界に没頭するといった傾向が、宋元以降の残存文献には多く見られるようになる。たとえば『詞論』を書いたことでも知られる詞人の李清照（1084～1155?年）は、夫の趙明誠を助けて三代の古銅器や漢唐の碑刻の蒐集につとめ、『金石録』の後序を書いたことでも知られる。

南渡以後　中世の北土に端を発した妓女による主情主義の文学、あるいは宋代に始まる貴人女性の文学は、異民族の南下にともなう漢民族の南渡によって江南の地にもたらされ、以後は南方を中心として展開してゆくことになる。たとえば海寧（安徽省休寧県）の朱淑真の『断腸集』に見える「女子の弄文は誠に罪めら

るべし」「始めて知る，伶利は痴に如かざるを」といった儒教社会への反抗的表現は，以後の女性文学を方向づけたものといえる。この朱淑真の後を受け，元代にはいよいよ女性固有の文学観をもつことを提唱した蘇州の鄭允端（1327～1356年）が現れる。しかし彼女は魚玄機や朱淑真のように礼教にあらがうのではなく，宗法社会の制約を享受しつつ女性の日常的な幸福を考えてゆくことを主唱する。そして明代に入ると妻妾の別なく女性同士の唱和がさかんに行われるようになり，また妓女が妾として婚嫁した後に夫が詩詞を教える，といったことも多く見られるようになる。明末清初には毛奇齢（1623～1716年）や袁枚（1716～1797年）のように文人が女弟子をとって指導するようになり，『名媛詩帰』のような歴代の女性文学の総集も多く編まれるようになった。この流れは中国の国内にとどまらず，江戸時代後期に書籍の流入とともに日本へももちこまれ，近世の漢文学，とりわけ頼山陽（1780～1832年）の門人江馬細香（1787～1861年）を始めとするわが国の女性文人にも大きな影を落としている。

補論

六礼と婚姻成立の問題

　儒教の隆盛とともに登場した聘娶婚について，『儀礼』士昏礼篇を手がかりに，その婚姻儀礼の形態を概観してみよう。まず「六礼」と呼ばれる婚姻の次第についてあらましを述べておく。

　　納　采　男家から媒をさしむけて婚姻の言を通じいれさせ（これを「下達」という），女家が許諾した時点で初めて人をさしむけて采択をあらわす礼物（雁）を納めさせる儀節である。この納采の儀節

をはじめ、六礼ではいずれも媒をつかい、漢唐の注釈家は「このように紹介をたてるのはすべて男女の廉恥心を養うためである」と説明する。

問名　納采に続いてすぐその場で行われる儀節で、使者はこの後男家に戻って卜を待たねばならず、そのために女の「姓氏」を問うのである。

納吉　女の姓氏を聞いた使者が戻ると男家では廟において卜を行い、吉の卦兆を得ると、ふたたび使者を女家へ赴かせて告げる、という儀節である。

納徴　「納幣」または「納聘」ともいい、使者をさしむけて婚約の証に緇帛を納めさせる儀節である。納徴が済むと婚約が成立し、これを「許嫁」と呼ぶ。現在わが国で行われている結納はこれに相当する。

請期　「告期」ともいい、壻（婿）の父が納徴の後に婚礼の期日を占わせ、吉日を得ると女家に使者をさしむけて、日程に不都合がないかどうかを尋ねさせる儀節。

親迎　壻自身が女家に赴いて新婦を迎え、男家に連れて帰る儀節。

この六礼の後、男家の寝殿において「**同牢**」の礼を行い、さらに翌日の早朝に「**婦見**」の礼（または3カ月後に廟見の礼）を行って両者の婚姻儀礼は完了する。「同牢」は「共牢」「合卺」ともいい、男家に到着した新郎新婦が寝殿にて共に牢肉を食し、卺杯（婚礼用の酒器）で酒を共に飲む儀節である。新婦は翌日の早朝に潔斎したうえで舅姑（新郎の両親）に面会しなければならないが、この時点で舅姑が没している場合、嫁いで3カ月目に舅姑の廟に参拝する。これを「**廟見**」といい、新婦は儀節上「**来婦**」と呼ばれる。

宗法制と呼ばれる旧中国の儒教社会のルールでは、男系の血統を守るために女性の貞節が非常に重んじられ、士族の家系においてはこうした六礼による聘娶婚が厳粛にとり行われていた。漢唐時代における

婚姻はおおむね六礼を中心とする聘娶婚によったと考えられるが，宋代になると六礼に先立って行われる「下達」が婚姻儀礼のひとつに加えられて重視されるようになり，朱熹（1130〜1200年）によって書かれた『家礼』の影響もあって，宋以後は六礼のうち「問名」「納吉」「請期」の三儀節が省略されることも多くなる。

また契約婚（親同士が生まれる以前に婚約させてしまう「指腹為婚」や赤ん坊のときに婚約する「襁褓定婚」，さらに幼児期から童子期にかけて婚約する「童幼為婚」などがある）が盛んに行われるようになった明清時代になると，六礼のうちどの時点で婚姻が成立するのか，という問題について議論が分かれるようになる。後漢時代に書かれた『儀礼』の注釈には「婚姻のとりきめ事は納吉の時点で定まる」と見えるが，明清時代では聘金の授受を行う「納徴」の時点で婚姻が成立すると見なす考え方が一般である。この他「納采」「問名」の時点で婚姻が成立すると考える説（郝敬「儀礼節解」）や「親迎」の段階で婚姻が成立すると見なす説（帰有光「貞女論」），さらに「同牢」「廟見」を終了してはじめて婚姻が成立するという見解（汪中「女子許嫁而婿死従死及守志議」）もある。

読書案内

小林徹行『明代女性の殉死と文学——薄少君の哭夫詩百首』汲古書院，2003年。従来不明とされてきた烈婦の行動心理を解き明かした研究書。

小林徹行『中国女性文献研究分類目録』汲古書院，2001年。近年さかんになりつつある女性史学の文献・著作をテーマごとに分類した目録。

陳顧遠『支那婚姻史』藤沢衛彦訳，大東出版社，1940年。中国における婚姻の実情をテーマ別に紹介した，陳顧遠の『中国婚姻史』の翻訳書。

陳東原『支那女性生活史』村田孜郎訳，大東出版社，1941 年。中国女性史の嚆矢ともいうべき陳東原の『中国婦女生活史』の本邦における翻訳書。

山崎純一『教育からみた中国女性史資料の研究』明治書院，1986 年。「女四書」の全注訳を中心に，中国歴代の女訓書の性格に言及した研究書。

湯浅幸孫『中国倫理思想の研究』同朋舎，1981 年。とくに第 2 部の「シナに於ける貞節観念の変遷」が参考になる。

————————小林徹行●

第12章 華僑・華人

もうひとつの「中国」史

江戸時代長崎に来航する唐船

➡中国史を考える時に，土地に釘つく夥しい数に上る農民，そして一揆，戦乱，征服，王朝交代と官僚制度，儒教伝統などがイメージされやすいが，このような「陸」の中国に対し，もうひとつ海の「中国」史があり，その主役は海外出稼ぎ労働者，移民，商人，海賊，船員，亡命者，留学生などであった。これらの中国移民とその子孫たちは，「華僑・華人」と呼ばれて世界各地に広がっており，歴史的に中国および移住地の政治・社会・経済・文化などに重要な影響を及ぼしたのみならず，今日におけるトランスナショナルの担い手でもある。⬛

「老井」と「出路」：二つの中国史

1987年，東京国際映画祭のグランプリに輝いた中国映画『老井』（古い井戸）。その舞台は華北の太行山脈の奥地にある貧しい村にある。乾いた大地に生きる村の人々は，青春・愛情ないし生命を投げ出して，村の存亡の運命にかけて先祖代々次々と井戸を掘り続けていた。この映画に描かれた名も知らぬ山村の風景には，何千年にもわたったひとつの中国の歴史が濃縮されている。これは，陸の中国であり，「すべては，あまりにも小さな土地の上にあまりにも多くの人が住んでいる鮨づめの生活，それに結果する土地資源の消費，生命維持するための人間の巧妙さと堅忍さの消耗のあらわれである」（フェアバンク，1972）。この中国の主役は農民であり，一揆，戦乱，征服と王朝交替が周期的に繰り返されるなかで，官僚制度や儒教の伝統が綿々と持続された。

この陸の風景と対照的に，もうひとつの海の「中国」が存在する。海洋という雄大な舞台に登場するヒーローたちは，農民でもなければ，天下制覇をめざす英雄，あるいは文人や官僚でもなく，むしろ出稼ぎ労働者，移民，商人，船員，海賊，亡命者，留学生などであった。彼らは，井戸を掘るのをあきらめ，土地に対する執着さえも捨て，あえて荒れる大海原を渡って異国の新天地に活路を求めている。1990年代，これらの人々を取り上げた一冊の学術書はシンガポールでベストセラーになった。同書は，76人のシンガポールにおける著名な中国系企業家のヒヤリング調査資料に基づいて書かれた社会学の研究書で，その中国語の書名は『出路』であった（陳・張，1996）。それは，「国さえ出れば活路がある」ということを意味している。同書に登場している黄朝員は自分の経歴について次のように語った。

　　私は中国生まれの農民だった。数百年来，わが先祖代々は農民

だった……私の二人の兄はわずか15, 6歳の時にフィリピンに行った……中国では，農業に従事するのはお金にはならない，だから村民たちは海外で生計を立てることを決意した。当時，私たちは壮丁徴発（兵役に拉致される――筆者）のために捕らわれる恐れやその他の数え切れない苦悩の問題に直面している。その時の中国は混乱のきわみだった。

彼ものちに兄たちの後を追って，出稼ぎに海外におもむき，シンガポールで苦力（もっぱら重労働に従事する人夫）から身を起こして成功した企業家になった。彼のように，華南の農村を中心とする地域から海外への移住は，千年以上も前から続けられてきた中国国内移民の延長線上の一環であり，近代以降，世界労働力市場の再編成にともなって一大波となり，中国から海外へ移住した人々は東南アジアを中心に世界中に広がっている。20世紀後半にいたって，東南アジア，中国大陸，台湾，香港，マカオ，北米，ヨーロッパ，オセアニアなどの地域における中国人・中国系人の移動と再移動がふたたび活性化し，グローバルな人・資金・物資・情報・技術の流れのひとつを形成している。以上のような歴史的経緯から生み出された海外在住のチャイニーズは，通常，華僑・華人と呼ばれている。

華僑・華人とは

日本では，華僑ということばは広く知られているが，東南アジアにおける中国系のお金持ちとイメージされる場合が多い。これは，間違った認識である。学術上，中国（香港・マカオ・台湾を含む）以外の国や地域に居住している中国系の人々に対し，おもに華僑・華人または華裔という三つの呼び方が使われている。

華僑に関する中国政府の公式的な定義は，「国外に定住する中国公民」（中国国務院華僑事務弁公室「華僑・帰僑・華僑学生・帰国

華僑・帰僑学生・僑眷・外籍華人身分的解釈（試行）」1984年）であった。この定義には，三つの意味があった。まず，居住地は国外である。国外とは，「両岸四地」（中国大陸・台湾・香港・マカオ）を除く地域を指している。ゆえに，中国大陸はもとより，台湾・香港・マカオ在住の中国人も華僑ではない。次に，在留資格は永住である。つまり，外交官や短期訪問者，海外旅行者や留学生などは華僑ではない。最後に，中国公民とは，中国の国籍を有する者に限る。ゆえに，所在国の国籍をもつ中国系の人は華僑ではない。かつて日本のマスコミの報道に見られるような，中国血統のシンガポリアンを「シンガポール華僑」と呼ぶのは，大問題となる。

　華僑は，中国国籍を要項とする以上，その用語の発生は近代国民国家とナショナリズムの形成と深くかかわっていた。宋代以降における民間人の著述ないし官文書によく使われてきた海外移住者に対する呼称は，「唐人」「華人」「中国人」などの名詞であった。これらの呼称は中間的表現であり，ネガティブな意味を含まない。しかし，清朝に入ると，海禁政策の影響もあり，沿海地方や海洋政策などの議論と関連づけて海外移住者のことを取り上げた政府文書には，「棄民」「漢奸」「奸民」「流民」「遊民」のような明らかに蔑視・排斥の意味を込めた表現がしばしば盛り込まれるようになった。しかし，この状況は開港以降の対外交渉の展開にともなって変わらざるをえなかった。1860年代以降，伝統の中間的呼称がふたたび復活し，さらに，「華民」「僑民」のような中性詞から新たに「華僑」ということばが生み出された。ちなみに，「僑」とは，もともと異郷に居住することを意味している。19世紀後半，清政府は洋務運動，在外公使・領事館の設置，商務振興や華僑保護など，重大な政策の転換を迫られた。こうした

流れのなかに、「華工」「華商」のような移民の経済的身分を示すような用語も頻繁に登場した。とくに、「華商」という用語は、海外移民を制度的システムに取り込むためのポジティブな評価がつよく含意されている。1909年、清朝はオランダ植民地当局とのあいだに、インドネシアにおける華僑の帰属問題をめぐる外交交渉を経た末、初の国籍法を制定した。

19世紀末から第二次世界大戦が終結するまでの半世紀の間、「華僑」は海外在住の中国人を指すことばとして強く定着した。それに対し、「華人・華裔」は戦後の半世紀の間、中国以外のチャイニーズに対する汎称として広く使われている。同時期において、華僑のおもな居住地である東南アジアでは、民族独立国家が次々と樹立され、1950年代から70年代半ばにかけて、所在国に永住の道を選ぶ華僑のほとんどが現地の国籍を取得した。国民国家という視点から見れば、彼らはもはや華僑ではない。しかし、何らかの中国人としての文化的特徴をもっており、自他ともにチャイニーズと思われている。通常、これらの人々は「華人」と呼ばれる。なお、中国人の血統を引き継ぐ人々は、「華裔」とも呼ばれている。つまり、中国人の後裔を意味している。また、異なる国や地域に住む華人は、何らかの文化や歴史、および血統の共有をもってひとつの想像共同体＝族群（エスニック・グループ）をなしている。この族群は所在国におけるマイノリティ・グループ、あるいは少数民族（シンガポールの場合は多数民族）を構成し、「華族」と呼ばれている。

以上述べたように、華僑は国籍法のカテゴリであるのに対し、華人は文化的カテゴリである。なお、華裔は自然（遺伝）のカテゴリに属す。これらの範疇は、国民国家を軸とする三つの同心円を構成している。円心にあるのは華僑で、中国という国家の枠の

外には華人があり，さらに，円心の最遠端には華裔が位置している。このような構造は，華僑・華人問題の発生の時代的背景を物語っている。つまり，19世紀後半からの1世紀は，国民国家の形成から全盛への時代であり，これは，華僑・華人の歴史にも大きく投影している。

しかし，華僑・華人は世界各地に分散しており，その移民の歴史から現在の社会生活，文化に至るまで，非常に多様性をもっているにもかかわらず，「華僑・華人」と一括りに呼ばれると，ひとつのまとまった存在であるという印象を与えかねない。これに加えて，いわゆる華僑・華人性（チャイニーズネス）は，中国によってもたらされているという印象も避けられがたい。それらの誤解を避けるために，ひとつの新しい用語が提出された。これは「チャイニーズ・ディアスポラ」である。もともと，ユダヤ人移民の悲しい歴史を語る時に使われたこの用語は，「華人散居者」という漢字で訳されて，華僑・華人の多様性にふさわしい言葉として広く使われている。なお，「散居」（分散居住）ではなく，「聚散」と訳すべきという主張もある。つまり，移民は，単に家族と離ればなれになるだけではなく，同時に，移民は家族のだんらんを実現する手段でもあるからである。

ただし，この新しい概念の使用は，国籍や国境，民族のような硬直した枠を超えて華人がもつ多様性を示すメリットがある一方，香港，マカオ，台湾などを含めて，世界中100を超えた地域に広がる華人をチャイニーズ・ディアスポラと呼ぶことによって，ひとつの全体と見られるという誤解を招く恐れもあると，王賡武は指摘する。

次に，以上述べた関連する諸概念を踏まえて，主に華僑・華人という用語を使って，彼らの歴史的展開過程を見てみる。

歴史的展開　現在、華僑・華人と呼ばれる人々の人数は、およそ3000万人といわれている。中国国内における彼らの親類も3000万人いる。海外における華僑・華人のうち、国籍法の意味で華僑と呼べる人は1割にすぎず、その9割は、華人である。華人・華僑のうち、85％は東南アジアに居住しており、そのうち、80％はインドネシア・タイ・マレーシア・シンガポールに集中している。アジア以外で、人数がもっとも多いのはアメリカである。なお、日本では、外国人の人口は比較的に少ないが、1980から90年代においていちじるしく増加し、92年から、はじめて日本人口総数の1％を超えた。2011年現在、在日中国人の人口は68万人に達している。日本国籍取得者も入れれば、日本華僑・華人の総数は80万人を超えている。では、これらの華僑・華人はいかなる歴史的背景のなかで海外へ移住し、さらに世界中に広がったのか。

　華僑・華人の国内外移住の歴史は、大きく分けて、次のような四つの時期があると考えられる。

1.　近代以前の長い歴史時期（13〜19世紀前半）　華僑史のルーツは、13〜16世紀の間に発展してきた海上商圏、商業・海運ネットワーク、および情報ネットワークにある、と斯波義信が指摘する。南宋から元・明にいたって、中国ジャンク（帆船）はアジアの海を制覇し、世界最初の海上王国を築きあげた。宋・元時代、マルコ・ポーロが東方第一大港と呼んだ泉州港を起点に、絹織物や陶磁器などを満載する中国ジャンクは南下して東南アジアへ、さらにベンガル湾、アラビア海を越えてアフリカの東海岸に至って、港都市間における多角貿易を行い、海のシルクロードを編み出した。海外貿易の進行とともに華僑の海外移住が進み、中国人の多いところには唐人町が形成された。1582年、スペイ

ン植民地当局がマニラの郊外で設けたパリアン（華僑は「澗内」と呼ぶ）中国人居留地，および1689年，幕府が長崎で建設した唐人屋敷などは，のちに世界各地に分布するチャイナタウンのルーツともいえる。

　海外移住の理由について，13世紀末に刊行された漢文のカンボジア地理書は次のように書いた。「衣服が要らず，米や女性を求めやすく，家具什器も足りやすく，商売も楽なので，よくこの国に流れて住む」（周達観『真臘風土記』），つまり，生活しやすいことは移民のおもなプル要因のひとつであると考えられる。なお，移出元から見れば，海外移住は国内移住の延長線上に位置するものであり，南宋以来，江南における地域開発や人口圧力は移民の主なプッシュ要因となった。著名な福建僑郷（華僑出身地）を例にすると，同地域は，山が多く耕地が少ないため自給自足の農業経済が成り立ちがたく，その経済的活力はもっぱら沿岸貿易および海外貿易によって支えられていた。明・清時代，福建では宗族組織が発達し，なお，全国津々浦々に同郷の会館組織を建設した。このような血縁，地縁のネットワークは福建人の海内外移住に強力なバックアップを提供した。

　2.　中国指向の華僑期（19世紀中期から1949年）　　華僑出国のもっとも重要な時期である。アヘン戦争から新中国成立の1949年まで，出国した華僑の人数は1500万を超えたと推計される。近代以前の出国者は商人や船員などが中心であったが，同時期の出国者の主力は華工（その多くは奴隷のように海外に売り飛ばされた苦力）が主力となった。出国のおもなプッシュ要因は，アヘン戦争後の中国農村社会経済の破綻であり，1930年代で陳達が行った華南僑郷調査によれば，出国のおもな原因は生活の困難，社会動乱，天災などであった。そして，おもなプル要因は，世界

労働力市場の再編および東南アジア，オーストラリア，アメリカなどの開発であった。19世紀前半，黒人奴隷売買が廃止された後，安価な中国人労働者が代わりに登場し，総数1000万人にものぼる華工は，アメリカ大陸を横断する鉄道の建設やオーストラリアの金鉱，東南アジアのプランテーション開発などに大いに貢献したが，家畜のように扱われていたため，「猪仔」と名づけられ，華工の運送船は浮き地獄と呼ばれた。

同時期は，中国における国民国家形成のもっとも重要な時期であり，華僑ナショナリズムは清政府の華僑保護政策をきっかけとして目覚めはじめ，ついに辛亥革命，抗日戦争という二つの愛国運動のピークを迎えた。強い中国指向のアイデンティティをもつ一方，華僑の経済活動は国民経済の枠に収斂されることなく，国境を越えたネットワークとして動いていた。海外華僑社会も同時期においてその成熟期を迎えさまざまな社会組織が成立し，血縁・地縁関係に依託して華僑独自の通商網，金融網，情報網が作り出され，植民地統治のシステムと異なる論理で，東・東南アジア地域を結ぶ内的エネルギーとして機能していた。中国移民は強い中国指向をもっているものの，英領マラヤのババ社会やフィリピンのメスティーソのような，現地人との混血で生まれた二世，三世の人々は強い現地指向性をもっており，多様な社会が共存していた。

3. 所在国指向の華人期（1949年〜70年中期） 1949年以降，中国からの大規模な移出がなくなった一方，東南アジアでは新興民族独立国家が誕生した。現地への永住を選択した華僑は所在国の国籍を選択した。55年から，中国政府は華僑の現地化を促進する精神に基づいて，インドネシアをはじめとする東南アジア諸国とのあいだに，二重国籍問題を解決する条約を締結した。75

年,マルコス政権下のフィリピン政府は華僑の大量帰化の扉を開き,それによって,東南アジアにおける「最大の法的未消化物」とされた同国華僑のほとんどが現地国籍を取得して華人となった。所在国に対しての政治的忠誠を示すと同時に,華人資本は所在国の民族資本としてみずからの位置づけと平等の権利を求め,国民経済の枠に組み込まれる方向性を選択した。

4. トランスナショナルの時代(1970年代後半〜80年代初頭)

1970年代後半から80年代初頭にかけて,NIESやアセアン諸国の高度経済成長および中国の改革開放を背景に,華僑・華人における人・もの・かね・情報・技術の移動はふたたび活性化し,グローバルな展開を見せた。また,こうした新たな動きは,国民国家以前の時代へのある意味での歴史的復帰とも見られる。游仲勲は,グローバルの時代への華僑・華人の移動を,五つの外流と二つの内流としてとらえている。五つの外流とは,インドシナ難民や,香港・台湾・アセアン諸国,および改革開放後の中国大陸からの海外流出である。そして,二つの内流は,香港・台湾の大陸投資にともなう人口移動である。上説に最近の動きを加えて,改革開放後出国した留学生の帰国の流れが目立つようになり,第三の内流が始まった。同時期における中国から出国しかつ海外に生活の基盤を置く者は新華僑・新華人と呼ばれて,そのうち,高学歴者やハイテク技術に携わる者が多数いる。

組織とネットワーク 　華僑・華人社会はさまざまな団体・組織,および縦横交錯する人的ネットワークによって形成されている。横浜中華街や長崎,神戸,大阪の町を歩くと,「福建会館」「北幇公所」「中華総商会」「華僑総会」「中華学校」などの看板が時々目に映る。これらの団体はいかに作られ,どのような構造と機能をもっているのか。

華人の社会組織とそのネットワークは，伝統中国社会の内部構造から生み出されて，移民社会の需要に応じて変化・発展をとげてきた。仁井田陞は次のように指摘している。

　　中国社会をその内面構造の上からとらえてみれば，同族（血縁）や，同郷（地縁）や，同学（学縁）や，同教（教縁）や，同業（業縁）や，又，血縁の擬制というべき親分，子分，兄弟分関係の諸結合など，大小いくつもの，幾種もの社会集団が重なり合っているのであって，人はそのうちのひとつにかぎらず，いくつにも関係をもってきた（仁井田，1951）。

　これらの人的関係がシステム化されたもっとも重要な時期は明清時代であると考えられる。福建・広東などの華南地域では，宗祠（一族の祖先を祀る廟），族学（一族の子弟を教育する塾）の設立や，族産（一族共同の財産），族田（一族共同の耕地）の購入，族譜（家系図）の編纂など，発達した宗族制度は移民社会の宗親血縁団体の基礎をなした。なお，同時期における手工業と商業の発展，および移民の増加にともなって，城鎮を中心に各種の同業組織・同郷組織があちこちで設立された。これらの同業・同郷または方言グループは，「幇(バン)」と呼ばれて，それぞれの団体は，おおよそ何々公所・何々会館と名づけられ，一種の互助・自治団体の性格をもっている。会館・公所はその内部成員に対し，調停，協調，救済の機能を発揮し，情報サービスを提供してビジネス活動の便宜をはかり，さらに，信用保証の社会的システムを用意する。対外的には，自分の幇を代表して官庁との交渉を行い，メンバーがよその幇にあざむかれる場合はそれを保護し，そして，広範な社会福祉や慈善，救済事業を行う。

　19世紀後半〜20世紀前半にいたって，海外移民の大量発生にともなって，これらの宗親，地縁，方言，業縁集団は海外の居住

地にも普遍的に設立され，20世紀初頭，中国におけるナショナリズムの動きや商務振興などの時代的流れの影響を受けて，幇派を基礎にしながらその域を超えたかたちで中華会館，中華総商会など包摂的な華僑組織が生まれた。同時期において，中華文化の伝播を使命とする華僑学校も相次いで設立され，各地において数多くの華字紙（中国語新聞）が刊行された。華僑団体，華僑学校および華字紙は，華僑社会を支える三本の柱として，「三つの宝」と呼ばれた。

華僑社会組織を生み出す重要な原因のひとつは，移民の過程における制度的な保障が欠けていることであろう。ゆえに，伝統的な人的関係の資源が動員され互助と自衛の共同体が作り出されており，彼らはさらにこのような人的関係のネットワークを通して国境を越えた独自の通商網，移民網，送金網，情報網を編み出した。

これらのネットワークは地域と時代によって変容しながら，現代まで機能しつつある。便宜上，これらのネットワークは，仁井田陞に従って，血縁，地縁，業縁，教縁または神縁，学縁，という五つのタイプに分類することができよう。そのうち，地縁関係は方言グループを基礎とする同郷的結合であり，第二次世界大戦以前英領海峡植民地では，福建（南部地域），広東，潮州，客家，海南，福州の六大幇が華僑社会の基盤をなしていた。最近，シンガポール最古の寺院としてユネスコのアジア太平洋文化遺産に指定されたシアン・ホッケン（天福宮）は，1839年に建てられたものであり，第二次世界大戦まで，勢力がもっとも強い福建幇の会所として同地の華僑社会の指導機関としての役割を果たしてきた。同寺院に祭られた本尊は天后・媽祖と呼ばれる道教の神で，漁師の娘で数々の海難救助の奇跡が伝えられ，航海の守護神と崇めら

れた。中国商人の海上貿易活動の拡大につれて、宋・元・明・清にわたって媽祖はついに天后という称号が与えられて上帝と同格の神祇となり、その信仰圏は福建・台湾を中心に中国沿岸、東南アジア、琉球、日本に及んでいた。媽祖と同様に広く信仰された神は関帝であり、そのほか、大小さまざまな地方性・職業性の神々や、キリスト教、新宗教なども、各地の華僑社会に信仰されており、それぞれの教縁・神縁ネットワークが形成されている。

1980年代後半以降、華人のトランスナショナル的展開にともなって、五縁ネットワークは新たな活力を見せた。各地の宗親・地縁・同窓・同業組織はそれぞれの世界連合会を作ってネットワーク的なつながりの強化をはかった。91年から、シンガポール中華総商会の主催で第1回世界華商大会が開かれ、グローバル範囲における華商の情報共有とビジネスチャンスの拡大をはかった。2001年、第6回世界華商大会は中国の南京で開かれ、その出席者数は4000人を超えてこれまでで最大の規模となった。09年9月、日本中華総商会の主催で、第9回世界華商大会は神戸で開催された。同大会は、中国ビジネスを重視すると同時に、孫文らの活動を通して結ばれた神戸—中国の関係の歴史や、兵庫県における多民族・多文化共生の現状も積極的にアピールし、さらに、こうした資源を阪神・淡路大震災の復興に生かすことも視野に取り入れた。

しかし、地方化とグローバル化の流れのなかで、従来の五縁ネットワークの中身も大きく変化している。たとえば、日本で新たに作られた地縁組織は、同郷に限定されることなく、同じ地方で居住、勉学、仕事をしたことのある者や同地方に関心をもつ者など、広く含まれている。日本中華総商会の会員は、華商のみならず、純粋の日本商社も数多く含まれている。また、世界各地で開

かれた地縁, 血縁関係の聯誼会や, 華商大会の主催者のいずれも, 中国の祖籍地よりも, むしろみずからの出身地や所在国の色を鮮明に打ち出している。

経済と経営

20世紀に始まった日本における華僑・華人研究の焦点は, もっぱら華僑・華人経済に絞られている。1970年代以降, NIESやアセアン諸国, 中国沿岸部におけるすさまじい経済成長を背景に, 華人経済は「アジアの奇跡」を生み出す地域内のパワーと見なされ, 世界的に注目を浴びている。いわゆる華人経済は, 通常, 中国以外の経済のうち, 華人企業または華人資本がかかわる経済部分を指している。その存在感がもっとも大きい地域は, 東南アジアと両岸三地(中国大陸, 台湾, 香港)などがあげられる。

前述のように, 今日における華人ネットワークは, 13世紀以来のアジアにおける活発な航海・通商活動に根差しているが, こうした華商におけるアジア域内の伝統貿易は開港以降も続けられ, さらに, 近代条約制度や交通・金融・通信システムの発展とともに拡大した。19世紀中期以降, 植民地当局の統治政策により, 東南アジアでは, いわゆる三重経済構造が形成された。つまり, 華僑経済は, 原住民の自給自足経済とヨーロッパ人の資本主義経済とのあいだに挿入され二者の仲介役を果たした。土地の取得ができず, かつ新しい産業を興すには十分の資金調達ができない華僑にとって, 参入しやすい分野は小売業であった。19世紀後半から20世紀前半にいたって, 華僑は同郷・同族のきずなに頼ってアジアにおける独自の通商・流通網を築きあげ, なお, 民信局と呼ばれる民間通信機関を通して情報ネットワーク・金融ネットワークを編み出した。1950年代以降, フィリピンなどの新たに独立した東南アジア国家において, 華僑小売業に対して厳しく制

限を課したが、これは、かえって華僑資本の産業分野への進出のきっかけのひとつとなった。20世紀末、東南アジア各国経済に占める華人経済の比重は、タイ9割、マレーシア6割、シンガポール8割、インドネシア7割、フィリピン6〜7割程度といわれている。80年代以降、東南アジア、台湾などの企業が積極的に大陸に進出し活発な投資活動を行った。なお、香港は華人資本、台湾資本の大陸進出中継センターの役割を果たしていた。これらの華人資本、台湾・香港資本は、中国の民営経済とともに、改革開放後、華南地域をはじめとする中国沿岸部の地域経済発展を支えてきた。97年におけるアジアの金融・通貨危機を経て、大打撃を受けた華人企業は、グローバルなネットワークのつながりを強め、ハイテク分野への進出、欧米資本との連携による資本構成の多国籍化をもって対応する。2001年の9.11事件の後、シンガポールなどの国は、中国へのさらなる進出によってアメリカ・日本経済への依存から脱却をはかっている。

　現在にいたって、華人企業は中小・零細企業が圧倒的な数を占めている。ただし、日本のトヨタ、日立、ソニーのような世界的に名をはせるブランドメーカーはほとんど見られないとはいえ、巨大化・コングロマリット化をとげるようになった企業グループが20世紀後半登場しグローバルな事業を展開した。香港の長江実業グループ（総帥・李嘉誠＝リカシン）や、台湾のプラスチックグループ（王永慶）、タイのバンコク銀行グループ（故陳弼臣＝チン・ソポンパニット）、CPグループ（謝国民＝タニン・チャラワノン）、マレーシアのクォック・グループ（郭鶴年＝ロバート・クォック）、シンガポール・マレーシアのホンリョン・グループ（ウィー・ホンリョン）、インドネシアのサリム・グループ（林紹良＝スドノ・サリム）などはこれまでの研究によく取り上げられたい

くつかのケースである。

　伝統的華人企業の投資分野は，不動産をはじめ，商業，金融，加工業などが中心となっている。その経営形態は，同族経営および合資経営がもっとも多い。このような企業の内部では，血族の凝縮力を起因とする組織への忠誠心が求められ，トップ意思決定によって変動する社会情勢と市場に対応できる機動性を備えている。なお，ビジネスは契約よりも対人関係の信用を重視する。華人企業は，法律や市場などの制度的な要因よりも，人的関係のネットワークづくりを何よりも重視しているゆえに，その経営の不透明性および前資本主義的な性格がよく批判される。ただし，経営者の世代交替によって，華人企業の経営も変容しつつある。創業者と異なって，新たな世代の経営者は欧米で高い教育を受けた者が多く，彼らは家族企業やネットワーク経営の長所と近代的経営理念を結びつけて新たな華人経営モデルを作ろうとしている。なお，20世紀末から，情報・通信・パソコンなどのハイテク産業への華人企業の進出が目立つようになった。このような，華人の伝統文化に理解を示しながら，欧米で教育を受け高学歴をもち，ハイテク分野に進出している華人企業家は，「新華商」と呼ばれている。

　日本華僑をケースとすると，1980年代以前，その職業構成の第1位は調理師であり，華僑企業の業種はおもに飲食店と中国物産店であった。80年代以降，数多くの中国人が留学生などのルートで来日し，一部の人はのちに創業して「新華僑」企業家と呼ばれた。2010年現在，日本中華総商会の230社の正会員（うち80年代以前から日本在住のいわゆる「老華僑」企業8社，および日本進出中国企業4社を除けばすべて新華僑企業）の資本金総額は300億円を超え，従業員総数は1.4万人余に達し，年商総額は2200

億円に上った。その業種構成のうち、ビジネス（28%）とIT関連産業（24%）は全体の50%を超え、老華僑の企業と明らかに異なる特徴を示している。なお、10年現在日本上場中国系企業8社のうち、1社の中国進出企業を除けばすべて新華僑企業である。現在、数多くの日本商社が日本中華総商会に加盟し、同時に、華商と中国企業による日本中堅企業のM&Aも行われている。こうしたプロセスにおいて、いわゆる華商、中国企業、日本企業の区別はもはや重要な意味をもたなくなり、むしろ企業経営をめぐって、いかに国境を越えてより効率的かつ合理的に市場・資金・人材・技術などの資源を統合・調達するのかが最優先の課題となる。

アイデンティティと文化

「ワンス ア チャイニーズ、フォエバー ア チャイニーズ」（いったん中国人であれば、未来永劫中国人であり続ける）ということばは、かつて華僑に対しての自他認識として広く知られていた。しかし、華僑・華人と呼ばれる者の内実はじつにきわめて多様であり、そのチャイニーズネス（中国人性）は必ずしも生まれつきのものではなく、むしろつねに流動的であり、かつ状況対応の広い選択性をもつものである。

19世紀後半まで、華僑のチャイニーズネスは一種の歴史アイデンティティであるといわれている。たとえば、中華文明の悠久の歴史に対しての誇りや、郷党、同族の結合などはその基盤をなしている。清末にいたって、華僑保護政策の実施や海外領事の駐在によって、華僑のナショナリズムが目覚めはじめ、同時期以来の保皇党および革命党の海外における精力的な活動は、華僑民族主義にもっとも重要な思想啓蒙を与えた。辛亥革命中、海外華僑は人力、財力、物力の面で積極的に孫文を支持し、そのゆえに、孫文は「華僑は革命の母なり」という評価を下した。中華民国の

成立によって，華僑の歴史アイデンティティは自覚する国家意識として上昇し，さらに，抗日戦争を通してひとつのピークに達した。この国家意識を中心とする新たな中華民族アイデンティティは，従来の地縁・血縁観念に取って代わるものではないが，それを超越する性格をもち華僑社会に強い求心力を与えた。しかし，国家意識は同時に華僑社会を分裂させた。国家形成をめぐる中国国内の政治闘争は華僑社会に大きな波紋を広げ，ことに国民党と共産党の闘いによる中国の政治分断は，1949年以降，華僑社会を親大陸派と親台湾派とに真二つに割って今日にいたってもその傷跡は深い。

しかし，1949年以降，華僑のアイデンティティは重大な転換に迫られて，中国のことばかりに関心を向けてはいられない状況に置かれた。なぜならば，同時期から，母国の中国は社会主義の新中国が成立し，所在国の東南アジアも脱植民地化の道を歩み始め，民族独立国家が次々と樹立された。大多数の華僑にとって，中国に帰ることがすでに非現実的になり，所在国で永住する道を選ぶしかない。したがって，中国に対する関心は，永住の地である所在国への関心に譲らなければならない。このような中国指向から所在国指向への転換は，「落葉帰根」（落ちる葉が根っこのところに帰る）から「落地生根」（その地に根を下ろす）と形容された。70年代半ばに至って，東南アジアを中心とする華僑の大多数は，所在国の国籍を取得し，華僑ではなく華人となった。時代の流れにともなって，現地生まれの二世，三世の華人は，ナショナル・アイデンティティの面でいっそう強い現地指向性を示した。彼らは，自分のことをマレーシアン・チャイニーズやアメリカン・チャイニーズなどと呼ばれるのを拒み，むしろ，チャイニーズ・マレーシアン，チャイニーズ・アメリカンと自称するように

2010年4月,横浜山手中華学園新校舎落成式。現在,日本の中華学校は,華僑・華人子弟だけではなく,日本人やその他の在日外国人子女も受け入れて,インターナショナルスクールの性格ももっている。

なった。

ただし,華人現地化の道は必ずしもみずからのチャイニーズネスを捨てることを意味せず,所在国の多数集団による同化や差別などの外圧に対し,華人はむしろエスニック・アイデンティティを強調し互いの結束の強化をはかった。1960年代,アメリカの黒人公民権運動の影響を受けて,華人の間にも盛んなルーツ探しや民族の文化・伝統の伝承などを通してエスニック・アイデンティティが強く訴えられた。フィリピン華裔青年会の主張は,この時代における華人アイデンティティを示すよい事例である。70年代初頭に結成された同会は,現地生まれの華人知識人を中心とするグループである。彼らはみずからのアイデンティティを次のように訴えている。(1)自分が生まれ育ち,かつ永住の国である

フィリピンを祖国として愛し、政治的忠誠を誓う。(2)華人としてのエスニック文化を保存し、これをもってフィリピンの民族文化をより豊かにする。

　王賡武は、こうした華人の多重アイデンティティについて次のようなモデルを提示した。自然（血のつながり）・政治（政治理念）・経済（経済活動）・文化（価値観・習慣）など四つのカテゴリは、それぞれエスニック、国家、階級、文化に分類されるアイデンティティに対応し、それらの要素は互いに複雑に交錯・重なり合っており、これによって多重アイデンティティが形成される。1980年代以降、グローバルな華僑・華人の移動と再移動にともなって、華人社会はいっそう多元的なものとなり、出身地、居住地、宗教、文化、世代、職業、階級、教育程度などの差異がますます拡大してディアスポラ（離散）が進んでいる。

　前述のように、華人のグローバルなネットワークの形成において、伝統の五縁意識の復活が見られる。最近、世界的な同郷大会や華商大会などが中国で開催されたケースはいちじるしく増えている。主催側の中国政府はこうした会議でたびたび「愛国愛郷」の精神を唱えているが、参加者の各国・各地域の華人は「国」と「郷」について各自の解釈を行っており、あるいはたんなるビジネスチャンスとしてとらえられている。こうして、いわゆる伝統や固有文化の要素は、グローバルという時代的要請に対応するかたちで再構築と再解釈されている。なお、こうした伝統の再解釈と再構築は、華人社会の文化変容にも広く見られている。たとえば、長崎の獅子舞や蛇踊り、ランタンフェスティバル（春節祭）などは、華人の伝統文化というよりも、むしろ地域の歴史に収斂された長崎地方の文化であり、あるいは町おこしのために新たに作られた伝統にすぎないのである。

前述の歴史時期区分の第三期において、華人のアイデンティティのメインテーマは、国民国家の枠における位置づけであるが、第四期以降、彼らは国民国家のなかに収斂されてゆくマイノリティという一方向の選択に限らず、グローバルなマジョリティとしてのアイデンティティを積極的に模索している。そして、世界的なネットワークの形成にいて、宗族・同郷などの伝統性はただひとつの象徴にすぎず、さらに、華人アイデンティティにとって、もっとも普遍的な意味を有する「華」そのものも、世界的仮想共同体を構築する試みにあらわれる記号のシステム化であると考えられる。

引用・参照文献

陳国貫・張斉娥，1996，『出路』中国社会科学出版社。
陳達，1939，『南洋華僑と福建・広東社会』満鉄東亜経済調査局。
仁井田陞，1951，『中国の社会とギルド』岩波書店。
フェアバンク，J.K.，1972，『中国』市古宙三訳，東京大学出版会。
　1．概説・入門
斯波義信『華僑』岩波書店，1995年。
須山卓・日比野丈夫・蔵居良造『華僑』改訂版，日本放送出版協会，1974年。
田中宏『在日外国人』新版，岩波書店，1995年。
濱下武志『香港』筑摩書房，1996年。
濱下武志『沖縄入門』筑摩書房，2000年。
游仲勲『華僑』講談社，1990年。
　2．歴史・社会・政治・文化
飯島渉編『華僑・華人史研究の現在』汲古書院，1999年。
王賡武『中国與海外華人』（香港）商務印書館，1994年。
戴国煇『華僑』研文出版，1980年。
スキナー，W.『東南アジアの華僑社会』山本一訳，東洋書店，1981年。

陳天璽『華人ディアスポラ』明石書店，2001年。
直江廣治・窪徳忠編『東南アジア華人社会の宗教文化に関する調査研究』南斗書房，1987年。
日本孫文研究会・神戸華僑華人研究会編『孫文と華僑』汲古書院，1999年。
原不二夫編『東南アジア華僑と中国』アジア経済研究所，1993年。
リン・パン『華人の歴史』片柳和子訳，みすず書房，1995年。
　3．華人経済
涂照彦編『華人経済圏と日本』有信堂高文社，1998年。
游仲勲編『華僑・華人経済』ダイヤモンド社，1995年。
游仲勲『21世紀の華人・華僑』ジャパンタイムズ，2001年。
渡辺利夫『華人経済の世紀』プレジデント社，1994年。
渡辺利夫・今井理之編『概説華人経済』有斐閣，1994年。
　4．日本華僑・華人
内田直作『日本華僑社会の研究』同文舘，1949年。
王維『日本華僑における伝統の再編とエスニシティ』風響社，2001年。
過放『在日華僑のアイデンティティの変容』東信堂，1999年。
山田信夫編『日本華僑と文化摩擦』巌南堂書店，1983年。
廖赤陽『長崎華商と東アジア交易網の形成』汲古書院，2000年。

読書案内

斯波義信『華僑』岩波新書，1995年。12世紀から最近に至るまでの華僑・華人史を捉え，海外貿易の展開，西洋商人との競合や現地への定着・同化，近代の大量出国，第二次世界大戦以降の国籍選択やアイデンティティの転換などを取り上げ，さらに，日本における華僑史の展開も丹念に描き出した。

田中宏『在日外国人——法の壁，心の溝』（第3版）岩波新書，2013年。みずからの外国人留学生関連の仕事の現場から，日本社会に生活する外国人が直面する法の壁と心の溝をリアルに描き出し，内なる国際化の重要性を訴え，日本の外国人移民と多文化共生社会への理解を促す。

陳天璽・小林知子編『東アジアのディアスポラ』明石書店，2011

年。東アジア3地域（中国，日本，朝鮮半島）のそれぞれの移民史を整理する9本の論稿が掲載される。それぞれの移民史には多様な政治，社会，アイデンティティ，文化，経済的経験と課題が現れ，国家史と異なる視点で東アジアという地域をながめる。

濱下武志『華僑・華人と中華網』岩波書店，2013年。華人の移民・商業・送金ネットワークを開かれた東アジア地域関係ないしグローバルに展開する中華網のなかにおいて緻密に分析し，華人研究における壮大な理論の構築と新たな方法論の模索を行うと同時に，華僑華人研究そのものの脱構築を試みる。

――――――廖　赤陽●

第13章 環境と治水の歴史

中国を制するもの，水を制すべし

『鴻雪因縁図記』の治水工事

➡この章でテーマとなるのは環境史である。それでは環境史は何を明らかにすればよいのか。一般に環境史が考えるべきは，生態系（ecosystem）全体のなかにおける生物（とりわけ人間）と環境（人間をとりまく外界，自然・風土）の関係の変遷であるとされる。ここでいう環境には気候，森林等の植生，動物との関係などさまざまなものがあるが，黄河をはじめとする河川という環境は中国史においてとりわけ重要な意味をもつものである。この章では人間と河川の関係を，その制御のシステムである治水という政治的営為とのかかわりのなかで考えていきたい。⬈

283

はじめに

世界にはノアの方舟の物語などさまざまな洪水神話が残されている。中国にもそれに相当する神話がある。禹の神話である。司馬遷『史記』（五帝本紀・夏本紀）によれば禹は帝舜により土木事業を統括する官である司空に任じられ、全国をめぐり、水陸の交通路の整備などを行った。そのなかで特筆されるのが、長期間氾濫を繰り返していた「九河」、すなわち黄河とその支流をはじめとして、各地の洪水を治めた功績である。禹はその功績により天子に推戴され、夏王朝の始祖となったとされている。

この禹の事績は、実際には春秋・戦国期の開発事業や治水事業を仮託したものだといわれているが、それが儒教の経典である『尚書』や『孟子』などに記述されたため、その後の中国、とりわけその政治における治水というものの位置を規定し続けた。中国では新王朝が建設されるとき、銅銭の鋳造・前代の歴史編纂など、みずからの王朝の正統性を主張するためのさまざまな事業が行われたが、それらの事業とならんで着手しなければならなかったのが、黄河治水をはじめとする治水事業であった。河川を制御することも、中国を統治する資格のひとつとして認識されていた、と筆者は考える。

この章では、黄河治水に代表される華北における治水行政を題材として、中国において河川という自然環境がどのように認識されていたのか、人間の治水によって変化した河川環境が中国社会にいかなる影響を与えたか、という環境史的課題を、中国のオーソドックスな政治史のなかに読み込んでいくことによって概観し、環境学の一分野としての環境史ではなく、歴史学のなかでの環境史がどうあるべきかということを考えるひとつの手がかりとしたい。

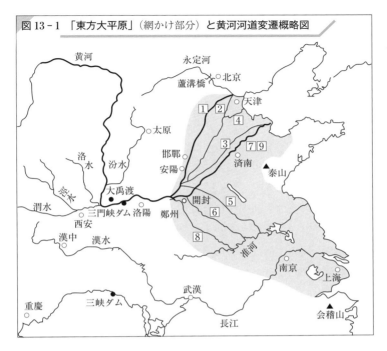

図13-1 「東方大平原」(網かけ部分) と黄河河道変遷概略図

1 禹王旧河道,2 春秋戦国時代 (前602年〜),3 漢代〜 (前11年〜),
4 宋 (11世紀〜),5 金・元・明初 (1194年〜),6 明・清代 (1494年〜),
7 清末 (1855年〜),8 民国 (1938年〜),9 現在 (1947年〜)

> 河川と人間

河川は、その自然活動の過程においてさまざまな地形を形成していく。この章でとくに問題とする華北平原と江淮平原をあわせた「東方大平原」(鶴間編,2000) の地形は基本的には河川 (とくに黄河) によって浸食された砂礫が下流に運搬されて堆積した結果形成された広大な沖積平野であり、この沖積平野は山間平野、扇状地 (扇頂部にあたる地点が洛陽)、氾濫平野、デルタ、沿岸部などを形成する。

河川が、人間をとりまく外界、つまり環境としてあらわれてく

るのは，人間が河川とかかわっていくことから始まる。華北における定住の歴史をモデル的に概観すると，以下のようになるだろう。まず，黄河のような大河の支流，またさらにその支流の比較的小規模な河川の扇状地に集落を作っていた人々が，人口の増加，通商における交通の利便性，より広い灌漑農地の開発，さらには河川を利用した防衛のため，川沿いの低地の氾濫平野へ移動していく（斯波，1983）。その場合，まずは河川の自然活動のなかで形成された自然堤防の近くに定住し，開発を進めていったと考えるのが常識的であろう。

　ある程度の数の人間が定住すると，河川の自然活動としての氾濫は人命や財産保全にかかわる大きな問題となる。技術水準が低い段階の人間の生活は，河川環境の変化に翻弄されていたであろう。殷がたびたびその都を移転したように，氾濫にともなって居住地を移動した（宮崎，1967）。しかし，技術水準がある程度の段階に達すると，人間は氾濫を制御しようとする。まずは自然に形成されていた堤防を利用し，それを接続したり，強化したりして人為的堤防が形成されたであろう。

　河川の制御の成功により人間の居住する地域が拡大していくと，今度は人間の諸活動が逆に河川に影響を及ぼしていく。堤防建設による流路の固定が，土砂の堆積を局所に集中させ，また開発や莫大な木炭を必要とする金属器生産等にともなう森林伐採による土壌流出が河川の土砂含有量を増やし，河川が天井川になりやすくなる状況にいたると，堤防決壊による洪水の被害がより大きなものになる。つまり，自然的要因と人為的要因の相互連関が生じ，洪水による多数の人命の喪失など，発生する事象がより大きく人間に影響を及ぼすようになる。そして社会組織（国家など）はその事象に積極的な対応をしなければならなくなる。そこで，河川

の制御の政策について総合的な検討がなされ，多くの議論，さらには思想が残されていった。

いずれにせよ，中国ではかなり古い時期から，「河川国家」という表現もあるように，交通や農業生産において河川を利用して人の活動の範囲を広げていったし，災害に対して何らかの対策を講ずる必要が生じていった。いわゆる中原と呼ばれる黄河文明の発祥とされる地域では以上のような過程のなかで，「はじめに」で述べたような，治水というものがもつ正統的な歴史的意味づけが形成されていったのではないかと考える。

政治と治水

中国は政治の国である，とよくいわれる。たしかに中国を代表する思想体系である儒教は，その天下観，華夷観，秩序・正統観などさまざまな面で政治思想の集大成であるともいえる。

さて，その儒教の政治思想のなかに自然環境，とくに河川とそれが引き起こす災害，という観点からかかわりを見出そうとすれば「天譴論」をあげることができる。皇帝の道徳的・政治的な善悪が原因となって天の災異が現れるとする考え方であり，前漢の儒学者董仲舒により体系化された「天人相関説」に基づくものである。天譴論によると，自然界（自然環境）におこる洪水などの個別の災害は，誤った政治を行った皇帝に対する天による警告であり，皇帝がそれを真摯に受け止めて反省しなければ，最終的には革命により天命を喪失し王朝の交替にまでいたる。

このような考え方は，唐宋変革とよばれる近世的な社会変動のなかで，現実には不合理だと考えられるようになったかもしれない。しかし，政治思想においては，天人相関説は補強再編され，天（自然界）に包摂されて存在してきた人間社会が拡張して自然界と一致し，皇帝が自然界の運行をつかさどる責任を負うことに

Column⑥ 黄河

　全長5464キロ（中国第2位・世界第6位），流域面積約75万平方キロ。中国の西部，青海省中部のバヤンカラ山脈に源を発する。黄河の名前の由来は河水に含まれる黄土高原の土砂による水の色である。「黄河の水一石，泥六斗」といわれ，計測によれば平均含砂量は1立方メートル当たり約37キログラムで他の河川にくらべ圧倒的に多い。面積約30万平方キロの広大な華北平原は，この黄河の運ぶ土砂によって形成された大沖積平野である。この土砂は下流の河床勾配が緩くなった個所において堆積し，下流は容易に天井川となる。ゆえに過去3000年に氾濫は1500回以上，つまり2年に一度の割合である。河道の大きな変化は26回あり，明清時代は現在の淮河に流れ込んでいたが（南流），1855年に北流して勃海湾に流れ込む流路が現在のものである（図13-1〔285頁〕参照）。

　中国古代文明は黄河流域がその揺籃の地であったことから，この河川はたんに自然環境としてのみではなく，中国文明の正統性の原点として存在し，そういう意味では非常にシンボリックな存在である。1988年に中国でTV放映された『河殤』は黄河が生み出した

黄河・大禹渡：三門峡ダムの上流約50km。禹が休息した地とされる（松原朗撮影）

中国文明に死を宣告したものであった（蘇編，1990）。

　中華人民共和国建国後，政府は黄河流域の黄土対策・水干害対策に取り組み，大きな災害はくいとめられているとされている。また，三門峡などに大型ダムが建設され，水力発電や灌漑に利用され，中流部では小麦，下流部では米が生産されている。また，多くの支流とともに交通や水運に利用されている。しかし，現在では水資源の浪費などによる流量不足のため下流部で川底が露出して，流れが河口に達しないことが多くなった。いわゆる「黄河断流」である（福嶌，2008）。

━━━━━━━━━━━━━━━━━━━━━━━━━━━━━━━━━━━

なったとされる（溝口・池田・小島，2007）。よって皇帝は災害が起こらないように内面の自己修養につとめなければならない。

　結果として，自然災害を天譴であるとする考え方は，現実の政治の舞台(アリーナ)において，唐宋以降の時代にも残り，天からの命を受けて天下を統治し，その正統性を主張する皇帝の自己点検をつねに要請することになった。河川に関していえば皇帝は洪水という自然災害を克服し制御する治水という努力を義務づけられたのである。

　もちろん，黄河などの大河の治水は自然の克服や制御という問題にとどまるものではない。治水には多くの労働力や物資の調達が必要である。河道の移動を計画した場合には住民の移転・墳墓の移転が問題になる。王朝の財政支出のもと，多額の公金が動き，莫大な利権が生じる。また，治水の方針や結果をめぐっては論争を生み，これは政争の材料となる。治水事業が政治的に複雑化するのはこういった背景がある。

　このような観点は，ドイツ人の中国研究者K. A. ウィットフォーゲルが1957年に出版した『オリエンタル・デスポティズム』で論じた，大規模な治水・灌漑事業が，中国の複雑精緻な官僚制

や専制政治を生んだという「水力社会」論と共通性がある。水力社会論については理論モデルとしての再評価の動きもある一方，その「治水・灌漑の必要性→専制政治の成立」，つまり「水を制するもの中国を制す」という図式はすでに実証的に問題があると，黄土高原の土壌の分析を行った原宗子により指摘されている（原，1999）。ただし，逆に「政権の維持→治水・灌漑の必要性」，つまり「中国を制するもの水を制すべし」というテーゼは成り立つのではないかということをこの章では強調したい。

現代中国政治における治水

政治と治水のかかわりは現代中国においても密接である。以下，いくつかの事例で見てみよう。

さまざまな議論の末に1993年に着工，2009年に竣工した三峡ダムは国務院直属の国営企業によって事業が行われ，多額の資金・住民の移動・政争や利権等の諸問題がからみ，さらには「環境問題」（*Column*⑦参照）という新しい問題も加わり，非常に政治性を帯びている。孫文がその最初の提唱者だったという言説も，事業に正統性を与えようとしたものかもしれない。

1998年には，長江に大洪水が起こり大きな被害が出た。当時の国家主席であった江沢民はすべてに優先して現地にみずからおもむき陣頭指揮をとった。また，ある堤防を爆破することにより人口4万人の地域を犠牲にして人口720万人の大都市武漢を救うといったきわめて政治的判断を要する処理も行われた。これも治水の政治的比重の大きさを示す典型的な例であろう。

さて，現在黄河流域の景観をイメージせよといわれれば，樹木がほとんどない，むき出しになった黄土高原の浸食谷を，黄土を削りながら滔々と流れている濁流，という像を思い浮かべるであろう。このような景観は歴史的にいつごろまでさかのぼれるのか，

といった純学問的とみなすことができる問いのなかにも、じつは政治とのつながりを見ることができる。

それは、黄河周辺の自然景観の歴史についての二つの説の対立である。ひとつは史念海の見解（史，2001）で、3000年前の黄土高原は全体に原始の森林と草原におおわれた平坦な台地が連なっており、河川も濁っていなかったが、前漢以降に人口の増加と農業の拡大にともなって森林の伐採が始まり、土壌の劣化と浸食が進んだ結果、黄土高原から流出する土砂で河川が濁りだし、黄河下流域の氾濫が頻発するようになったという。一方自然科学者の多くは、すでに約1万年前の更新世のおわりには黄土高原はすでに現在と類似した景観であったとしている（妹尾，2000）。

この問題は現在まだ論争中ではあるが、史念海の考え方は、人間の手によって環境が破壊されたのであるから、人間の手によってその回復も可能である、という論理により、現政権の国策による積極的な環境政策を肯定するものである、という指摘もされている。現に、「西部大開発」といわれる黄河周辺地域も含んだ西部地区の開発事業を正当化する根拠ともなっている。

清代の康熙帝時代の黄河治水

ここまでは「政治」をキーワードとして概論的な記述を行ったが、以下では時代を限定し、より個別的な事例において議論をしてみたい。

ここであつかおうする時代は清代（中国王朝としては1644〜1911年）である。清朝は満洲人の王朝であり、その君主は満洲人やモンゴル人に対しては北方部族社会の長たるハンとして存在していたが、1644年の北京入城後、明朝が支配していた中国本土の漢人統治にあたっては天命を奉じた皇帝として君臨した。後者の立場においての清朝皇帝は政治思想として儒教を取り入れた。

Column⑦ 環境史をあつかうときの史料

前近代中国史の史料の圧倒的多数を占めるのが正史を筆頭とした政治・行政の史料である。その偏りについての問題点を論ずることはここではおくとして、環境史をあつかうときにはどのような史料的アプローチが必要だろうか。

現代の中国の「環境問題」への政治レベルでの取り組みを見ようとすれば、文献には比較的簡単にたどり着くことができる。法令は「中華人民共和国環境保護法」を見ればいいし、具体的行政は国務院直属の国家環境保護部および各地方の環境保護部門において行われている。その活動を追えば膨大な資料を得ることができるはずである。

しかし、中国の伝統的政治制度の枠組みを見ると、『周礼』には、その構想はあったとする見解はあるが（加納、2001）、現代的課題である「環境問題」をあつかう機関は当然ない。したがって、政治制度のなかで、あるいは行政のなかで環境問題という主題をダイレクトに記述する史料は残っていないことになる。中国北京市にある中国第一歴史檔案館には1000万件に及ぶ行政文書を中心とする明清史料が所蔵されているが、大きくは史料が由来する官庁を基礎に分類されているので、環境行政の史料には直接達しえない。また、1970年代に檔案館で行われた分類作業においても、現在では立てられたかもしれない環境という項目はないので、外交・経済・水利・農民反乱などという当時立てられた分類によって分散してしま

檔案の現物

った史料のなかから環境関連の史料を横断的に探さなければならないので大変な作業になる。

その他，士大夫による筆記類や地方志なども環境史についての有力な史料である。もちろん環境という項目はないが，地方志の災異の記述などは環境史に関連するものであり，これを見事に用いたのが，文献案内にあげている上田信の諸研究である。

結局，環境史を志そうとすれば，かなり明確な目的に基づき，史料検索の努力を行い関連史料を探すこと，さらに直接環境に言及する史料ではなくとも史料の「うらよみ」によって史料を活かしていく努力が必要であろう。そのためには，地理学，考古学，地質学，生物学，気候学等，自然科学もふくめた歴史学以外の分野への関心と知見がおのずから要求されるだろう。

たとえば北京入城後の二代目となる康熙帝（在位1661〜1722年）は，南書房という機関を設け，科挙合格者から「文」の才に秀でた者を選抜した翰林官を当直させて顧問とし，儒学の学習につとめた。のちの皇帝たちも基本的にはそれにならい，中国本土支配の正統性の護持につとめた。

さて，この康熙帝は，1667（康熙6）年の親政の開始後，宮中の柱の上に，「三藩」「河務」「漕運」を三つの大事であるとする文章を掲げたという。このうち，「河務」とはもちろん黄河の治水である。河務が，三藩の乱という清朝そのものの存立を揺るがす問題，また漕運という清朝の経済基盤である江南との物流の動脈つまり大運河にかかわる問題と同列に並ぶほどの大問題として認識され，同時進行で着手されていたことに注目したい。

1677（康熙16）年に康熙帝は靳輔(きんほ)という人物を河道総督という治水の総責任者に任命した。靳輔の黄河治水の方針は「総合的治水」と評されるもので，洪水の対策において河川系全体を広く考え，対症療法的な部分的堤防改修に視野をとどめないものであっ

た。

　靳輔の策については,人為的操作がすぎることを批判した「水の性に順うべきである」とする意見が,つねについてまわった。これは『孟子』「告子章句下」で禹の治水が言及される部分についての朱熹の注の文言に基づくものであり,経書のしかも朱熹による解釈には相当な影響力があったはずである。たしかに自然に任せるべきだ,という言説は議論としては十分に成立するものである（木下,1996）。

　結局,紆余曲折のうえに最終的には採用されることとなった靳輔の策により,黄河は小康状態を得た。ただし,それ以降においても,年中行事のごとく堤防の決壊は繰り返され,清朝はそのつど対応を余儀なくされた。

清代の永定河の治水

　康熙30年代前半に,ともかくも黄河の治水事業が一段落すると,次に目が向けられたのは直隷省の治水である。現在の河北省に相当するこの地は首都北京をその領域に含むゆえに政治的に重視された地域ではあったが,生産性は江南等に比較して高くなく,またつねに水害に悩まされた。この地域において,清朝がかなりの努力を重ねて治水事業を行ったのが永定河という河川である。永定河といってもなかなかなじみが薄いだろうが,蘆溝橋がかかっている河川であるといえば場所のイメージがわくであろうか。北京の南西の郊外を流れ,東南方向に向かい天津にいたる河川である。

　そもそも永定河という名称は,1698（康熙37）年,康熙帝によってはじめてつけられた名前である。それまでは渾河・小黄河と呼ばれていた。これらの名称からもわかるように,その河水は黄河のごとく多量の土砂を含んでいた。また,無定河とも呼ばれ,洪水が起こるごとに流れが変わり,文字どおり河道が「定まるこ

とが無い」河川であった。

　明代まではこの河川は，黄河とは異なり，いわば「放置」されていた。北京に面する部分は首都を洪水から守るべく，石材による強固な堤防が築かれていたが，それよりも下流の約100キロは流れるままに任されたのである。したがって下流の州県はしばしば水害をこうむった。地方志の明代の記述には以下のような生々しい証言が残っている。

> 人は棲むべく無くして樹に棲む。……，死者日々多し……，人畜の漂没を見て天を望みて号泣す（東安県，万暦2年），永清の人は昼夜水中に鵠立（こくりつ）して，幾ど存活する能わざるに至る（永清県，万暦35年），泛漲（はんちょう）いよいよ甚しく，煙没せる民居は無数なり（固安県，万暦41年）。

　ところが最初の東安県の記録のあとには，以下のような記述がある。約20年後の1595（万暦23）年の堤防決壊時に南方の霸州（はしゅう）に河道が移動して東安県には被害が及ばなくなり，いったん河道が移動してしまったのちには，河川の旧道が麦の耕作に適した沃壌の土地に変じたというのである。のちの治水政策の議論においてもこのような現象が問題となる。

清朝による治水組織の確立

　この永定河の体系的な治水事業が実現するのは1698（康熙37）年で，この時にはじめて南北両岸に建築された堤防はそれぞれ90キロの長さであった。先に述べたように「永定河」の名が康熙帝によってつけられたのもこの時のことである。そして2年後にはさらに下流の霸州にまで延長され，永定河堤防の原形が完成する。以後，乾隆年間までのたびたびの堤防増改築および河道の移動はこの時できた堤防において行われた。

　さて，中国王朝が目的をもって政策を施行する際には，綿密な

制度が作られ、その制度の中核をなすのが人的配置である官僚制度である。清朝の永定河治水においても例外ではなく、雍正帝（在位1722〜1735年）の即位後、営田策（主として水田開発）を中心とした直隷省の総合的な再開発事業が行われた際、永定河治水の専門官である永定河道という官職が置かれ、直隷省河川全体を管轄する直隷河道総督（雍正8年設置）のもとで永定河の管理にあたった。永定河道の下には北岸同知・南岸同知という官が置かれ堤防の南北を管轄し、南北それぞれの堤防は約5キロから10キロごとに「工」という単位に分けられ、その工には工が属する州県の次官クラスの官員が配置された。このように黄河以外の他の河川には例を見ないほどの緻密な官僚組織が永定河の治水においては整えられ、その後も清の滅亡、さらには中華民国の初期にいたるまで営々とその業務にあたった。

乾隆期の永定河治水の経過

雍正帝時代の総合的再開発事業ののち、乾隆期（1736〜95年）にも永定河治水は重視されたが、その展開を見ると、その政策施行者によって以下のような二つの考え方の対立があった。

1. 孫嘉淦の故道策　乾隆初年、永定河治水について発言力が強かったのは、1738（乾隆3）年直隷総督となった孫嘉淦という官僚である。彼は一貫して永定河の諸問題が堤防を作って水道を固定したことによる弊害によるものだとする認識に立ち、永定河を「故道」に戻し、「治めずして治める」策を採用すべきことを主張した。彼の主張は、溢水があったとしてもその被害は1，2村荘に及ぶだけで、破堤の害に比較すれば、10分の1であり、また、中央からの多大な財政支出（康熙〜乾隆期の平均で年間約3万両）にくらべれば、維持費は10分の1ですむ、というものである。その故道策の具体的施策は、上流の築堤以前の流路の部分

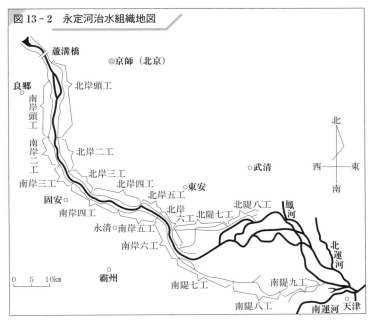

図13-2　永定河治水組織地図

(出典)　民国『安次県志』永定河全図。

に放水口を作り，そこから洩水して河道を南方に導き，永定河を1698（康熙37）年以前の故道に戻していこうというものであり，1740（乾隆5）年に実施に移された。

しかし翌1741年1月の段階でこの孫嘉淦の策が良郷・固安・霸州等の南岸地域に多大な被害をもたらしていることが明らかになると，放水口は閉鎖された。孫嘉淦は閉鎖に反対の意を示し，抗議の上奏を行ったが，乾隆帝は却下した。結果として乾隆期に入ってからも康熙期に確立された「堤防を築いて水を束ねる」の方針は維持されることとなった。

2．方観承の積極的河道移動策　乾隆期の10年代から30年代にかけて永定河の治水をリードしたのが直隷総督方観承である。

1751（乾隆16）年永定河が増水し，堤防からの溢水が見られた際，方観承はその数年前からの持論であった河道移動の必要性を説いた。乾隆帝は中央の関係者に検討を命じたが，その判断は一時の増水で河道移動という大げさな措置はとるべきではなく，浚渫（しゅんせつ）と堤防修築のみで対処すべきであるというものだった。それに対して方観承は反論の上奏を行い現時点において河道移動を行うことが「天時之順」「地勢之順」「人事之順」に従うものだとして移動策の必要性を力説した。その結果，最終的には方観承の河道移動策が採用され施行された。

　さてその4年後の1755年，方観承はふたたび河道の移動を建議する。その内容は別河川との合流地点に土砂が堆積しているので下流の別地点の堤防を開いて放流口とし別の河道に誘導する，というものであった。さらには乾隆帝に対して永定河の視察を行うことと，帝自身の判断が欲しいことを要求する。これを受けて乾隆帝はみずから視察を行い，結果，方観承の二度目の河道移動策は帝の支持するところとなる。

乾隆時代の永定河治水策に対する評価

　乾隆帝に採用された方観承の永定河治水の業績については同時代においても両面の評価があった。一方では的確な状況判断と臨機応変の対応に対する積極的な評価であり，他方では彼の行った対策は対症療法にすぎず根本的な処置ではないとし，にもかかわらずわずか数年で二度の河道移動を行ったことに対する批判的な評価である。方観承自身も，乾隆帝からどのくらいの期間効果があるかを問われた時，「20年は無事でしょう」と答えたが，「その後はどうか」との問いには回答ができなかった。

　孫嘉淦が主張するような堤防をあえて築かないという低水工法も治水におけるひとつの考え方である。この策には利点がある。

「一水一麦」との表現に見えるように，たとえ農地が一時的に水没することがあっても肥沃な土砂が同時にもたらされるので洪水の翌年には生産性が高まるという利点もあるが，なによりも堤防維持のためのさまざまなコストが不要であることは大きい。「水と地を争わない」という水との共存の姿勢は説得力をもつものではある。しかし結果的にこの策は採用されなかった。

　乾隆帝は，のち1767（乾隆32）年に永定河を視察した時に，孫嘉淦の策を採用したことに対する反省の意を示している。乾隆帝は，方観承の積極的な制御策が成功であったと結論づけたといってもよいだろう。この背景には，社会の安定にともない，永定河周辺の人口も増加し，耕地や居住地が拡大していったことがある。流路を定めずに氾濫に任せた際の被害と，堤防によって流路を安定させることの弊害（高コスト）を秤にかけ，後者をとった，と考えるべきであろう。堤防などの治水施設を「無形の帑蔵（かねぐら）」，つまり社会資本として認識する観点もこの頃には登場する。また，フローの重要性が増大したとされる18世紀の中国では，工事の物資調達や雇用創出にともなう王朝による貨幣投下が経済的後進地域であった華北地域においては重要な意味をもっていたであろう。とにかく複合的なファクターが永定河治水にかかわっていたと考えられるが，清朝の盛時であったこの時期，王朝の余力は危機に対する臨機応変の対応を可能にした。

　より政治思想的に考えてみよう。清朝の皇帝は，「夷狄」出自を自覚するゆえに，歴代王朝のどの時代よりも，中国の伝統的支配に忠実であろうとした。乾隆帝が首都にほど近い永定河に幾度となくおもむき視察を重ね，直接治水を指揮したのは，天（自然）の運行をつかさどる責任を果たそうとする意思とともに，みずからを禹になぞらえようとする意思が強くあったはずであり，

それにより，中国支配の正統性を内外にアピールする目的があったのではないだろうか。

さて，1775（乾隆40）年前後までは積極的に進められた諸河川の治水事業であるが，しだいに官僚の腐敗などの制度疲労が進行し臨機応変の対応を困難にしていく。永定河も1773（乾隆38）年の「大工」を最後に大規模な見直しはなされなかった。このような行政の弛緩は王朝がたどるひとつのサイクルとみなされ，19世紀に入ってから頻発した災害も人災の側面が強調されるが，一方で19世紀前半期の東アジアにおける寒冷化（小氷期）を指摘し，水害の要因を気候の変動に求める見解も存在する（藤田，1998）。宋代の治水に関しても明清時代の治水に関しても，環境には注目しつつ，気候変動までを要因として言及する研究は少ない。今後，より総合的に考えていく必要があるといえるだろう。

おわりに

治水というきわめて政治的な行為から見ると，結論として，河川という環境は徹底的に制御すべき対象であった，ということを明らかにすることができたのではないだろうか。永定河治水の孫嘉淦の故道策に，「環境との共存の姿勢が見える」というような評価を与えたい誘惑にもかられるが，彼がのちに黄河の大規模な河道移動を主張することから見えるように，状況判断による制御のバリエーションのひとつだと考えた方が客観的であろう。中国における，人間による自然の制御の志向は，森林などの河川以外の環境とのかかわりにおいても敷衍することができるだろう。

しかし，もちろんこのような「制御の志向」が中国の環境観のすべてを説明するわけではない。この章で見た政治というものを中心とした視点は，象徴的にいえば「北から見た中国」という言い方ができる。一方，中国を見るにあたっては，「南から見た中

国」という視点も重要である。

「禹」という中国における治水の原点にかかわるキーワードで考えてみよう。本章冒頭で述べた禹の活動の終着地は江南の会稽山であった。この山のふもとには黄河文明に匹敵するという長江文明の遺跡である河姆渡(かぼと)遺跡がある。長江文明は，黄河文明という中国の正統性の原点を相対化するものである。また，禹は華中南の各地の神話のなかにもその痕跡を残し，「禹歩」などに典型的に見えるように道教のなかにもその姿をとどめている。道教は政治の世界とは日常的には無縁である民間のものである。また，この道教とかかわりの深い環境認識の方法・環境改変の技術が風水思想であり，これをエコロジー思想とする考え方もある。

まさにこれらの「南から見た中国」は「北から見た中国」を相対化するものであり，この章で見た政治主導・正統志向の北から見た中国ではなく，別の環境観の中国を見ることができるかもしれない。ただし，これを「環境問題」解決の処方箋としようとすることは安易で楽観的すぎるものである。すでに18世紀に激烈に進行したといわれる森林破壊は，この時期に登場した新しい交易メカニズムによるものであるとされている。この交易メカニズムは14世紀のモンゴルによるユーラシア支配を起源とし，現在のグローバル化した資本主義市場経済システムに連続するものである。「アジアは方法になることはできない」(上田，1995)，つまり，処方箋になりえないのである。このことは現在の中国の「環境問題」のあり様を見れば明らかである。

今後，中国の環境問題は治水の問題も含め，短期的には体制の動揺のなかで，体制の維持のためにやはり政治の道具にされていくであろう。われわれは環境政策の動きに注目しつつ，その表面にとらわれない洞察が必要であり，歴史的視点はここに生きて

くるにちがいない。

補論 近年の「環境問題」と環境史研究について

　「環境問題」とは、具体的には、森林破壊、砂漠化、CO_2 による温暖化、酸性雨等々の諸問題を列挙することができるが、これらはすべて、市場経済や国民国家の枠組みに代表される現在の社会システムが抱えている、現代という時代に固有の歴史的性格をもった問題である。もちろん、森林破壊などは、その事象自体は前近代にも見られたのであるが、今の「環境問題」は、種としての人間の生存を脅かす存在になっていることが問題となっている。この「環境問題」への関心は当初は、公害問題の顕在化のなかで、科学技術批判としてあらわれたものである。近年では、自然科学、社会科学、人文科学の研究者により学際的研究が積み重ねられ、多くの成果を生み出している。

　このような動向のなかで、歴史学のなかにおける環境史は意外に新しい研究動向であるといえる。なぜ新しい動向なのかといえば、戦後歴史学における生産関係を歴史的主動因とするマルクス主義的歴史学研究の主流において環境論的視点が「環境決定論」などとして批判的であったことと関係している。しかし時流のなかで、環境史的視点は、新分野として脚光を浴びている。

　環境史の成果には、次の類型がある。①文明の興亡を環境要因に結びつけて論じようとするもの。これは、気温の変化・気候の変動など環境が人間に与える影響を重視する。②人間の環境破壊が生み出した帰結を見るもの。農地の開発、森林の伐採などの人間による生態系の変化が歴史に与えた影響を見ようとする。③歴史的に存在した環境との共存のあり方を描き出したもの。たとえば、近代以前の生態（植生や動物・家畜）とのかかわり方を明らかにしたり、江戸時代のリサイ

クルシステム、また風水思想などの共生の志向を高く評価したりする研究、または環境保護政策と評価できる事例の痕跡を拾い集める研究などがその例である。

きわめて現代的な問題関心から始まったテーマであるため、③のような処方箋を歴史に求めようとする研究、処方箋とはいかないまでも、過去のあり方を積極的に評価しようとする研究が目立つのも致し方ないところであろう。極端な例では、日本の文明の型を環境との共存という志向をもつものとして称揚する研究も見られる。これは「環境国学」とでもいおうか。しかし、現在の状況においては、たとえば日本の森林が伐採されないのは安価な木材が大量に国外の森林伐採によって輸入されているといったような自由貿易と国民国家の枠の条件下にあるものであることから考えても、歴史的類型を提示することと、そこに処方箋を求めることには厳しい峻別が必要であろう。

その他、人類の数が多すぎるとして、疫病や飢餓までも「歓迎」しようとする「環境ファシズム」、環境問題解決を絶対善とする「環境原理主義」にも問題は多い。反対に「環境破壊により人類が亡びても地球が亡ぶわけではない」といった一種のニヒリズム的態度も現状容認につながる。

『歴史とは何か』（岩波書店）を著したE.H.カーは、歴史とは「過去の諸事件と、しだいにあらわれてくる未来の諸目的との間の対話である」とした。しかし、その見据えていくべき未来のなかに、現状の環境問題・人口問題・資源枯渇問題・原子力処理問題などから見るかぎり、カタストロフ（破局）以外の像をどのように描けばよいのだろうか。自然と人間からの収奪を本性とし、少数の者にしか利益をもたらさないグローバル資本主義システムの克服なしに、「持続可能な発展」というようなことが可能だとは信じがたい。そもそも、現実の劇的な変化といった契機もない環境意識の革命など起こりうるだろうか。天譴論に反対した漢代の思想家王充の、人為は無効果であり、世界における人為の役割は無に等しいという主張を想起せざるをえない。

とはいえ，逆説的な言い方だが，歴史学一般が「グランドセオリー」や「問題意識」欠如のなか，些末な問題関心に陥っているいま，人間の未来を問うことができる数少ない研究領域が環境史であるともいえよう。

上田信，1995，「史的システム論と物質流──18世紀中国森林史のために」『史潮』新38号。
加納喜光，2001，『風水と身体』大修館書店。
木下鉄矢，1996，『「清朝考証学」とその時代』創文社。
史念海，2001，『黄土高原歴史地理研究』黄河水利出版社。
斯波義信，1983，「文化の生態環境──生産と定住」橋本万太郎編『漢民族と中国社会』山川出版社。
妹尾達彦，2000，「環境の歴史学」『アジア遊学』20号（特集・黄土高原の自然環境と漢唐長安城）。
蘇暁康編，1990，『黄河文明への挽歌──「河殤」と「河殤」論』鶴間和幸訳，学生社。
鶴間和幸編，2000，『四大文明　中国』日本放送出版協会。
黨武彦，2011，『清代経済政策史の研究』汲古書院。
原宗子，1999，「古代中国の農政と環境」『中国──社会と文化』14号。
福嶌義宏，2008，『黄河断流──中国巨大河川をめぐる水と環境問題』昭和堂。
藤田佳久，1998，「清朝中期以降の淮河流域における水害変動」『愛知大学文学論叢』116号。
溝口雄三・池田知久・小島毅，2007，『中国思想史』東京大学出版会。
宮崎市定，1967，「中国河川の史的考察」（後に『宮崎市定全集17　中国文明』岩波書店，1993年，に収録）。

石弘之・安田喜憲・湯浅赳男『環境と文明の世界史』洋泉社，2001

年。環境学，環境考古学，比較文明史の専門家による，環境史についての鼎談。環境史を考えるうえでのさまざまなヒントがある。環境問題が多く語られるようになった21世紀に入り類書は数多いが，先駆性，読みやすさ，射程の長さなどからこの一冊を代表として案内する。

上田信『森と緑の中国史——エコロジカル・ヒストリーの試み』岩波書店，1999年。中国の環境史を考えるにあたっての必読文献。生態史という人間を相対化した歴史を提示し，環境史の新境地を切り開く研究。その後上田は『トラが語る中国史——エコロジカル・ヒストリーの可能性』山川出版社，2002年，『東ユーラシアの生態環境史』山川出版社（世界史リブレット83），2006年，『風水という名の環境学』農山漁村文化協会，2007年，『大河失調』岩波書店，2009年，など数多くを著作で，その境地を深めている。

妹尾達彦『長安の都市計画』講談社，2001年。長安を中心とした歴史的都市論。環境史的観点が議論の前提にあり，その複合的視野は参考にすべきである。

鶴間和幸編『四大文明　中国』日本放送出版協会，2000年。NHKスペシャル「黄土が生んだ青銅の王国——中国」をもとに編集されたもので，どの記述も中国史と環境とのかかわりに目が向けられている。鶴間を中心とした研究プロジェクトの成果である『黄河下流域の歴史と環境——東アジア海文明への海』東方書店，2007年，『東アジア海文明の歴史と環境』東方書店，2013年，も重要である。

原宗子『環境から解く古代中国』大修館書店，2009年。Environmental history（人間を主体とした環境史）の立場を取る中国環境史の第一人者による概説書。その記述の範囲は殷代から明清時代におよぶ。従来用いられてきた研究や漢文史料を環境史の視点で読み解くと，別の豊かな歴史像が浮かび上がることがわかる。

———————— 黨　武彦

第14章 「統」への欲望を断ち切るために

中国史の書き方と読み方

> 劉知幾の『史通』二体篇より。紀伝体と編年体の得失を論じる。版本は、張之象が万暦5 (1577) 年に刻した明版を、劉知幾生誕1300年を記念して中華書局が1961年に影印したもの。

▶中国史の書き方と読み方の根底には、一なる系統や一への統合へ向かおうとする、「統」への恐ろしいまでの欲望が潜んでいる。それは、紀伝体か編年体か、断代史か通史かという歴史叙述の体裁を論じる背景にもあるが、もっとも如実にあらわれるのは、王朝の正当性の根拠としての正統論においてである。しかも、「統」は政治的な次元だけに限定されず、道徳的、さらには文明的次元にまで延び、中華の連続性という「統」として、歴史に読み込まれていくのである。

この章では、中国史の書き方と読み方において、「統」への欲望がどのように組み込まれているのかを見ていく。具体的には史論を通じてであり、劉知幾の『史通』と内藤湖南の『支那史学史』がその中心に置かれるだろう。そして、それを受けて、「統」への欲望を断ち切るチャンスを、王夫之の『読通鑑論』とともに考えたい。この切断が、たとえさらに大きな「統」への回収というリスクに転じかねないチャンスだとしてもである。◪

正史の書き方：紀伝体か編年体か

中国史の書き方としてよく知られている区別に、紀伝体と編年体のそれがある。確認しておくと、紀伝体とは、中国の歴代の正史が則った歴史叙述の体裁で、司馬遷（前145?～前87年?）の『史記』に由来し、班固（32～92年）の『漢書』で定まったとされるものだ。そこでは、王者の行事の記録である本紀を中心として、年表である表、制度文物を論じた書（『漢書』では志）、諸侯についての世家（『漢書』にはない）、公卿以下の人物についての列伝といった諸ジャンルの歴史叙述が配置される。

それに対して、編年体とは、紀伝体の諸ジャンルをひとつにして、世紀・年紀という年代順に配置した年代記のことである。その起源にあげられるのは『春秋左氏伝』であるが、編年体としてみずからを強く意識して書かれたのは、荀悦（148～209年）の『漢紀』だといわれる。その序文に、紀伝体である『漢書』を簡約にして、表・志を再構成して帝紀だけに集約し、出来事を年代順に通覧するとある。諸ジャンルの空間的配置を重視する紀伝体に対して、編年体は王者を中心とした時間的系列を重んじるのである。

両者にはそれぞれ得失がある。紀伝体は、王者を中心とした年代記にとどまらず、諸侯以下の諸個人の年代記でもあり、さらには諸制度の系譜学ともなっているために、時間が特定できない諸事象までも豊富に取り込むことができる。しかし、それがかえって煩瑣となり、歴史の全貌をつかむことは困難となってしまう。他方で、編年体は、時間的な系列を追うことは容易であるが、それぞれの事象の脈絡がわかりにくいことや、時間が特定できない諸事象を盛り込みにくい難点がある。ただし、これに対してはすでに荀悦自身が工夫を加えていて、記事の前後にそれにいたる経

緯や，その後の展開を説明する補足を行ったり，コンテクストを明らかにするような叙述を挿入したりもしている。

その後，編年体の史書は，漢以後六朝期にも多く編まれていく。しかし正史のモデルに採用されたのは紀伝体であった。それには，唐初にあって，その後の中国の学術ジャンル分類（経史子集）を決定づけた『隋書』経籍志の影響が大きい。その史部において，「正史」に分類された史書が紀伝体であった。編年体は，「古史」その他に分類されたのである。

「国統を顕らかにする」歴史：劉知幾『史通』

しかし，だからといって正史は紀伝体でのみ書かれるべきだというわけではない。中国史学史において史学を確立したとされる劉知幾（661〜721年。字は子玄，唐の徐州彭城の人）は，『隋書』経籍志からやや遅れて世に問うたその『史通』において，史書に対する別の分類法を採用し，正史としては紀伝体と編年体の両方を採用した。

劉知幾は，先ほど見たような紀伝体と編年体の得失を論じたうえで，理想的な史書は両者の長所を組み合わせたものだと主張した。彼は，諸家が述べるように，必ずしも『漢書』の断代紀伝体を理想としたわけではない。編年体の『春秋左氏伝』も同様に称揚しているし（『史通』六家篇），断代といっても，叙述の範囲を明確に定めたことを評価しているのであって，その点では『春秋左氏伝』の方が『漢書』より優れているとまで述べている（断限篇）。その論をまとめると，次のようになるだろう。

①まず，史書の中心をなすのは一人の王者の歴史であり，それは編年体で叙述しなければならない。これが本紀であり，『春秋』の経に相当する。そうして，「国統を顕らかにする」

のである（本紀篇）。

②次に、王者以外の人臣は、本紀という経を補い、解釈する伝である、列伝に置き、「事件を列(なら)べる」ように叙述するべきである（列伝篇）。

③そして、本紀や列伝に収められない諸事象は、書や志で叙述する。しかし、従来のものでは不十分であるために、拡張して、首都論である都邑(とゆう)志、氏族の系譜を明らかにする氏族志、地理や文物を論じる方物志の三つを設けなければならない（書志篇）。

④史書の周縁に置かれている論賛（作者がみずから意見を披瀝するもの）、序例（序文と凡例）、題目あるいは編次は、あくまでも本文を補うものであって、簡略・約省にとどめるべきである。なお、叙述の簡約さは本文にも適用されなければならない。

ここからわかるように、劉知幾は整合的に統制された史書を構想していた。その理想を一言であらわしているのが、「国統を顕らかにする」という語である。本紀は編年体によって国の「統（系統）」を記した経文であり、列伝はそれを詳しく解説し、書志ではあらためて国の地理的な中心と周辺そして人的系譜を明らかにする。そして、これらを囲むように、パレルガ（附加物、装飾物）が周縁に置かれ、さらに整合性を与えていく。諸正史を貫いて要求されているのは、空間的なまとまりをもった国の、時間的な系統である「統」を明らかにする叙述の体裁なのだ。

> 複数性の排除と複数性の読解：武田泰淳『司馬遷——史記の世界』

しかし、この要求は同時に、歴史叙述から複数性を排除することでもあった。お気づきのように、上の①〜④では世家と表にふれていない。劉知幾が否定的なのは、この二つのジャンルが、「統」を乱しかねない複数性にかかわっているからである。

世家を立てたのは司馬遷であるが、その編次の体裁は本紀と変わらず、ただ諸侯を抑えて天子と区別するためであった。したがって、この世家で述べられているのは、「即位して暦を立て、一国を専制し、世襲で何世代も永続する」（世家篇）という、他の複数の「統」である。だからこそ、それを恐れて劉知幾は、『史記』のなかに世家の要件にあわない例を縷々指摘したし、統一された漢代においては、諸侯にもはや世家の条件がなく、列伝による叙述で十分だと主張したのである。

これは表でも同様で、劉知幾はその無用を述べるだけでなく、それを『史記』から踏襲した『漢書』や『東観漢記（とうかんかんき）』に対しても、「狂人の後を逐（お）いかけるようだ」（表暦篇）とまで罵倒する。それでも『史記』の表のなかであえて残すなら、列国年表だという。春秋戦国時代に割拠する群雄は、それぞれの年号を有していたが、表にすることによって、「その時を統一すれば、諸国の分年が一時にすべてあらわれる」（表暦篇）からだ。許しがたいのは、それ以外の表が、統一されてもいない諸国の年号を、複数並存させていることである。

ところが、歴史を読む側からすれば、この並存する複数性こそが史書の、なかでも『史記』の核心でもある。つとに武田泰淳（たいじゅん）は、『司馬遷——史記の世界』において、『史記』を「人間天文学」だととらえたうえで、世家と表の重要性を指摘していた。世

家は、太陽である本紀をとりまく「宇宙に於ける天体存在」であり、本来は本紀と「源流を同じく」するはずだが、それが持続を中断し、自壊していくことによって、「世界並立現象の物凄さ」をわからせる。また、表も空間的な並列的配置を示すとともに、それぞれの段の最後に、諸侯の「非持続」を並記することで、世界の並立状態を示して余りある。

　要するに、劉知幾と異なって、泰淳は単純には「統」への欲望にとらわれていない。その証拠に、泰淳はこう述べた。「世界の中心が一つで無く、かつ静止していない以上、この世界に並立状態は不可避である。単一なるものに帰一したがるくせに、また一面たえず四方へ拡散したがるのが、この世界の習癖である」。

　なお、泰淳は本紀に関しても、世界に「二つの太陽」のあることを叙述した項羽本紀が、『史記』の「あのゆるがしがたい真実らしさの秘密」を証していると述べる。ところが、劉知幾は、項羽を本紀に入れたことを厳しく批判し、項羽は「群盗とともにすべきであって」、せいぜい列伝に置くべきだと述べていた（『史通』本紀篇、列伝篇）。劉知幾にとっては、漢を興した劉邦だけが、唯一の太陽として本紀において書かれるべきであって、劉邦に敗れた項羽を、もうひとつの太陽と見なすことなど許されないのだ。「統」への欲望は、あくまでも複数性を恐れ、それを抑圧するのである。

> 歴史は通史でなければならぬ：内藤湖南『支那史学史』

　『漢書』以後の正史が、断代紀伝体で書かれたことはすでに述べた。ところが、宋代になると、その対極にある通史編年体で書かれた史書が登場し、正史以上に大いに流行する。司馬光（1019〜86年）の『資治通鑑』である。その意義を、中国史学の泰斗である内藤湖南は、中国史の読み方

第14章　「統」への欲望を断ち切るために

に大きな枠組みを与えたその『支那史学史』において,「史学史上の一大事件である」とまでもちあげた。それは,『資治通鑑』が通史の意味を再認識させたからである。

そもそも湖南は,劉知幾に対してあまり感心していない。ひとつには,その批評があまりに激しいこともあるが,より根本的には,劉知幾が『史記』よりも『漢書』を重視したのは断代紀伝体を理想としたからだと解釈し（実際にはそうでないことは上述）,その体裁に不満であったからである。「単に天子の世系を中心とし,一代毎に記録を編纂するのは,史料の整理に過ぎないもので,真の歴史ではない。漢書以下の正史は大体この史料整理に堕したのである」（内藤,1949）。

この点で,湖南が劉知幾よりも高く評価した史学家は,『通志』を書いた鄭樵（1104～62年）である。彼は断代史を歴史の堕落であるとして,「会通の義」（『通志』総序）を重視し,「歴史は通史でなければならぬ」と主張した。また,もう一人は,湖南みずからが見出した章学誠（1738～1801年）である。湖南が彼の「六経皆史なり」という言を称揚し,史学を学問の根本に置いた宣言として理解したのはよく知られている。だが,それに加えて,彼が断代紀伝体を批判し,それから自由になった「記録の法」を立て,『史記』の通史的な叙述や,『資治通鑑』の通史編年体を重んじた

★「六経は皆史なり」
これは章学誠『文史通義』の冒頭の言葉で,内藤湖南以来,学問の根本が哲学ではなく史学であると理解されている。だが,テクストをふまえると,古人は自分の私的な意見を述べた書を著さず,つねに行事を離れなかったが,当時の行事は天下を経綸することであるため,六経はその経綸の事業を記した政教典章であるという意味であって,必ずしも哲学から史学への原理的な転回を宣言したものではない。なお,この主張はすでに王陽明にもある。

ことも高く評価していたのである。

> 「時勢の沿革」を読解することとは

ではなぜ通史がそれほど重要なのだろうか。湖南はそれを，たんに事実を並べるのではなく，「時勢の沿革」や「治乱興亡の状態」を知らせることに見た。

> これ〔通史〕を通鑑が復興し，上は戦国より五代までを編年体で編し，その間に時勢の沿革，君主の心得べきことを書いた。単に事柄を知る為めではなく，歴史上の治乱興亡を知らせる為めで，帝王学の変化である。帝王は事柄を知るよりも，治乱興亡の状態を知るべきであるとするのである（内藤，1949〔傍点による強調は筆者による。以下，同じ〕）。

しかし，実を言うと，たんに事実を知るのではなく，「時勢の沿革」まで知るべきだという態度は，湖南の歴史の読み方そのものであった。増淵龍夫はこう指摘した。

> 清朝考証学に基礎をおきながらも，その史論において，司馬遷，鄭樵，章学誠を高く評価したのは，古今を会通し，そこに自然にして必然の人事の変遷推移の動きの方向を知ることが，同時に，湖南自身の中国史研究の最も底にある，本源的な問題要求であったからである（増淵，1983）。

増淵の批判が秀逸なのは，この「潜運黙移する歴史の流れの一貫した方向を読みとろうとする湖南のいわば内在的な歴史理解」の帰結を，そのロジックとともに摘出した点にある。そのなかでも重要なのは，こうした歴史の読み方を「文化主義的中華思想」

と規定したことだ。

そもそも中華思想というのは、中華と夷狄(いてき)を差別する華夷思想に基づき、中華文明の優越を主張する考えだが、清初まではそれを・民・族・的・差別ととらえ、顧炎武(こえんぶ)、黄宗羲(こうそうぎ)、王夫之(おうふうし)等の排満思想となってあらわれていた。ところが、清朝はその解釈を変え、華夷の別は、民族的な区別ではなく、文化的な区別であって、文化としての中華を尊重し継承しようとするかぎり、たとえ夷狄であってもそれはもはや夷狄ではないとした。これと湖南の文化主義は相似的である。なぜなら、湖南も、中国文化を中心に形成された「東洋文化」を尊重し継承しようとするが、ここではもはや民族の違いは問題ではなく、「今日」では日本がそれを自覚的に担うべきだと主張したからである。

とはいえ、民族の違いが問題でないとすれば、なぜ・日・本がその使命を帯びる必然性があるのだろうか。増淵は、それを「文化主義的中華思想」を補完するロジックとしての、「文化中心移動説」に認める。すなわち、湖南は、中国が統一されて以来、文化の中心はだんだん移動し、かつての中心が衰え、周辺が中心になると考えていた。それを適用すれば、日本が今日において東洋文化の中心となろうとするのは不思議なことではない。

「文化主義的中華思想」の帰結

しかし、この「文化主義的中華思想」の帰結は恐ろしいものである。しかも、湖南が歴史の潜流として、宋以後のそれに、辛亥革命にまで延びていく、西洋に匹敵する民主主義の流れを読みとり、そこに当時の中国の諸問題を解決するチャンスを見出していたことを考えると、より深刻である。すなわち、湖南は、宋から始まる近世以後は、「人民の自由、若(もし)くは私人の権力」が徐々に認められる大勢にあり、その民主思想は明末の黄宗羲『明

夷待訪録』によくあらわれていて，現在ではそれがその「種族主義」とともに復活しているが，宋以前の貴族制に戻るのではなく，共和政治に向かうほかないと考えていたのである（内藤，1914）。

ところが，「支那論」の10年後に書かれた「新支那論」（1924）にはこうある。

> 支那の革新に対して日本の力が加はるといふことは，単に一時の事情から来た問題ではない。これは東洋文化の発展上，歴史的の関係から来た当然の約束といつてもよろしい。支那とか日本とか朝鮮とか安南とかいふ各国民が存在して居るのは，各国家の上には相当に重要な問題ではあらうけれども，東洋文化の発展といふ全体の問題から考へると，それらは言ふに足らない問題であって，東洋文化の発展は国民の区別を無視して，一定の径路を進んで行つて居るのである（「新支那論」全集版第5巻，508頁）。
> 支那の論者殊に近頃の論者は，外種族の侵略を何でも支那人の不幸の如く考へて居るのであるが，其の実支那が長い民族生活を維持して居ることの出来たのは，全くこの屢〻行はれた外種族の侵入に因るものである。〔中略〕。東洋文化の発展にある時代の分け前の部分を働いて，そして支那の現状を革新せんとする――或は之を自覚せないながらも――日本の経済的運動等は，この際支那民族の将来の生命を延ばす為には，実に莫大な効果のあるものと見なければならぬ。恐らくこの運動を阻止するならば，支那民族は自ら衰死を需めるものである。
> この大きな使命からいへば，日本の支那に対する侵略主義とか，軍国主義とかいふ様な事の議論は，全く問題にならない（同書）。

湖南にとって重要なのは，継承されてきた文化としての中国で

あり,「東洋文化」である。したがって,その伝統を継承発展させる大義の前では,日本が中国を侵略しようが,中国人が衰亡しようが問題ではない。いや中国人が生き延びるためにこそ,「外種族」の侵略が必要であり,それは「非常な幸福」でさえある。かくして,古今を会通し,歴史の潜流を読みとる文化主義は,民族の差別を捨象しながらも,「歴史的の関係から来た当然の約束」の名のもとに,特定の民族を優位に置いたまま,現実に存在する他の民族を抹消しかねないのである。増淵はまさにこの個所を引用しながら,中国文化を尊重するにもかかわらず,いや尊重するからこそ,湖南が「文化を担う主体としての民族」(増淵,1983)を捨象してしまったと批判するのである。

むろん,これに対しては,増淵が湖南の真意を誤解したのであって,湖南の「真情」はそうではなかったという反論があるだろう(たとえば,内藤湖南研究会,2001)。しかし,たとえ湖南を擁護するにしても,少なくとも「新支那論」を字義どおり読むかぎり,この危険を免れるのはむずかしい(また,「支那論」でもすでに,国民の「政治徳義」の低さから中国において民主政治の実行は適していないと述べていた)。山室信一が,「一九二四年というまさに中国において主権回復運動が勃興してきた時に当たって,こうした主張が展開されたことは内藤湖南の意図がいかなるものであったにせよ,中国文化に対する日本文化の主導性と政治的な介入を正当化し,中国のナショナリズムを否定するものであった」(山室,2001)と述べるゆえんである。

ちなみに,増淵が問題にしている民族は,文化的な概念ではない。また,生物学的・歴史的・文化的同一性から仮構されネイションへとすぐに接続されるような,いわゆる民族主義的な民族でもない。あえて述べれば,それは,「自然にして必然」であると

主張するいっさいに抵抗する，差異としての〈根拠〉であろう。差異である以上，それは，いわば反自然的で偶然的である，具体的な人間の集団だといってもよい。つまり，自然現象の消長推移のごとく自然化された実体としての「文化」や「民族」ではなく，いかなる意味でも自然化を拒みながら，それを根拠として人間の実践がなされるような場所である。むろん，根拠といっても，それは絶えず立て直され，問い直されるべきものであるかぎり，〈根拠〉とでもあらわすべきものである。しかも，あくまでもそれは具体的な場所であって，この〈民族〉は，具体的な身体の体制(エコノミー)というマテリア的な〈自然〉に基づいている。この〈自然〉は，徹底的に偶然なものであるために，自然化されないだけでなく，安易な仕方では「民族」(さらには「人種」)を構築することを許さない基盤である。増淵が中国史を貫くもうひとつの潜流だと見て，湖南に対置した「民族主義」でいう民族は，こうした意味での〈民族〉に重なるものであるだろう。

正統論について

増淵を例にあげるまでもなく，歴史を通史的に見て，出来事を貫いて流れる「時勢の沿革」を知ることが，ただちに「文化主義的中華思想」となるわけではない。むろん，湖南を擁護する側からすれば，湖南もそうではないはずである。しかし，この前者と後者の距離を維持するのは何とも困難なのだ。このことを以下では，王夫之の言説において検証したい。

その前に，正統論にふれておく。すでに劉知幾に見たように，中国史学(だが中国だけなのだろうか)には，歴史に「統」を見出す欲望がやみがたく宿っている。そして，とりわけ歴史を通史的に見る場合，その欲望は溢れ出す。それが正統論である。湖南はこれを，歴史を通史的に考えるかぎり，「自然に起こる」論だと

Column⑧ 歴史叙述と正しさ

　中国では、歴史はたんに事実を記録するにとどまらず、世界に正しい秩序を与えるものだと考えられてきた。司馬遷は『史記』の太史公自序で、史官の役割を「天地を序する」ことに求め、その範例として『春秋』をあげ、それを継承しようとした。そして『春秋公羊伝』から引用して、「乱世をおさめて正にかえす」と述べたが、ここには政治的・倫理的な正しさへの希求がよくあらわれている。

　ところが、劉知幾はこの『春秋』そして『春秋公羊伝』を批判した。そこで用いられている、一字をもって褒貶するという春秋の筆法が、正しさを追求するあまり事実を損ない、そのためにかえって正しさから離れると考えたからだ。必要なのは「実録直書」であり、善悪真偽をそのまま明らかにすることである。彼はこの範例が『春秋左氏伝』にあるとして、それを『春秋』と並べ、史書の６つの体裁にあげるほどであった。しかし、それは正しさを放棄したのではなく、記録に褒貶の意図が勝るのを警戒したのである。また、「実録直書」といっても、それを書くスタイルは、簡潔な言葉ですべてを表現する「隠晦の筆法」という隠喩的な叙法であって、このかぎりでは、春秋の筆法を継承しているといってよい。

　なお、この態度は、司馬光によって踏襲される。『資治通鑑』は、「古文」という新たな「隠晦の筆法」によって書かれているが、その編纂にあたって、事実をそのまま書き、読者にみずからその善悪得失を判断してもらい、『春秋』の褒貶の法のように「乱世をおさめて正にかえす」のではないと述べていた。これは、正統を問題にする正閏の論を退けた根拠でもあった。しかし、この態度を、継承の正しさを求めた朱熹は、『春秋公羊伝』を根拠に厳しく批判したのである。

述べていた。

　いわゆる正統論とは、ある王朝の統治の正当性を基礎づけるために、歴史的な王朝の交代史を想定して、前王朝の正当性を現王朝が継承しているとする議論である。古くは、鄒衍（前305～前

240年)に由来する五徳終始説のように、五行(土木金火水)の徳を得た王朝の交代が仮構されていたが、宋代になると、王朝の交代を貫く「正しい連続性」を継承しているかどうかに、その王朝の正当性を見るようになっていた。

とはいえ、正統を純粋に正しい連続性だとすると、従来からある諸問題(秦を周を継ぐものと見るかどうかという正閏(せいじゅん)の問題、三国時代では正統を魏に見るか蜀に見るのか、南北朝のどちらを正統とするか等々)を解決できない。そこで、北宋の欧陽修(おうようしゅう)(1007〜72年)は正統を、「正」と「統」の二つの契機に分け、継承の「正しさ」よりも、統合という意味での「統」を優先させて解決をはかろうとした。その結果、「正統は時に絶えることもある」と述べることができたのである(正統論)。

この欧陽修の論を善しとしたのが、かの司馬光である。彼はそれを『資治通鑑』の編纂に適用し、従来のように正閏ではなく、その王朝が「九州を合して統一」したかどうかだけを問題にした。では、統合されていない時代はどうかというと、それでも、事柄の先後を記さなければならないので、「魏・宋・斉・梁・陳・後梁・後唐・後晋・後漢・後周の年号を取って、諸国の事柄を記録せざるをえない。しかし、それはこちらが尊くてあちらが卑しいとか、正閏の区別があるといったことではない」(『資治通鑑』巻六九)と述べたのである。

このように、正統要件を緩和し、政治的な統合に重心を置こうとする議論に対しては、道徳的な(したがって継承的な)正しさとしての「正」を強調する批判がすぐさま出される。北宋では章望之(しょうぼうし)であり、南宋では朱熹(しゅき)(1130〜1200年)であった。とりわけ朱熹は、『資治通鑑綱目』において、蜀を漢の正しい継承とする立場から、司馬光が魏を正統の位置に置いたことを激しく非

難したのである。

> **正統論批判：王夫之『読通鑑論』**

ところが、このどちらの正統論に対しても、無効を宣言したのが王夫之（1619～92年）である。しかも、それを明示的に批判したのは、『資治通鑑』の解釈を行った『読通鑑論(とくつがんろん)』の叙論においてであった。

その焦点は、はたして「統」にある。王夫之はそれを、空間的な統合と時間的な連続の両者を同時に含んだものだと定義する。そのうえで、通史的に見るかぎり、こうした「統」を満たすことは事実としてほとんどなかったので、正統は概念として用いられないという。しかも、「宋が亡(ほろ)んでからは天下に統がなくなった」（叙論一）とまで断ずるのだ。なぜなら、宋が夷狄に亡ぼされたからである。これは、華夷の別を前提し、夷狄となることは文明を失うことだと考えた王夫之には決定的である。もはや「統」どころではないのだ。

「正」の方はというと、王夫之はそれを道徳的な正しさだとはとらえていない。彼はあらかじめ立てられた超越的な道徳的正しさからは距離を取るのだが、ここでは治乱について人間が介入する行為に対して正不正を定義している。そして、「統」が正しいかどうかは治乱に関係ないし、ましてもはや「統」がない以上、正不正は問題にもならないのである。

では、正統を論じないとすれば、いったい歴史を読むとはどういう営為になるのだろうか。簡潔に述べれば、治乱合離のゆえんを知り「治」の実現に資するためである（叙論四）。治乱合離は「天下の勢」である。しかし、それは「五徳の相禅」のためでもないし、「一統の相承」をそこに見るべきものでもない。それは、それぞれの「時」に由来するものであって、その時々の具体的な

人間の行為が積み重なった結果、全体として避けることのできない状況として、治乱が認められるのである。したがって、治乱は、「天」もしくは「天道」のように、一種の必然性としてあらわれるのだが、それはそれぞれの時代が招来した「勢」の必然性であって、人の行為が介入する余地はつねに残されている。治乱のゆえんである「勢」を知り、それに介入することが「善治」なのだ。

言い換えれば、歴史を読むとは、政治的実践の可能性を開くことである。ところが、歴史に正統を読みとることは、治乱のゆえんを具体的に知るという知を放棄するだけでなく、まさに「治に資する」実践的な可能性を塞ぐことになるのである。

「無統の世における歴史の創出」

とはいえ、ここには重大な疑義が出されうる。結局、王夫之が求める、歴史を読解する想像力も、中国的な「治に資する」にすぎないのではないか。正統を批判したとしても、華夷の別を守り続けている以上、「文化主義的中華思想」は揺るがず、かえってより強化されるのではないか。

この疑問を裏づけるように、論者たちは、王夫之が正統を批判しているにもかかわらず、彼は中華の連続性としての「統」、すなわち道統を擁護していると指摘している（補論参照）。また、たしかに、王夫之のテクストでも、政治的な「統」と区別された道統や「儒者の統」が論じられてもいるのである。

そもそも道統とは、唐の韓愈（768〜824年）が強調した概念で、仏教から先王の教えを守り、中国を夷狄としないために、堯舜から孟子に至る中国的な「道」の正しい伝承性を強調したものである（韓愈「原道」）。道統はまさしく、中華の連続性としての文化的な「統」である。ちなみに、韓愈の正嫡としてみずからを位置づける朱熹は、道統の系譜に自分自身を書き込むほどであった。

そうすると、朱子学を批判すると称しながらも、王夫之はじつはこっそりと朱熹の道統を継いでいるのだろうか。

しかしながら、他方で、宋の滅亡を、「道が伝承され禽獣と区別された人間世界としての天下をまるごと滅亡させた」(『宋論』巻十五) と論じるのも、王夫之である。それにそもそも、彼の華夷の別や文明論を、「文化主義的中華思想」と同列に論じるのは困難である。王夫之は明示的に華夷の別を、民族的な違いに基づかせているし (『読通鑑論』巻十四)、文明の変遷を論じる際も、衣食が変化して、身体の体制(エコノミー)が異なる (「血気が改まり」「形儀(すがた)が殊(こと)なる」) ことを前提にしているからだ (『思問録外篇』)。つまり、正統論も含めて、「自然にして必然」であると主張する議論に抵抗する〈根拠〉を、王夫之は華夷の別や文明論で何とか立て直そうとしているとも考えられるのである。

したがって、万が一、彼の言及する道統もしくは「儒者の統」が、こうした問い質されるべき〈根拠〉であるなら、そこには「統」への欲望を断ち切るチャンスがあるだろう。とはいえ、その欲望はすぐさま回帰して、このチャンスを中国文化 (もしくは「東洋文化」) へ統合し、それを継承するように誘うのである。これは決して過去の話ではない。これは、湖南が直面してしまったアポリアでもあっただろうし、また、今現在のアポリアでもある。たとえば新儒家と呼ばれる人々が訴える道統は、チャンスを求めながらも、ほとんど「統」への欲望に回収されているのである (牟, 1959)。

「統」への欲望を断ち切ること。おそらくそれは、王夫之の〈根拠〉である華夷の別や文明論にも収まらない、他者に対するまったく新しい態度を構想し、文明の複数性を喜ぶことであろう。

高田淳は、その優れて誇張的な王夫之解釈においてこう述べていた。王夫之は、「無統の世における歴史の創出に賭けなければならなかったのである」（高田，1978b）。

補論
王夫之の正統批判をめぐって

　本文で述べたように、王夫之は正統概念を批判したが、その意味と広がりに関して、研究者の解釈は必ずしも一致していない。議論の焦点は、王夫之が正統を批判しながらも、じつはより根底的な正統を擁護していたのではないかにある。そして、これは王夫之の歴史観のみならず、世界観の解釈にまで影響を及ぼし、とりわけ王夫之の大前提である華夷の別をどう理解するのかが問題となった。なお、この問題に関しては、林文孝（林，2000）が要を得たまとめと問題提起を行っているので、それを参照しながら補足を加えたい。

　まずは内藤湖南である。湖南は『支那史学史』において、はたして王夫之の正統批判に言及していた。「正統を論じないといふのは、宋に至つて正統が絶えたからであるといふ。宋といふのは、実際は明のことを云つたのである。明のことをあらはに云へば、清朝に障りがある故、宋と云つたのである。宋に至つて正統が絶えたとは、明が夷狄から興つた清朝に亡ぼされて、茲に支那の正統が絶えたといふ意味である」。つまり、王夫之は、明が夷狄である清朝に亡ぼされたことに「非常な感慨を有つてゐたので」、正統を論じなかったと解釈している。しかし、この『読通鑑論』叙論一での王夫之の正統批判は、「統」と「正」のどちらも中国史を論じる概念としては不十分だという点にあるのだから、「宋に至つて正統が絶えた」と読めば、宋までは正統があったと認めてしまい、齟齬を生じてしまう。とはいえ、「宋が亡んでからは天下に統がなくなった」という以上、正統ではないにしても

何らかの「統」を宋もしくは明まで認めていたとは考えうる。

　斉藤禎は,『噩夢(がくむ)』から引き,王夫之は漢から明への「一統」の継承を主張しているとして,一種の正統論を認めている（斉藤, 1990）。ただし,『読通鑑論』（これは『噩夢』の後で書かれている）には,「一統の相承」を明示的に批判している個所があり（巻十六）,この主張をそのまま採用することはむずかしい。それでも,斉藤は湖南とともに,中華が中華として夷狄と区別される原理と「統」は別物でないことに注目している。この点に部分的に同意しながら,林もまた,正統ではない「統」を,中華世界の連続性としてとらえ直し,それを「『道』の伝承の連続性」や「儒者の統」と述べる。要するに,正統より深い道統があり,それは政治的な次元よりも根底的な,文明さらには世界の原理だというのである。

　だがそうであれば,王夫之はたやすく「文化主義的中華思想」にからめ取られはしないだろうか。それは,「明の遺臣」である王夫之には皮肉なことに,夷狄であっても文明としての中華なら継承できるという清朝の自己正当化の論理に直結していくだろう。斉藤は,先ほどの論文で,「一統」の継承と,王夫之の華夷の別が「文化的相違」であることを,整合的に結びつけていた。しかも,おそらくは好意的に,王夫之の華夷論を,狭い民族主義的な枠組みから解き放とうとして,そうしたのである。

　とはいえ,王夫之の華夷論は,具体的な土地,肉体である「血気」そして姿形である「形儀」に基づいているかぎり,やはり民族的なものである。したがって,王夫之を救うにしても,これを〈民族〉として,つまり民族主義でも文化主義ではない概念として読み直すしかないと思われる（その試論を本文に示した）。また,「宋が亡んでからは天下に統がなくなった」という一句の読解も,空間的統合でありかつ時間的連続である,政治的な「統」がなくなったと解釈することはできても,そこにすぐさま根底的な道統の連続性を読みこむ必要はないだろう。

むろん，王夫之が中華世界の原理として道統をとらえていたことも確かである。ただし，それは林が注目するように，「宋の滅亡の場合，黄帝・堯・舜以来，道が伝承され禽獣と区別された人間的世界としての天下をまるごと滅亡させた」（『宋論』）のであって，道統もまた滅亡し，それとともにこの中華世界も亡んで，ふたたび混沌たる夷狄そして禽獣に戻る可能性を，王夫之が理解していたということなのだ。ここから，だからこそ，この具体的な中華世界を守ろうとしたといえるだろう。なぜなら，それは王夫之にとっては，唯一の世界，いや世界そのものだからだ。しかし，だからこそ，王夫之はこのひとつの世界を救うことはできない。なぜなら，王夫之が華夷の別のうえで文明の変遷の議論でふれていたのは，世界が原理からして複数であるという事態であるのに，その狂気に踏み出さず，この世界を世界そのものと見なす，あるひとつの文明の原理に忠実であったからだ（中島，1998）。しかし，それにしても，「無統」の世において，別の「統」もしくは「統」とは別の原理を構想するのは，やはり想像を絶する至難の業であろう。林はこう最後に問うている。「この統制を排して，真に前代未聞なるものを希望することは不可能か」。これは，わたしたちへの問いである。

引用・参照文献

稲葉一郎，1999，『中国の歴史思想——紀伝体考』創文社。
川勝義雄，1973，『史学論集　中国文明選12』朝日新聞社。
———，1993，『中国人の歴史意識』平凡社。
斉藤禎，1990，「王夫之の『華夷』思想について」『山口大学文学会志』41号。
志野好伸，1998，「他者の言語をどう扱うか——『史通』の歴史叙述批判」『中国哲学研究』11号。
饒宗頤，1977，『中国史学上之正統論——中国史学観念探討之一』龍門書店。

高田淳, 1978a, 「王船山の〈夢〉, 或いはその非正統論について」『漢文教室』124。
―――, 1978b, 「王船山の〈夢〉, 或いはその非正統論について(続)」『漢文教室』125。
武田泰淳, 1997, 『司馬遷 —— 史記の世界』講談社。
田中謙二, 1974, 『資治通鑑　中国文明選 1』朝日新聞社。
内藤湖南, 1914, 「支那論」(のちに『内藤湖南全集』第 5 巻, 筑摩書房, 1972 年, に収録)。
―――, 1924, 「新支那論」(同上)。
―――, 1949, 『支那史学史』(のちに『内藤湖南全集』第 11 巻, 筑摩書房, に収録。さらに, 東洋文庫, 平凡社, 1992 年として復刊)。
内藤湖南研究会, 2001, 『内藤湖南の世界 —— アジア再生の思想』河合文化教育研究所。
中島隆博, 1998, 「非西欧(中国)の歴史意識 —— 歴史叙述と正しさ」『岩波　新・哲学講義 8　歴史と終末論』岩波書店。
西順蔵, 1995, 「北宋その他の正統論」『西順蔵著作集』第 1 巻, 内山書店。
西脇常記, 1989, 『史通内篇』(訳註) 東海大学出版会。
林文孝, 2000, 「『宋』は『明』なのか？ —— 王夫之のいわゆる『非正統論』について」『山口大学哲学研究』9 号。
牟宗三, 1959, 『道徳的理想主義』学生書局。
増井経夫, 1966, 『史通 —— 唐代の歴史観』平凡社。
―――, 1984, 『中国の歴史書 —— 中国史学史』刀水書房。
増淵龍夫, 1983, 『歴史家の同時代史的考察について』岩波書店。
山室信一, 2001, 『思想課題としてのアジア —— 基軸・連鎖・投企』岩波書店。

読書案内

川勝義雄『**中国人の歴史意識**』平凡社ライブラリー, 1993 年。中国の史書や歴史家が倫理的であることの意味とその根拠をたずねた論考を含む遺稿集。

武田泰淳『**司馬遷 —— 史記の世界**』講談社文芸文庫, 1997 年。戦争のもと現実の厳しさを『史記』を通じて考え抜いた名著。初版

は 1942（昭和 17）年である。

内藤湖南『支那史学史』東洋文庫，平凡社，1992 年。中国史学通史であると同時に中国学術通史であるとの高い評価を受ける書物であり，大正年間に京都大学で行った講義を底本にする。

内藤湖南研究会『内藤湖南の世界——アジア再生の思想』河合文化教育研究所，2001 年。「支那論」「新支那論」を中心に湖南を多角的に読み直し，戦後の湖南批判に反論する。

増井経夫『中国の歴史書——中国史学史』刀水書房，1984 年。洒脱な文体で縦横に史書を論じており，織り込まれた批判の勁さ（つよ）にニヤリとさせられる。

増淵龍夫『歴史家の同時代史的考察について』岩波書店，1983 年。津田左右吉と内藤湖南の両極から，日本における中国史研究の構造と限界を摘抉（てっけつ）した（なお，その一部が 2001 年復刊された。増淵龍夫『日本の近代史学史における中国と日本——津田左右吉と内藤湖南』《リキエスタ》の会，2001 年）。

————————中島隆博

● 略 年 表 ●

年	出　来　事
前500頃	儒教が生まれる
前221	秦が中国を統一
前214	華北に長城の修築はじまる
前197	朝鮮半島に衛氏朝鮮建国
前139	前漢の張騫が西域に出発
前108	衛氏朝鮮滅亡。楽浪郡ほか四郡設置（～313）
前37	朝鮮半島に高句麗が建国（～668）
前18	朝鮮半島に百済が建国（～660）
8	前漢滅亡，新おこる
23	新滅亡，後漢おこる
57	倭の奴国王が後漢に遣使，光武帝「漢委奴国王」の印綬を下賜
65	西域から，後漢へ仏教伝来
184	黄巾の乱が起こる
239	邪馬台国の卑弥呼が魏に遣使
266	邪馬台国の台与が西晋に遣使
280	西晋が呉を滅ぼし中国を統一
304	前趙建国。五胡十六国時代に入る
316	西晋が滅亡し江南へ敗走。東晋建国
356	朝鮮半島に新羅が辰韓から独立建国（～935）
372	華北から高句麗へ仏教伝来
439	北魏が華北を統一，五胡十六国時代が終幕し南北朝時代に入る
538	百済より倭国へ仏教が伝来
589	隋が陳を滅ぼし中国全土統一。南北朝時代の終幕
607	倭国の聖徳太子が隋に遣使
610	イスラム教成立
618	隋滅亡，唐おこる
630	倭国から第1回遣唐使
663	白村江の戦い
710	平城京に遷都
756	安史の乱
794	平安京に遷都
8C後	ジャワのボロブドゥール造営開始（～850）
894	日本からの遣唐使廃止
907	唐滅亡，五代十国時代に入る
926	契丹，渤海を滅ぼす

936	高麗が朝鮮を統一
960	北宋建国し,五代十国時代の終幕
1125	遼滅亡
1127	靖康の変で華北に金が建国し,北宋から南宋(～1279)
1173	平清盛が日宋貿易を起こす
1187	琉球王朝の舜天王統が建国する
1192	鎌倉幕府開府
1206	チンギス・ハーンがモンゴルを統一しモンゴル帝国を建国
1211	モンゴルが華北に侵入
1227	モンゴルが西夏を滅ぼす
1234	モンゴルが金を滅ぼす
1257	元軍のベトナム侵攻始まる
1259	モンゴルが高麗を服属させる。琉球王朝の舜天王統が滅び英祖王統が建国
1271	モンゴルが国名を元に改名
1274	文永の役
1281	弘安の役
1291	元が琉球に侵攻
1333	鎌倉幕府滅亡
1338	室町幕府開府
1350	アユタヤ朝成立(～1767)
1350頃	倭寇が東シナ海岸で活発化(～1550頃まで)
1351	紅巾の乱が起こる
1368	元北走。明建国
1372	明,海禁策を出す
1391	北元が滅亡しタタール・オイラートに国が分裂
1392	高麗滅亡。李氏朝鮮建国
1400頃	マラッカ王国おこる(～1511 ポルトガル占領)
1402	足利義満が日本国王に冊封される。日明貿易開始
1405	明の鄭和の南海遠征(1443まで7回)
1406	明軍ベトナム侵攻(翌年全土占領)
1407	琉球の王朝第一尚氏が起こる
1419	応永の外寇
1428	黎利(レロイ),国を大越と号し,黎朝を開く(～1527)。ベトナム律令体制完成
1445頃	マラッカ,イスラム教広まる
1449	土木の変
15C中	ジャワ,スマトラにイスラム教広まる
1467	応仁の乱が起こり戦国時代の先駆けとなる
1469	琉球王国で第二尚氏が起こる
1494	スペイン(西回航路),ポルトガル(東回航路),トルデシーリャス条約

年	事項
	締結
1510	三浦の乱
1517	ポルトガル船が明に来航
1520	このころアチェ王国独立
1527	大越の莫登庸，黎朝を簒奪
1531	タウングー朝のタビンシュウェティ王（～1550），ビルマ統一開始
1533	黎朝復興，莫氏と対立
1543	ポルトガル人が日本の種子島に上陸し鉄砲を伝来，南蛮貿易の先駆けとなる
1549	イエズス会のザビエルが来日しキリスト教を伝来
1569	イスラム軍，アンボンのポルトガル人を攻撃，ビルマ，アユタヤを攻略，支配（～1587）
1580頃	このころジャワにマタラム王国成立（～1755）
1587	豊臣秀吉がバテレン追放令を出す
1589	ベトナムへドミニコ派宣教師到着，布教活動開始
1590	豊臣秀吉が日本全土を統一
1591	豊臣秀吉，マニラのスペイン総督に朝貢と服従を迫る
1592	文禄の役
1593	豊臣秀吉，高山国（台湾）に進貢を求める国書を出す
1596	オランダ艦隊，ジャワに到着
1597	長崎26聖人磔刑事件（2月）。慶長の役
16C	北ボルネオにブルネイ王国繁栄
1600	イギリス・オランダの貿易商人が日本に上陸。関ヶ原の戦い
1607	江戸幕府への朝鮮通信使開始
1609	薩摩藩が琉球王国第二尚氏を占領し従属国にする
1613	10月仙台藩主伊達正宗，支倉常長をヌエバ・エスパーニャ（メキシコ）使節に送る（～1620）
1614	江戸幕府がキリシタン禁止令を出す
1615	マラッカ海峡でポルトガル艦隊，オランダ艦隊に敗れる
1619	オランダ，ジャワに総督を置きバタヴィアを建設
1621	シャムに仕える山田長政，幕府にシャムとの通商に朱印を請願
1624	オランダが台湾を占領し現地にオランダ東インド会社を設立。鄭成功（幼名福松），平戸島川内の浦に生まれる（母：田川七左衛門の娘，父：鄭芝龍）/プロビデンシャ城（紅毛城）オランダ人により建立。日本，スペイン船の来航禁止
1626	スペイン人台湾北部の占領開始
1628	鄭芝龍，福建から数万人を台湾に招き開拓に従事させる
1635	オランダ，モルッカにおける香料生産の統制はじまる
1636	後金が国号を清に改名。丙子胡乱。オイラートがチベットに侵攻し征服
1637	キリシタンの反乱による島原の乱が起こる。チベットにモンゴル民族によるグシ・ハンを建国

1639	日本が鎖国を開始
1642	スペインが，オランダによって北部台湾から駆逐される
1644	清が明を滅ぼす
1646	清，鄭芝龍を北京に人質軟禁
1661	鄭成功，2万5千の水軍を率いてオランダ占領下の台湾を攻撃。タイ，イギリス商館復活する
1662	台湾がオランダ東インド会社を攻撃独立し鄭氏政権を築く。鄭成功死去
1664	アユタヤ朝，オランダと通商協定結ぶ
1680	タイ，フランス商館開設/最初の遣欧使節アユタヤを出発，マダガスカル沖で難破し失敗
1683	清朝，施琅を派遣して台湾攻撃，鄭氏投降
1689	清がロシアとのネルチンスク条約が結ばれる
1720	クメールがアユタヤ，ベトナム両国に服属
1727	清がロシアとのキャフタ条約が結ばれる
1773	ベトナム，西山（タイソン）党の乱
1776	タイにバンコク朝（チャクリ朝）成立
1784	李氏朝鮮に清からキリスト教が伝来
1786	西山党，ベトナム全土を再統一。イギリス人，ペナンをケダー王から買収
1792	ロシア船が蝦夷地の根室に上陸
1799	オランダ東インド会社解散
1802	阮福映，西山朝を破り，阮朝を開く（〜1945）
1808	フェートン号事件
1811	江戸幕府への朝鮮通信使終了。ゴローニン事件
1825	江戸幕府への異国船打払令が出される
1840	阿片戦争
1842	南京条約
1844	望厦条約。黄埔条約
1850	太平天国の乱（〜1864）
1853	ペリー来航。タイ，モンクット王（ラーマ4世）即位
1854	日米和親条約
1855	日露和親条約
1856	モンクット王，イギリスと友好通商条約（ボーリング条約）締結
1858	日米修好通商条約。天津条約
1859	フランス軍サイゴン占領。バンコク朝，アメリカ・フランスと友好通商条約締結
1860	北京条約
1862	ベトナムのカンボジア宗主権フランスに譲渡
1867	シャム，フランスのカンボジアに対する保護権を認め，宗主権を放棄。王政復古
1871	日清修好条規。琉球宮古島の官民69名那覇への朝貢の帰途台風に遭い

	台湾南部に漂着（3人溺死），54人が牡丹社の原住民に殺害される（牡丹社事件）
1872	上記残り12人，清国福建省福州の琉球館に引き渡される
1874	西郷従道陸軍中将，兵士3千6百人を率いて牡丹社征伐（台湾出兵）/清国50万両の賠償金を日本に支払う。琉球が日本に帰属。ベトナム南部6省，フランス植民地となる（第二次サイゴン条約）。タイ，チュラロンコーン王，奴隷廃止令を発布
1875	江華島事件。千島・樺太交換条約
1876	日朝修好条規。小笠原諸島を日本の領有とする
1877	インド帝国成立
1879	琉球処分が下される
1882	壬午事変。清軍，ベトナムに入りフランス軍と戦う
1883	フエ条約調印，ベトナム，フランスの保護国となる
1884	清仏戦争。甲申政変
1885	天津条約（日清）。天津条約（清仏）。第二次フエ条約調印，ベトナム，清への服属関係を断つ。第三次イギリス・ビルマ戦争勃発
1886	ビルマ，英領インドに併合される。ビルマ全土に反英暴動
1887	仏領インドシナ連邦成立
1889	大日本帝国憲法公布
1894	日清戦争
1895	下関条約で日本が台湾・澎湖諸島・遼東半島を領有。三国干渉で遼東半島を還付
1897	大韓帝国建国
1899	ラオス仏領インドシナ連邦に編入される。アメリカ門戸開放政策
1900	義和団の乱
1901	北京議定書で欧米諸国が清の権益の大半を獲得
1902	日英同盟締結
1904	日露戦争
1905	日本海海戦。ポーツマス条約。第二次日韓協約
1906	韓国統監府設置
1908	中部ベトナム各地で農民の抗税運動勃発
1909	ケダーなどマライ半島4国の宗主権，タイよりイギリスに移籍
1910	チュラロンコーン国王（タイ）死去。日韓併合
1911	辛亥革命。日本，欧米列強への関税自主権を得る
1912	中華民国建国。清滅亡
1913	第一次世界大戦
1915	日本政府が対華21カ条の要求を出す
1919	三・一独立運動。五四運動
1921	インドネシア国民同盟結成
1922	モンゴルがソビエトから独立
1926	中国の国民党が北伐を開始

1927	インドネシア青年会議で「青年の誓い」採択。ベトナム国民党結成
1928	南京国民政府樹立。台北帝国大学（後の国立台湾大学）発足
1929	世界大恐慌が起こる
1930	ベトナム共産党創設。ベトナム国民党勢力，反仏武力蜂起（イェン・バイ蜂起）。霧社事件（10月27日）
1931	満州事変
1932	満州国建国。第一次上海事変
1937	盧溝橋事件。日中戦争勃発。第二次国共合作
1942	日本軍，タイ進駐開始（12月）/日本＝タイ攻守同盟調印
1945	日本軍カンボジア侵攻，フランスの施政権収とフランス軍の武装解除（3月9日）/シハヌーク，カンボジアの独立を宣言，しかし，日本敗戦により独立不承認。東京大空襲。沖縄戦。原子爆弾投下。ソ連対日参戦。ポツダム宣言。日本降伏。ベトナム民主共和国独立宣言（9月2日）。台湾島，中華民国（陳儀）に軍事占領される
1946	日本国憲法公布。第一次インドシナ戦争（対仏）勃発（12月）（〜1954）
1947	台湾，二・二八事件。ジュネーブ協定（7月）。フランス連合内での独立を前提に立憲君主制のカンボジア王国憲法を制定
1948	大韓民国独立建国。朝鮮民主主義人民共和国独立建国
1949	バオ・ダイ元首，南部にベトナム国樹立（7月）。中華人民共和国建国
1950	朝鮮戦争勃発。米軍事援助顧問団サイゴンに設置（10月）。フランス，カンボジアの不完全独立承認
1951	サンフランシスコ平和条約。日米安全保障条約
1952	日華平和条約
1954	第一次インドシナ戦争が終結し，ベトナム民主共和国が独立
1958	大躍進政策
1960	東南アジア諸国連合（ASEAN）結成（8月）。ベトナム戦争が起こる
1961	カンボジア，タイと国交断絶（12月）
1965	日本国と大韓民国との間の基本関係に関する条約
1966	文化大革命（〜1977）
1969	中ソ国境紛争
1972	ニクソン訪中。日中国交正常化。沖縄返還
1973	パリ協定調印によりすべての外国軍兵力の撤退合意（1月）
1975	プノンペン陥落（4月）ポル・ポト政権誕生。ベトナム戦争終結し，南北ベトナムが統一
1977	ポル・ポト軍のベトナム侵攻，ベトナム軍の反撃始まる。ベトナム全土に「華僑脱出事件」起る（中国側発表：16万人）
1989	六四天安門事件
1997	香港返還
1999	マカオ返還

● 図版出所一覧 ●

- 2頁　東京大学東洋文化研究所蔵
- 29頁　奈良県立橿原考古学研究所附属博物館蔵（沖森卓也・佐藤信『上代木簡資料集成』おうふう，1994，76頁）
- 54頁　①遼寧省博物館蔵（王錦厚・郭守信主編『遼海印信図録』瀋陽・遼海出版社，2000年，図版〔72〕），②：同前〔67〕，③：同前〔50〕，④：同前〔87〕，⑤：同前〔89〕，⑥：片岡一忠『中国官印制度研究』東方書店，2008年，図版〔139〕，⑦：遼寧省博物館蔵（王・郭主編・前掲書，図版〔162〕），⑧：片岡・前掲書，図版〔195〕，⑨：同前〔202〕，⑩：同前〔209〕，⑪：同前〔259〕，⑫：同前〔267〕
- 83頁　写真提供：韓国観光公社
- 105頁　今井昭夫撮影
- 116頁　今井昭夫撮影
- 131頁　L. C. Arlington, *Through the Dragon's Eyes*, Constable & Co. Ltd., 1931, 口絵
- 176頁　吉開将人撮影
- 178頁　［右上・左上］　文物出版社ほか編『中国考古文物之美9　嶺南西漢文物宝庫：広州南越王墓』文物出版社，1994年，118，147頁
　　　　［右下・左下］　広州市文物管理委員会ほか編『西漢南越王墓』文物出版社，1991年，201，207頁拓本を反転加工
- 186頁　［左］　李光濤編『明清档案存真選輯3』中央研究院歴史語言研究所，1975年，188頁
　　　　［右］　Paul Boudet, *Les Archives des Empereurs d'Annam et l'Histoire Annamite*, Société de Géographie de Hanoi, 1942, plate. 16 を反転加工
- 194頁　平勢隆郎撮影
- 207頁　『中国楽器図鑑』山東教育出版社，1992
- 224頁　夏井春喜撮影
- 228頁　夏井春喜撮影
- 230頁　夏井春喜撮影
- 244頁　陸昶編『歴朝名媛詩詞』1773
- 260頁　松浦史料博物館蔵
- 278頁　廖赤陽撮影
- 283頁　麟慶『鴻雪因縁図記』1849
- 288頁　松原朗撮影
- 292頁　『奏摺』専修大学所蔵
- 306頁　劉知幾『史通』中華書局，1961

● 事項索引 ●

あ 行

アジア史　131
アチェ　137
アヘン戦争　100, 135, 136, 144-46, 232, 235, 267
奄美　138
厦門　149
アロー戦争　232, 235
安史の乱　55
安南（アンナン）　108, 185, 191, 192
壱岐・対馬　140
緯書　12
維新会　114
出雲神話　51
イスラム思想　64
イスラム商人　142
一条鞭法　73, 74
一国二制度　166, 169
一世一元の制　69
夷狄　9, 10, 12, 15, 27, 62, 75, 78, 83, 84, 90, 299, 314, 320, 321, 324, 325
委奴〔いと〕国　12, 13
稲荷山鉄剣銘　44
移民　131, 270, 271
　　――のプッシュ要因　267
　　――のプル要因　267, 268
イリ条約　135
イル＝ハン国　66
殷（朝，代）　4-6, 8, 9, 208, 209, 286
印僑　112
仁川〔インチョン〕　153, 159
インドシナ共産党　117, 120
殷文化　6

陰陽・五行　216, 217
殷暦　212
ウイグル（回紇）　56, 66
元山〔ウォンサン〕　153
歌　44-47
ウラジオストク　159
雲南　108, 109, 113, 114, 118
英清通商章程　150
衛正斥邪論　101
永定河　294-300
易　216, 217, 219, 220
『易経』　216, 220
越　7, 13, 19, 21, 182, 183, 186, 188
越南　144-46, 156, 179, 185, 190, 191
江戸　94
江戸時代　202, 204, 205
『淮南子』　37
沿海　131, 135, 137, 140, 143, 167, 168, 242
沿海州　135
燕京（北京）　93
燕行使　92-95, 99, 100
援蔣ルート　109, 118
煙台　232
王朝史観　2, 25, 26, 178, 187
汪兆銘政権　118
王法　24, 25
甌駱　18
鴨緑江　86-88, 94, 97
大阪（坂）　94, 159, 269
オスマン帝国　144
『オリエンタル・デスポティズム』　289
音楽　207, 208, 212, 214, 215, 217-19,

221, 222

か 行

夏（朝, 代） 9, 14, 23, 209, 210, 284
御〔が〕 251, 252
華夷 87, 132, 136, 138, 147, 152, 169, 314, 320-25
　——観 76, 201-03
　——観念 90
　——雑居 233
　——思想 314
　——理念 140
　——論 84, 324
改嫁 248
改革開放 126, 127, 133, 166, 241, 269, 274
海関 149-55, 158, 159, 162
回教 66
海禁政策 70, 71, 263
開港場 131, 148-50, 152-54, 235
外国人税務司 149, 153, 155, 162
回族 167
海底電信線 159
改土帰流 134
海南島 111, 164
海南幇 270
会寧 89, 94, 95
『回文詩』 254
開封 57-59, 61, 62
回民（西北ムスリム） 135
カオバン 119
華僑 110-12, 117, 118, 121, 123, 125, 127, 131, 133, 163, 167, 260, 262, 263, 265-69, 276, 277
　——の現地化 268
華僑・華人社会 269
華僑学校 271
華僑資本 274
華僑送金 164
学堂 238
『噩夢』〔がくむ〕 324

革命党 276
牙軍 56
賀県 229
華工 264, 267, 268
瓦市 226
華字紙 271
『河殤』 288
花娘 253
華人 78, 123, 259, 262-66, 269, 270, 272-79
　——アイデンティティ 279, 280
　——ネットワーク 273
華族 264
合璧印 54
椵島 88
河道移動策 298
華南 131, 135, 145, 153, 156, 163, 164, 167, 168, 270, 274
華北 284-86, 299
河姆渡遺跡 301
衙門 225
火薬 72
『家礼』 258
夏暦 210
漢（朝, 代） 10-12, 15-17, 20, 21, 79, 169, 177, 178, 182-84, 186, 190, 216-18, 221, 254, 257, 308, 310, 319
漢奸 263
宦官 57
『漢紀』 307
官妓 253
環境史 283, 284, 292, 293, 302, 304
咸鏡道 84, 86, 95
漢口 233, 234
漢江 79
漢字 2, 4, 6-9, 11-13, 26, 27, 75
漢字世界 7, 10-15, 27
『漢書』 17, 20, 21, 26, 222, 307, 308, 310-12
観象授時暦 210, 211
漢族 16, 54, 62, 70, 72, 74-79, 81, 167

事項索引　337

漢族王朝　　54-56
漢代思想史　　220-22
関帝　　272
広東　　6, 11, 108, 110, 111, 113, 145, 165, 187-89, 227, 240, 270, 271
広東十三行　　135, 145, 153, 227
『広東通志』　　188, 189
官弁民営　　158
官僚制度　　290, 296
翰林官　　293
韓暦　　212
魏　　39, 79, 195, 319
記紀神話　　50
「聞く」天皇　　44, 52
『魏志』　　37-39
箕子朝鮮　　36
亀首　　196, 197, 199, 204
義州　　89, 94, 96
妓女　　251-56
寄生地主　　231, 237
基層政府　　243
北ベトナム　　121, 123
契丹　　54-56, 62, 69
吉林　　94, 95
紀伝体　　306-08
騎馬民族　　72
羈縻〔きび〕政策　　134
客商　　227
牛耕　　3
『旧唐書』〔きゅうとうじょ, くとうじょ〕　　41
教宗　　203
郷紳　　234, 236, 237, 239-41
京都　　94
匈奴　　10
襁褓定婚　　258
『玉台新詠』　　254
御史台　　67
『儀礼』　　247, 252, 254, 256, 258
儀礼節解　　258
キルシエ関税率　　112

魏暦　　212
義和団　　232
金（王朝）　　54, 61-64, 66-68, 79, 204, 205
銀　　62, 67, 73, 77, 94, 158, 162
禁軍　　56, 57, 63
金文　　4, 7, 9
今文〔きんぶん〕学　　220, 221
阮〔グエン〕朝　　106, 107, 179, 185, 191
百済　　33-35, 37, 38, 40, 47
公羊学派　　99
苦力（クーリー）　　262, 267
グローバルヒストリー　　131
勲旧派　　88
軍戸　　58, 68, 69
訓詁学　　64
卦　　216
閨怨詩　　254
慶源　　94, 95
経書　　12, 220
経世致用学派　　98, 99
元（朝, 代）　　54, 55, 64-70, 72, 74, 75, 79, 84, 181, 233, 248, 252, 256, 266
元寇　　65
犬戎　　7
県城　　227, 230, 231, 235, 237, 238
「現代修正主義」批判　　121, 123
巷　　226
項羽本紀　　311
黄河　　57, 61, 283-86, 288, 289, 291, 294
紅河　　106-09
江華島　　89
黄河文明　　287, 288, 301
後金　　72, 74, 87-89
紅巾の乱　　68
高句麗　　36
甲骨文　　4-7
甲骨文字　　209
公市（官貿易）　　94, 95
広州　　59, 64, 115, 117, 137, 149, 186,

233, 234
『広州記』 179
交鈔 62, 67
黄鐘 219
後晋 55, 56, 319
洪水神話 284
広西 106, 108, 113, 114, 118
広西・雲南・ベトナム連盟会 114
江西商人 227
行中書省 67
皇帝 22-24, 27, 58, 60, 61, 69, 70, 74, 76
黄帝暦 210
黄土高原 290, 291
江南 62, 63, 70, 78, 237, 242, 255, 267, 293, 294, 301
広南東路 187
抗日戦争 268, 277
神戸 159, 269
黄埔軍官学校 115, 116
黄埔条約（清仏） 148
高麗 33, 38, 48, 49, 65, 83-85, 197, 203, 204
『紅楼夢』 248
五縁意識 279
後漢 39, 195, 249
『後漢書』 48, 250
国際共産主義運動 119, 123
戸口管理制度 224
国民国家 264, 265, 268, 269, 279, 303
黒龍江 70, 91, 97
『古事記』 29, 31-33, 40-42, 44-52
胡椒 138
五代十国 55-59
『五体清文鑑』 78
古代律令制 203
コーチシナ 108, 111
国家意識 277
黒旗軍 106, 107
国共合作 115, 117, 240
国境貿易 95, 134, 152

ゴー・ディン・ジェム政権 121
故道策 296, 300
5度音程和音 212, 213
五徳終始説 319
言向け 42, 43
古文学 221
古墳時代 13
米 63, 70, 145, 155, 158, 159
暦 209, 211, 214, 215, 218, 222
婚姻儀礼 251, 252
琿春 94
昆明 109, 118

さ 行

塞外王朝 80
最恵国待遇 148
催甲 238
サイゴン 109
サイゴン条約（第二次） 107
祭天儀礼 86
冊封 29, 39, 40, 44
冊封体制 105, 107, 181
沙陀族 56
薩摩藩 140
『左伝』 18
三国干渉 108
三国時代 79, 186, 195, 319
山西商人 70, 227
三統暦 220
三藩の乱 75, 92, 293
三分損益法 207, 214, 219
「三面紅旗」政策 121
三門峡ダム 289
シアン・ホッケン（天福宮） 271
塩の専売 67
『史記』 3, 12, 15-18, 20, 21, 26, 176, 180, 203, 208, 212, 284, 307, 310, 312, 318
色目人 67, 68
諡号 11, 17
四庫全書 78

『士昏記』　254
私市　95
『侍児小名録』　252
『資治通鑑』　62, 311, 312, 318-20
史書　3, 4, 8, 9, 17, 22, 26
市政参議会　233
事大意識　83
士大夫　239, 293
『支那史学史』　306, 312, 323
「支那論」　315, 316
市舶司　59, 64
『司馬遷——史記の世界』　310
四分暦　210, 211, 217, 218
下関条約　89, 135
シャム　146, 155
ジャンク　266
上海　149, 150, 156, 158, 159, 162, 164, 166, 233, 236, 241
上海小刀会の乱　149, 233
周（朝，代）　2, 6-9, 13, 208, 319
周縁　27
州県制　56, 61
獣首　196, 197, 199, 203, 204
収租局　237
集団婚　246
周辺　25, 26, 131-36, 146, 165, 168-70
『周礼』〔しゅうらい，しゅらい〕　292
儒学　64, 293
主気派（畿湖学派）　88
儒　教　24, 25, 207, 218, 220, 221, 254, 287, 291
　——の国教化　12
　——思想　12, 208, 222
　——社会　256, 257
　——文化圏　105, 128
朱子学　64, 83, 84, 88, 248, 321
「儒者の統」　321, 322, 324
術数思想　214
ジュネーブ会議　120
主理派（嶺南学派）　88
ジュンガル　72, 75, 78

『春秋』　18, 211, 220, 318
『春秋公羊伝』　252, 318
『春秋左氏伝』　307, 308, 318
春秋時代　7-9, 13, 17, 207
春秋戦国時代　3, 188, 310
書　307, 309
松花江　62, 91
上京会寧府　62
上京臨潢府　56
『情史』　248
『尚書』　217, 284
"少数民族"問題　167
商税　59, 67
小中華意識　105
小中華論　90, 91, 98
「小中国」　55
襄陽　72
『女誡』　245, 249, 254
『書経』　208
蜀　79, 319
植民地史学　165
女訓書　245, 249-51
女校書　253
女子許嫁而婿死従死及守志議　258
女真族　60-62, 69, 73, 74, 84-87
女真文字　54, 61
『女範捷録』　250
胥吏　58, 225, 228
『女論語』〔じょろんご〕　245, 249
新羅　14, 26, 33, 34, 37, 38, 40, 196, 197, 203, 204
士林派　88
『詞論』　255
晋　79
秦（朝，代）　10, 19, 20, 79, 177, 188, 190, 195, 217, 218, 319
清（朝，代）　54, 55, 69, 72, 74, 75, 77-79, 83, 89-92, 95, 97, 100, 102-04, 106-14, 134, 135, 144-46, 149, 150, 152, 155, 156, 159, 160, 163, 185, 191, 192, 198, 199, 203, 205, 225, 227, 232,

233, 237, 247-49, 252, 256, 258, 263, 267, 270, 276, 288, 291, 292, 294, 296, 299, 300, 314, 324
新安（徽州）商人　70, 227
辛亥革命　113, 115, 238, 268, 276, 314
新華僑　269, 276
シンガポール　137, 140, 158
新疆　77, 135
新県制　239
壬午軍乱　102, 103
「新支那論」　315, 316
新儒家　322
紳商　227
深圳　166
浸透王朝　79
『新唐書』　41
清仏協定　108, 109
清仏戦争　107, 135, 136, 150, 162
清仏通商条約　110
新法　60
辛未洋擾　100
人民公社　242
瀋陽　89
森林伐採　303
秦暦　212
隋（朝、代）　55, 58, 79, 252
『隋書』　48, 308
水力社会論　290
枢密院　67
数理性　208, 209, 211, 214, 216, 217
スペイン　73
斉　319
世家　307, 310
西夏（タングート）　54, 57, 59, 60, 62-64, 66, 80
西夏文字　54, 60
生号　11, 17
星湖学派　→経世致用学派
正史　180, 307-09, 311
盛世滋生人丁　76
西蔵　77, 156

青銅器　4, 6, 7, 13, 18
正統論　306, 317, 319, 324
西蕃　38, 40
征服王朝　79-81
西部大開発　241, 291
『青楼小名録』　252
『切韻』　36
石家荘　232
石鼓文　195
説文解字　247
澶淵の盟　56
『山海経』　37
遷界令（遷海令）　75, 137
前漢　249
『璇璣図記』　254
戦国　25, 26
　──時代　7-11, 14, 15, 17, 19, 20, 27, 207, 221
　──中期　210-12, 214, 216
　──末期　217
泉州　59, 64, 266
占筮　216, 217
陝西商人　227
先天道　111
『全唐詩』　255
千人制　67
鮮卑　79
宣命　45-47
暹羅国　144, 145
楚　7, 11, 13, 17-19
宋（朝、代）　39, 54, 57-61, 66, 67, 69, 72, 79, 204, 205, 225, 226, 252, 255, 258, 263, 300, 314, 319, 320, 324
漕運　293
『宋史』　68
宗祠　270
宗主権　132, 155, 169
奏摺〔そうしょう〕制度　76
宗族　228, 267, 270, 280
宗属関係　100, 101
宗藩関係　83, 85, 149, 153

事項索引　341

宗法社会　251, 256
ソウル　97, 159
租界　233, 235
族産　270
ソグド語　66
族譜　270
租桟　237, 238
『蘇氏織錦廻文記』　254
蘇州　237, 238
蘇木　138
尊華攘夷論　91
村市　229, 230, 232

た　行

第一銀行　154
第一次インドシナ戦争　119, 120
第一次世界大戦　110, 111
大運河　57-59
大越　19
『大越史記』　181, 182
大化の改新　14
大君　200
泰山　198
泰山封禅　12
太初暦　218-20
西山〔タイソン〕朝　185
「大中国」　55, 64, 66, 67, 70, 75
大都（北京）　64, 66
大南　185, 186
太平天国　230, 233, 235
太平天国の乱　100
大名墓葬　202
台湾　107, 127, 135, 136, 138, 139, 164, 165, 168, 169, 272, 274
拓跋氏　59
ダナン　106
多宝塔　196
多民族支配　78
断代紀伝体　308, 311, 312
『断腸集』　246, 255
地域公共財　170

地域統治　132, 133, 140
地縁　273
知県　225, 228
治水　68, 284, 287, 289, 290, 293-301
地政論　132
地丁銀制　76
チベット　135
地方志　187, 188, 293, 295
チャイニーズ・ディアスポラ　265
占城〔チャンパ〕　184
中越国境問題　121, 125, 126
中華　9, 10, 14, 15, 25, 27, 62, 105, 132, 169, 181, 201, 203, 306, 324
　——人民共和国　119, 242, 289
　——世界　62, 67, 73, 81, 141, 324
　　——の変貌　81
　——（世界）秩序　66, 67, 76, 81, 106, 107
　——文明　276, 314
　——民国　163, 276, 295
中原　54, 64, 70, 80, 81, 287
「中国」　9, 14, 15, 19, 23
中国共産党　240, 241, 277
中国皇帝　202, 204, 205
中国国民党　109, 115, 117, 118, 277
中国産生糸　94
中国人　263
中国朝鮮商民水陸貿易章程　148, 149, 152, 158
中書省　67
中心と周辺　132, 168
中ソ論争　123
中都（燕京）　62
駐防八旗　94, 95
長江　290, 301
　——文明　301
朝貢　65, 70, 132, 147, 157
　——国　132, 135, 138, 141, 159
　——＝冊封関係　76, 138, 141
　——貿易　71, 73, 74, 93, 134, 140, 142, 145, 148, 149, 153, 155

──体制　66, 67
長沙　19
潮州　111, 271
朝鮮　76, 198, 205
朝鮮型華夷秩序意識　86
朝鮮朱子学　98
朝鮮通信使　199
張楚　19, 21
貂皮交易　86
朝米修好通商条約　101
朝露秘密協定　103, 104
猪仔〔ちょし〕　268
陳（朝，中国）　319
陳（朝，ベトナム）　181
鎮市　227, 229, 230, 231, 232, 235, 238
青島　233, 234
『通志』　312
通史編年体　311, 312
『通商彙纂』　163
対馬　86, 94
ディエンビエンフーの戦い　120
提挙市舶司　233
祢軍墓誌〔でいぐんぼし〕　35
帝国的世界標示　33
鄭州　232
貞女論　258
低水工法　298
丁税　76
貞節観念　248, 250
丁卯の胡乱　89
寺請制度　201
天下　7, 9-14, 16
天譴論　287, 303
天后　271, 272
天主（カトリック）教　98-100
天津　101, 157, 159, 160, 232, 233, 234, 236
天津条約（1858年，清と英仏露米）　106
　　──（1883年，清仏間）　107
　　──（1883年，日清間）　148

　　──（1885年，「中法新約」）　107, 110
天人相関説　287
纏足　248
天文暦法　207, 208, 214, 215, 217, 219, 221, 222
ドイモイ（刷新）政策　126, 127
唐（朝，代）　35, 37, 48, 55, 57, 59, 64, 69, 79, 196, 198, 204, 225, 226, 250, 252, 254-57, 308
東亜同文会　114
東夷　34, 36, 37
東越　20, 21
道教　301
同郷的結合　271
東西交易路　66
唐山　232
冬至使（三節年貢使）　92
東人　88
唐人屋敷　267
党争　88
唐宋変革　287
同族村落　227
道統　321, 322, 325
東南アジア　69, 73, 164, 167
東南アジア諸国連合（ASEAN）　128
塔碑　203
豆満江　86, 87, 94, 97
童幼為婚　258
徳治　8, 12, 14, 22, 25, 141, 143, 156
『読通鑑論』　306, 320, 323
土豪劣紳　239, 240
都市戸籍　241
都市国家　3, 5-7, 17, 22-25
土司・土官　138
突厥　56
土木の変　71
都邑志　309
度量衡の統一　219
トンキン　108
東遊運動　113, 114

な 行

内外蒙古　77
長崎　94, 159, 267, 269, 279
奴国　29
ナショナリズム　131, 132, 147, 155, 169, 185, 239-41, 263, 268, 271, 276
那覇　137
南越　4, 10-12, 15, 16, 18, 20-22, 25, 26, 176-87, 189-92, 203
『南海志』　188
南京　69
南京条約（1842年）　135, 149, 232
──（1930年）　117, 118
南宋　55, 62-65, 72, 266, 267
南部仏印進駐　118
南北朝　252, 319
南面官　56
ニクソン訪中　124
二元統治体制　56, 80
二重国籍問題　268
「二段階革命」方式　120
日仏協約　114
日米和親条約　148
日清戦争　102, 104, 108, 136, 155, 232, 234
日中戦争　111, 118
日朝修好条規　101, 102
「日本」　29, 31-41, 48-50
日本華僑　274
『日本書紀』　29, 31-33, 37-40, 47-52
日本中華総商会　272, 275, 276
寧古塔　94, 95
寧波　59, 64, 137, 149
内禁衛〔ネグミ〕　86
ネルチンスク条約　91
農事試験場　237
農村戸籍　242
納徴　247, 257, 258
農民協会　240

は 行

輩行（排行）　247
売買婚　247
ハイフォン　109, 110, 118
排満思想　314
『帛書周易』　216
薄葬令　195, 196, 198
白頭山（長白山）　97
幕藩体制　202
幕友　228
馬市　95
客家　111, 227, 271
八旗　74, 76, 79
ハノイ　116
パリアン　267
幫　110, 111, 270, 271
『板橋雑記』　252
ハン＝皇帝体制　81
反植民地運動　105
贔屓〔ひいき〕　196
東アジア冊封体制　12, 13, 202, 205
東アジア世界認識　16
東アジア被抑圧民族連合会　117
東シナ海　136-38
非漢族　26, 75, 167
百越　188, 189, 192
百人制　67
白蓮教の反乱　79
廟見　257, 258
閩越　18
品階規定　199, 200, 203-05
回回〔フイフイ〕　→回数
フィリピン　138
フィリピン華裔青年会　278
風水思想　301, 303
賦役黄冊　69
フエ条約　107
武漢　290
『福恵全書』　228
福州　149, 271

『武経総要』　72
武家官位　200, 201, 204
深溝松平家　201
釜山　94, 101, 153, 159
藤原京　31
部族制　56, 61
仏教　64
福建　19, 111, 227, 267, 270-72
福建僑郷　267
仏領インドシナ　108-12, 117, 118
物力税　62
婦徳　245
プノンペン　126
府兵制　69
『阜陽漢簡周易』　216
仏朗機砲（ポルトガル砲）　72, 73
プロレタリア国際主義　105, 120
文化主義的中華思想　313, 314, 317, 321, 322, 324
文化大革命　123, 126
文化中心移動説　314
『文史通義』　312
丙子の胡乱　89, 90
平城京　31
米中関係正常化　124
米朝修好通商条約　148
北京　62, 69, 74, 89, 94, 106, 165, 294, 295
北京条約（1860年）　106, 135
ベトナム王朝　16, 105, 180-84, 186
ベトナム共産党　117, 120
ベトナム国民党　115, 116
ベトナム社会主義的工業化　126
ベトナム青年革命同志会　116
ベトナム戦争　125
ベトナム・ソ連友好協力条約　125
ベトナム独立同盟（ベトミン）　119
ベトナム北部　11, 16, 106-08, 112, 114
ベトナム民主共和国　119, 120
ベトナム労働党　120, 122
辺疆政策　134-36

汴州（開封）　57
編年体　306-09
変法運動　235
邦　24
坊　225, 226
鳳凰城　95
方物志　309
北学派　→利用厚生学派
北岸同知　296
『北史』　48
北宋　60-62, 64
北伐論（朝鮮の）　91, 92, 97
北部仏印進駐　118
北面官　56
『北里志』　252
保甲制　239
保皇党　276
ホーチミン思想　128
渤海　36
北方民族　54-56, 79, 80
保定　233
ポルトガル　72, 73
ポル・ポト政権　125, 126
本紀　307-09, 311
香港　110, 117, 127, 137, 140, 150, 158, 159, 162, 164, 165, 168, 169, 233, 274

ま　行

マカオ　137, 143, 165, 168, 169
媽祖　143, 271, 272
マラッカ　72, 137
マルクス・レーニン主義　128
マンジュ（満洲）　74
満洲族　74, 76, 83, 87, 90
満鉄　164
「三つの世界」論　124
密貿易商人　73
南シナ海　128, 136-38, 169
南ベトナム解放民族戦線　122
明（朝, 代）　54, 55, 68-75, 78, 79, 83-85, 87-90, 134, 198-200, 203, 205, 235,

事項索引　345

247-50, 252, 256, 258, 266, 267, 270, 288, 292, 295, 300, 314, 324
民信局　273
民族　316, 317
民族主義運動　105
ムガール帝国　144
ムスリム商人　64, 66, 68, 72
『明夷待訪録』　314
明治維新　102
メキシコ銀　154
緬甸〔めんてん〕　156
猛安・謀克制　61, 62, 67
『孟子』　284, 294
毛沢東思想　120, 121, 123
文字　4, 7, 17, 44-46, 80
モンゴル　64, 68, 73, 74
モンゴル族　69-71
モンゴル帝国　27, 64, 66
『文選』　37

や　行

訳官　93
邪馬台国　13
倭歌〔やまとうた〕　30
遊牧民　71
ユーラシア史　131
鷹〔よう〕　247, 251, 252
洋貨　234
揚州　59
洋務運動　102, 235, 263
養廉銀　76
四つの現代化　126

ら　行

落地生根　277
洛陽　57, 233
ランソン　119
『罄泣集（悼亡詩百首）』〔りきゅうしゅう〕　249
六経〔りくけい〕　312
六朝　254, 308
六礼　252, 256-58
里甲制　69
李朝（朝鮮）　83, 197, 199, 200, 202-05
律令　14, 16, 26
律令官位　200
律令国家　29, 31, 32, 51
律暦思想　222
琉球・沖縄　73, 76, 86, 137-41, 144-46, 155, 156
遼　54, 56-62, 66, 68, 79, 205
領域国家　2, 8, 11
領海法　128
利用厚生学派　98
『遼史』　68
両税　58, 61
遼東半島　136
『呂氏春秋』　247
臨安（杭州）　62, 64
輪船招商局　158
『嶺外代答』　188
霊亀　195, 196
黎朝　182, 183, 185
歴史叙述　306, 307, 309
『歴史とは何か』　303
『列女伝』　245, 248, 249
列伝　307, 309
連圩結甲　238
聯誼会　273
ロシアの東方進出　91
『論語』　24

わ　行

淮河　62
外灘〔ワイタン〕　236
倭寇　70, 71, 73

● 人名索引 ●

あ 行

阿骨打　60
アチキ　47
粟田真人　34
安陽王　179, 180, 182
禹　284, 294, 299-301
ウィットフォーゲル，K. A.（K. A. Wittfogel）　79, 289
上田信　293
ウェーバー，マックス（M. Weber）　206
ウヂノワキイラツコ　48, 49
英祖（朝鮮）　97
永楽帝　69, 70
江馬細香　256
袁世凱　103, 104, 115, 155
王安石　60
王賡武〔おうこうぶ〕　265
応神天皇　47
王夫之　306, 314, 317, 320-25
王莽　12
欧陽修　319
王陽明　312
太安万侶　46, 47
オキナガタラシヒメ　38, 40
愛宕〔おたぎ〕松男　80
オトタチバナヒメ　43

か 行

カー，E. H.（E. H. Carr）　303
嘉慶帝　79
神矢法子　24
ガルダン　72, 75
韓愈　321
菊池武光・武重　201
魏源　132
岸本美緒　80
キャンベル，J. D.（James Duncan Campbell）　162
帰有光　258
堯　321, 325
恭譲王　84
魚玄機　255, 256
許慎　247
金玉均　103
金孝元　88
靳輔　293, 294
グエン・アイ・クオック　→ホー・チ・ミン
阮福暎〔グエンフックアイン〕　179, 185, 191, 192
楠正成　201
クビライ　64, 65
恵帝　34, 35
乾隆帝　77, 78, 297-99
項羽　11, 15, 311
康熙帝　72, 75, 76, 97, 137, 293-95
孝慈高皇后　250
孝宗（朝鮮）　90, 91
黄宗羲　314
江沢民　290
光武帝　12
洪武帝　69, 70, 198
康有為　113
顧炎武　314
呉三桂　75, 92
呉時仕　183, 184

347

呉士連　182, 184

さ 行

斉藤禎　324
始皇帝　10, 11, 15, 16, 19, 21, 177, 188, 195
史念海　291
司馬光　62, 311, 318, 319
司馬遷　176, 180, 284, 307, 310, 318
斯波義信　266
渋沢栄一　158
シャール，アダム（J. A. Schall）　99
朱熹　258, 294, 318, 319, 321
朱元璋　68, 69
朱淑真　246, 254-56
朱舜水　197
朱全忠　55, 56
シューフェルト，R. W.（Robert Wilson Shufeldt）　101
舜　284, 321, 325
荀悦　307
蔣介石　117
尚可喜　75
章学誠　312
昭顕世子　89, 90, 99
聖徳太子　22
章望之　319
徐陵　254
神功皇后　→オキナガタラシヒメ
仁祖（朝鮮）　87, 89
任昉　35
神武天皇　42
鄒衍　318
崇禎帝　199
須佐之男命　51
盛宣懐　156, 158
正祖（朝鮮）　97, 99
西太后　107
薛濤　253, 255
宋若昭　249
宋時烈　90, 91

曹大家　249, 250
孫嘉淦　296-300
孫文　113-15, 272, 276, 290

た 行

大院君　100, 102, 103
太祖（明）　199, 200, 203
太宗（朝鮮）　85
高田淳　323
武田泰淳　310, 311
田村実造　80
竺沙〔ちくさ〕雅章　80
趙匡胤　55, 57
趙慶禎　252
趙佗　11, 176, 177, 179, 182-84, 187-91
張発奎　118
沈義謙　88
チンギス＝ハン　64, 89
陳達　267
鄭允端　256
鄭観応　159
丁若鏞　98
梯儁　40
鄭樵　312
鄭成功　75, 137
鄭和　69
丁部領〔デインボリン〕　180
董仲舒　287
東野治之　36
悼武王　20
徳川光圀　197, 201
徳川頼房　197

な 行

内藤湖南　306, 311-17, 322, 323
仁井田陞　270, 271
西嶋定生　12
ヌルハチ　72, 74, 87

は 行

馬建常　103

ハート，ロバート（R. Hart） 150-52,
　　162
林文孝　323-25
原宗子　290
班昭　245, 249, 250, 254
范曄　250
ヒミコ　38
平野徹太郎　5
閔氏〔びんし〕　101-03
ファン・ボイ・チャウ　113-15
馮子材　107
馮道　57
馮夢龍　248
武王（周）　8, 9
福沢諭吉　147
藤枝晃　80
武則天　34, 251, 254, 255
武帝　20
武帝（漢）　12, 15, 17, 178, 180, 218,
　　252
武帝（南越）　11, 16, 19, 20, 21, 177
フビライ　75
文王　8, 9
方観承　297, 298
蒲壽庚　64
ホー・チ・ミン　116, 117, 119
ボロジン　116
ホンタイジ　72, 74, 89
本多忠豊・忠高　201

ま 行

増淵龍夫　24, 313, 314, 316, 317
松丸道雄　4, 5
マルコ・ポーロ　266
宮崎市定　24-26
穆克登〔ムクデン〕　97
村上正二　80

ムレンドルフ，P. G.（P. G. von Möllen-
　　dorff）　103, 150, 153
メルレンドルフ　→ムレンドルフ
孟子　321
毛沢東　119, 122, 126
毛文龍　88
毛利元就　201
穆麟德　→ムレンドルフ
本居宣長　30

や 行

ヤマトタケ（ル）　32, 43, 50
山室信一　316
耶律阿保機　55
游仲勲　269
雍正帝　76, 296
揚雄　37
吉井巌　50

ら 行

羅豊禄　156, 157
李元昊　60
李鴻章　101, 107, 151, 152, 155-58, 163
李自成　74
李成桂　84, 85
劉永福　106
劉向　245, 248, 249
龍済光　115
劉知幾　306, 308-12, 317, 318
劉邦　11, 15, 24, 177, 311
梁啓超　113, 114
林則徐　145, 156
リンダン＝ハン　89

わ 行

ワニ　48
ワニキシ　47

人名索引　　349

中国の歴史
*A History of China:
Peripheral Visions in East Asia*

有斐閣アルマ

2015 年 3 月 30 日　初版第 1 刷発行

編　者	濱下武志
	平勢隆郎
発行者	江草貞治
発行所	株式会社 有斐閣

郵便番号 101-0051
東京都千代田区神田神保町 2-17
電話　(03)3264-1315〔編集〕
　　　(03)3265-6811〔営業〕
http://www.yuhikaku.co.jp/

制作・株式会社有斐閣アカデミア
印刷・株式会社精興社／製本・大口製本印刷株式会社
© 2015, T. Hamashita, T. Hirase. Printed in Japan
落丁・乱丁本はお取替えいたします。
★定価はカバーに表示してあります。
ISBN 978-4-641-12191-1

JCOPY　本書の無断複写(コピー)は、著作権法上での例外を除き、禁じられています。複写される場合は、そのつど事前に、(社)出版者著作権管理機構(電話03-3513-6969、FAX03-3513-6979、e-mail:info@jcopy.or.jp)の許諾を得てください。

本書のコピー，スキャン，デジタル化等の無断複製は著作権法上での例外を除き禁じられています。本書を代行業者等の第三者に依頼してスキャンやデジタル化することは，たとえ個人や家庭内での利用でも著作権法違反です。